Friedrich Alexan

Die Welt der kleinen Leute

Allen, die im Schützengraben der Heimat groß geworden sind:
Vergesset nie, dass es für eure Kinder keine Heimat mehr geben wird,
nur noch Schützengraben ...

Friedrich Alexan

Die Welt der kleinen Leute

Originalgetreue Wiedergabe
der Erstausgabe aus dem Jahr 1937,
erschienen unter dem Titel

Im Schützengraben der Heimat
Geschichte einer Generation

ÉDITIONS MÉTÉORE – PARIS

Deutsche Erstausgabe

wellhöfer VERLAG

Wellhöfer Verlag
Ulrich Wellhöfer
Weinbergstraße 26
68259 Mannheim
Tel. 0621/7188167
www.wellhoefer-verlag.de

Titelgestaltung: Uwe Schnieders, Fa. Pixelhall, Mühlhausen
Satz: Bittner-Dokumedia, Hoisdorf

Fotos Titelseite (außer oben links): Stadtarchiv Mannheim – Institut für Stadtgeschichte
Foto Titelseite oben links: Volker Keller
Fotos Seite 290-293: Privatarchiv Irene Runge

Friedrich Alexan, Die Welt der kleinen Leute, ist die originalgetreue Neuauflage des 1937 im Pariser Exil erschienenen Buches „Im Schützengraben der Heimat“.

Es wurde eine behutsame Anpassung an die derzeit geltenden Rechtschreibregeln vorgenommen, mit dem Ziel, die Lesbarkeit zu erleichtern, ohne die sprachlichen Eigenheiten, so z.B. die „geschriebenen Lautmalereien“ des Autors zu verändern. Im Zweifel wurde die Rechtschreibung des Originals, wie auch Eigenheiten die Satzzeichen betreffend (insbesondere die Gedankenstriche als Anführungszeichen), beibehalten.

ISBN: 978-3-939540-29-8

Vorbemerkung zur Neuauflage „Im Schützengraben der Heimat“

Vorwort

Welches Vorwort würde mein Vater dieser Neuauflage seines Romans vorausschicken? Immerhin handelt es sich nach mehr als 70 Jahren um die erste Ausgabe in Deutschland! Vermutlich wäre ihm wichtig zu beschreiben, dass seine frühen Warnungen durch den Lauf der Geschichte bestätigt worden sind. Auf den Ersten Weltkrieg folgte die unzureichende Republik Weimar, beides verhinderte weder Hitler noch den deutschen Faschismus. Der nächste Weltkrieg war programmiert. An dessen Ende gab es Millionen Ermordete, Gefallene, Vertriebene und Entwurzelte, Deutschland wurde von Siegermächten besetzt, das befreite Europa war ein Trümmerfeld. Mein Vater bräuchte keine Begriffe wie Holocaust oder Shoa, um den deutschen Massenmord am jüdischen Volk als ideologisch aufbereitet, bürokratisch geplant und fast lückenlos vollendet zu geißeln. Sicher wäre ihm der nachfolgende Kalte Krieg nicht minder wichtig, die CIA und Stalins Diktatur, das Ende des Kolonialismus und nationale Befreiungsbewegungen, und natürlich der für ihn folgerichtige, wenngleich historisch nur kurze Versuch einer erhofften sozialistischen Gesellschaft und ihr enttäuschender systematischer Zusammenbruch. Er selbst verstünde sich als analytischer Zeitzeuge, Persönliches würde er kaum in diese Zeugenschaft einbringen.

Alexans Roman ‚Im Schützengraben der Heimat' war, wie er in einem undatierten Lebenslauf (vermutlich Herbst 1949) schrieb, *erster Teil einer Trilogie ‚Zwischen zwei Weltkriegen'. Das Buch behandelt die Erlebnisse und den Werdegang der proletarischen und kleinbürgerlichen deutschen Jugend in den Kriegsjahren von 1914 bis zu den entscheidenden Tagen der russischen Oktoberrevolution im Jahre 1917.*

Am 24. Juli 1939 hatte Oskar Maria Graf in einem Brief an einen Mr. Friedland in die elegante Park Avenue 103 in New

York City geschrieben, es wäre *nicht zuviel zu sagen, wenn ich behaupte, dass dieses Buch des leider zu wenig bekannten jungen Autors zu den stärksten und eindringlichsten Arbeiten des freien deutschen Schrifttums gehört. Alexan hat es – was bei einem so jungen, erst beginnenden Autor besonders ins Gewicht fällt - verstanden, durch die Aufzeichnung vieler Einzelschicksale gleichsam ein gültiges Gesamtbild einer Generation, nämlich der deutschen Kriegsgeneration von der Heimat, zu geben. Das ist das Wichtige und das Entscheidende an seinem Buch, das ist der Beweis, dass der junge Schriftsteller zu ganz großen Hoffnungen berechtigt. Alexan sieht konkrete Geschehnisse sehr präzis und versteht das Wesentliche zu gestalten. Ich möchte nichts mehr wünschen, als dass gerade dem amerikanischen Publikum, insbesondere aber der gleichaltrigen amerikanischen Jugend das Buch ‚Im Schützengraben der Heimat' bekannt wird. Vieles, was heute in Deutschland traurige und verständliche Wirklichkeit geworden ist, findet durch Alexans Buch eine ursächliche Erklärung. Mit dem Wunsch, dass Ihnen mit einer guten Übersetzung des Alexan'schen Buches gelingt, recht bald einen großen Verlag zu gewinnen, verbleibe ich*

Ihr sehr ergebener Oskar Maria Graf

Der Brief war Grafs Antwort auf eine Anfrage bezüglich des Romans von Friedrich Alexan ‚Im Schützengraben der Heimat'. Trotz dieser Fürsprache wurde der Roman damals nicht übersetzt.

Jetzt erscheint das Buch zum ersten Mal in Deutschland. Der Mannheimer Verleger Ulrich Wellhöfer und der Mannheimer Lehrer Peter Koppenhöfer haben Alexans Buch als einen wertvollen Beitrag zur Heimatgeschichte entdeckt. Ich denke, sie erweisen nicht nur Mannheim, sondern auch der Exilforschung und meinem Vater einen großen Dienst. Darüber hinaus hat mich Peter Koppenhöfer mit Einzelheiten meiner eigenen Familiengeschichte bekannt gemacht, die ich ohne ihn vermutlich niemals erfahren hätte. Grund genug, beiden dankbar zu sein.

Mir bleibt zu hoffen, dass die Leserinnen und Leser sich wie ich von diesem zeitgeschichtlich wahrhaft verblüffenden Dokument gefangen nehmen lassen. Wir wissen eher wenig von jener Zeit, von den Lebensumständen außerhalb des damaligen Schützengrabens, vom Alltag der kleinen Leute, vom sozialen Unglück und dem Unrecht in einem Bordell. Wie gut, dass mein Vater das alles in seiner Jugend recherchiert und aufgeschrieben hat! Ich muss dennoch gestehen, dass mir der Ort seiner Handlung als Maß für seine Kapitalismuskritik sehr ungewöhnlich erscheint, aber genau das macht das Buch so spannend. In Peter Koppenhöfers Nachwort geht es um den Zeitgeist und um die personale, allgemeine und literarische Geschichte. Meinen Vater, der am 11. Januar 1994 in einem Seniorenheim in Dornum verstarb, würde dieser ausführliche Nachdruck seines Jugendwerks als eine späte und gerechte Anerkennung seines Schaffens einerseits freuen, andererseits würden ihn die biografischen Zusätze verärgern. Doch wir, seine aus Mannheim in alle Welt verstreuten nahen und fernen Verwandten, die oder deren Nachkommen heute in den USA, Frankreich, Uruguay, Australien, Israel und Berlin leben, sollten uns dieser erweiterten Neugeburt seines „Schützengrabens" angeregt hingeben. Er selbst ruht ganz nahe der Ehrenreihe auf dem großen jüdischen Friedhof in Berlin-Weißensee. Auf seinem Grabstein steht nichts weiter als G.F. Alexan. 1901 – 1994. Das würde ihm gefallen.

Dr. Irene Runge,
geborene Kuperman, aufgewachsen als Irene Alexan

Berlin, September 2008

1931

STATT EINES VORWORTES

Gestern bin ich dem Stefan Böhmer begegnet. Er trug die SA-Uniform. In der Schule waren wir in der gleichen Bank gesessen. Seitdem hatten wir uns nicht mehr gesehen.

Er begrüßte mich herzlich.

– Wenn du's nicht eilig hast, können wir uns vielleicht irgendwo 'n bisschen zusammensetzen.

In der Ecke einer Wirtschaft sprachen wir über gemeinsame Erlebnisse aus unserer Schulzeit.

– Ach ja – sagte er schließlich – streng ist's wohl zugegangen, aber schön war's doch.

– Und wie geht's bei euch daheim?

– Nicht zum besten. Mein Vater ist seit dem Winter arbeitslos. Über fünfundzwanzig Jahr hat er in der Maschinenfabrik Laukner gearbeitet. Und jetzt haben sie ihn rausgeschmissen, abgebaut, wie sie sagen. Alte Besen kehren nicht mehr gut. Und dann, die verdammten neuen Maschinen: was früher kaum zehn Mann geschafft haben, das macht heute ein einziger mit ein paar Hebelgriffen. Vier Brüder sind wir noch daheim, einer steht in Arbeit, da kannst du dir vielleicht vorstellen, wie's ist.

– Ja, leider ist das heute überall so.

– Am meisten tut mir der Ferdinand leid. Er ist ein Kriegskind, ein richtiges Liebesandenken.

– Ein Liebesandenken?

– Ich denk' mir halt, dass mein Alter Angst gekriegt hat, wie er im Winter 16 noch hat einrücken müssen. Wahrscheinlich hat er gemeint, dass er nimmer heim kommt und sich deswegen verleiten lassen. Wie hab' ich mich damals geschämt, dass unsere Mutter noch auf ihre alten Tage ein Kind bekommt. Und jetzt muss der Ferdinand dafür büßen...

– Wieso büßen, Stefan?

– Die armen Kerle sind ins Elend hineingeboren. Voriges Jahr hat er aus der Schule entlassen werden sollen und keine Lehrstelle gefunden, da hat er die achte Klasse nochmal gemacht. Im nächsten Jahr wird's bestimmt besser, ist er vom

Lehrer vertröstet worden. Dabei haben auch diesmal dreiundzwanzig von sechsunddreißig keine Stelle finden können. Was bloß aus denen werden soll? Handlanger oder Straßenkehrer, wenn's gut geht. Nicht mal ein Handwerk lernen sie. Wer weiß, ob sie nicht lebenslänglich Stempelbrüder bleiben. Und unser Wilhelm hat nicht gut getan. Er wird jetzt vierundzwanzig. Ein braver Kerl ist er, aber ohne Halt, wie die meisten, die im Krieg noch klein waren. Seitdem er sich mit so einem Frauenzimmer von über die dreißig eingelassen hat, ist er auf die schiefe Bahn geraten. Vor einem halben Jahr haben sie ihn aus dem Gefängnis entlassen. Schreiner hat er gelernt in den zwei Jahren, die er hat abmachen müssen. Er hat sich's ehrlich vorgenommen, ein neues Leben anzufangen. Aber wer nimmt heut' einen, der gesessen hat, wo sogar die gelernten Arbeiter auf der Straße liegen. Am Anfang hat er sich zusammengerissen und ist Tag für Tag auf die Arbeitsuche gegangen, bis er als Packer bei der Zigarrenfabrik Ullmann angekommen ist. Drei Wochen später haben sie ihn wieder wegen Arbeitsmangel weggeschickt. Da hat er allen Mut verloren und ist ins alte Luderleben zurückgefallen. Oft bleibt er nächtelang weg. Ich seh's noch kommen, lamentiert dauernd mein Alter daheim, wie sie ihn holen und wieder für ein paar Jahre einlochen.

Ich bot ihm eine Zigarette an. Er hielt mir das brennende Streichholz über den Tisch, hob die Flamme an seine Zigarette und schwenkte sie in der Luft, bis sie erlosch.

Wie alt, verbraucht er aussah. Seine Augen waren stark umschattet.

– Und du? – fragte ich – was hast du die ganze Zeit gemacht?

– Ich? Mir geht's nicht viel besser. Nach der Inflation hab' ich in meinem Fach als Tüncher im Bau ganz schön verdient. Im Herbst '27 hat's mit einem Mal abgeflaut. Ein paar Monate bin ich auf's Stempelamt gegangen. Dann haben sie mich in der Lackiererei bei den «Hansa-Motoren» eingestellt. Als sie dort die amerikanischen Spritzrevolver eingeführt haben, ist die halbe Belegschaft aufs Pflaster gesetzt worden. Zum Glück war ich nicht dabei. Ein halbes Jahr darauf war der Betrieb mit einem andern zusammengelegt. Seitdem geh' ich wieder stempeln. Drei Jahre ohne Arbeit sein – das schlaucht einen, überhaupt, wenn man immer geschafft hat. Ein Sumpf ist's, in dem man versinkt.

Er blickte vor sich hin. Sein Mund wurde hart. Plötzlich besann er sich:

– Und du, was treibst du denn, Friedrich?

– Ach, das ist eine lange Geschichte. Red' nur mal weiter, Stefan!

– Na gut, trinken wir noch ein Glas.

Er blies den Schaum ab, machte einen Zug.

– Am Anfang war's ganz schlimm. Eine Zeit lang hab' ich Holz auf Wochen im voraus kleingemacht und Kohlen in den Keller geschleppt für Leute vom Haus und aus unserer Straße. Gelegentlich hab' ich bei Umzügen mit geholfen, Küchen geweißt und Zimmer tapeziert. Viel ist dabei nicht rausgesprungen, sind doch alles selber nur Proleten, aber ich war froh, dass ich wenigstens was zu schaffen gehabt hab'. Leider hat's nicht lange angehalten. Dann ist's erst richtig losgegangen. Glaub' mir, den ganzen Tag in den Gassen rumlungern und von den Kriminal-Heftchen eine Fortsetzung nach der andern verschlingen – halber blöd wird man davon. Was ich mir auf die Seit' gelegt hab', ist bald alle gewesen. Ohne einen Pfennig in der Tasche rumtappen, da wird's einem mit der Zeit ganz brezelmürb! Und die zwei Anzüge, die man hat, halten auch nicht ewig. Wie Lumpenpack kommt man sich in geflickten Sonntagshosen vor. Die paar Kröten Stempelgeld hab' ich daheim bis auf den Pfennig abgegeben. Sowieso müssen die den Gürtel enger schnallen, seitdem auch noch der Alte mit den Händen in den Taschen rumhockt.

Er erzählte von seiner Braut, die in einer kleinen Schokoladefabrik arbeitet:

– Die siebzehn Mark, die sie in der Woche hat, reichen kaum für Zimmermiete und Kleinigkeiten. Essen tut sie bei uns daheim. Wo für siebene gekocht wird, kann auch ein Achtes mithalten, meint meine Mutter. Und dann, man braucht doch ein paar Pfennige, um mal was für die Kleine zu kaufen – ach ja, ein Kind, ein Mädel hat sie von mir. Vier Jahr alt ist's. Tagsüber ist es bei meinen Leuten; die Elise bringt's jeden Morgen zu uns, bevor sie in die Fabrik geht. Ihre Eltern sind kleine

Bauern in der Freiburger Gegend. Ab und zu schicken sie ein Paket mit Esssachen. Soweit sind die ja ganz anständig, aber alte Kirchengeher, schwarz bis auf die Knochen. Zuerst haben sie Gift und Galle gespuckt, weil ihr Mädel mit einem Evangelischen geht. Und jetzt machen sie ihr mit jedem Brief die Hölle heiß, von wegen der Schand' vor Gott und den Menschen und dem unschuldigen Kind und was weiß ich noch alles. Heiraten sollen wir. Die Elise möcht's schon gern, nur damit die Alten endlich Ruh' geben. Deine Leut' sollen schwätzen, solang sie wollen, hab' ich zu ihr gesagt, eh' ich keine Arbeit hab', wird nicht geheiratet, punktum! Was die sich ausdenken – heiraten, ohne Verdienst, ohne Wohnung, ohne Möbel, und sich am End' noch wie 'n Krüppel von der Frau durchfüttern lassen? – Nein, lieber häng' ich mich gleich auf. Du kennst mich doch, wie ich bin, nicht, Friedrich?

– Du hast recht, Stefan! Nur eines versteh' ich nicht: wie du als Arbeiter und Sohn von einem Arbeiter und bei all dem Elend Nazi sein kannst?

– Wieso? Die Nazis wollen doch dasselbe wie die Roten, Aufteilung von Grund und Boden, Enteignung der Bank- und Börsenfürsten, Brechung der Zinsknechtschaft, gerechten Lohn für die Arbeiter der Stirn und der Faust.

Er zählte noch, wie eingedrillt, ein paar von jenen Verheißungen auf, die in den «ehern gültigen» fünfundzwanzig Punkten des nationalsozialistischen Programms nachzulesen sind.

– Warum also soll ich nicht bei den Nazis sein – sagte er lebhaft, als wollte er meinen Einwand vorwegnehmen – wo sie doch genau so gut für den Sozialismus sind. Und dann – er musterte befriedigt seine braune Uniform mit der Hakenkreuzbinde am Arm und seine hohen Schnürstiefel – geben die einem ein paar Mark und Kleider und Schuhe.

– Was meint denn dein Vater dazu?

– Ach, der ist so ein eingefleischter Sozialdemokrat. Wie'n Rohrspatz schimpfen tut er auf die Tagediebe und Arbeiterverräter, das heißt, auf uns Nazis. Den ganzen Tag knurrt er über das Bettelgeld, die Unterstützung, und dass es weniger ist, wie das, was er vor neununddreißig Jahren, im dritten Jahr von seiner Lehrzeit, gehabt hat. Ich lass' ihn ruhig krakeelen, bei mir geht's zum einen Ohr rein, zum andern raus. Das Maul aufreißen können sie, die alten Dappschädel mitsamt ihren Bonzen, aber einem 'n bisschen Geld und was zum Anzieh'n geben, da ist nicht dran zu denken. Jetzt kann man sich wenigstens wieder Zigaretten kaufen und ab und zu mal wie'n Mensch ins Kino gehen, braucht sich nicht an den Wirtschaften vorbeizudrücken und auch nicht daheim aufeinanderhocken, bloß damit die Sohlen nicht zu schnell durchgelaufen werden. Die mit ihrer Sozipartei! Vierzig Jahre lang haben sie in die Kasse reinbezahlt und jetzt, wo sie kaum noch was zu fressen haben, hilft ihnen ihre Partei einen Dreck. Wenn sich nur die Bonzen und die Pöstchenjäger ordentlich den Ranzen anfressen können, die mit ihrer Vetterleswirtschaft.

Er sprach ziemlich schnell, schien über etwas hinwegreden zu wollen.

– Aber Stefan, wo soll denn eine Arbeiterpartei das viele Geld hernehmen, um jedem drei Mark, Kleider und Schuhe zu geben? Vom Groschenbeitrag der Arbeiter vielleicht? Zudem weißt du so gut wie ich, wer eure Geldgeber sind.

Er wollte mich unterbrechen.

– Aussprechen lassen, Stefan! Denk' doch mal klar nach: jeden Tag für Zehntausende Sold auszahlen, Uniformen und Schuhe verteilen, von dem Drum und Dran für Reklametamtam und dem, was die Höheren einsäckeln, gar nicht zu reden – ein Kind kann sich's an den Fingern abzählen, wieviele Millionen das im Monat ausmacht. Und wer zahlt das alles?

– Meinst du vielleicht, wir sind ganz auf den Kopf gefallen. Natürlich hat unser Führer kein Geld. Das zahlen alles die Großkapitalisten.

– Na also, da gibst du dir doch selbst die Antwort.

– Ja, weißt du, Friedrich, – er legte vertraulich die Hand auf meinen Arm und zwinkerte mir zu – das ist ja gerade der Trick, die Kapitalisten lassen wir blechen, bis wir die Macht haben. Wenn wir am Ruder sind, wird mit den fetten Geldsäcken kurzer Prozess gemacht, hat unser Sturmführer gesagt. Die werden allesamt an die Wand gestellt.

– Sei doch vernünftig, Stefan! Die Kapitalisten sind Gauner, aber keine Hornochsen. Auf keinen Fall sind sie so hirnverbrannt, ihre Millionen dafür hinzulegen, dass sie später abgeknallt werden.

– Jetzt red'st du denselben aufgewärmten Kaffee wie mein Alter daheim: dass Rot und Braun nicht dasselbe ist, und dass ein Arbeiter nichts in einer Partei zu suchen hat, wo Fabrikbesitzer, abgedankte Offiziere und Bürgersöhnchen das Wort führen; dass die Kapitalisten nur ihren Geldschrank und nicht das Wohl der Arbeiter im Auge haben, und so weiter. Als ob wir das nicht genau so gut wüssten. Ich hab' mich ja nie viel um Politik gekümmert, wenn ich auch jahrelang organisiert gewesen bin und regelmäßig meinen Beitrag bezahlt hab'. Aber eines ist sicher: dass wir nichts zu verlieren haben. Und schlimmer wie die Sozen uns verkauft und verraten haben, kann's auch nicht kommen.

– Lass' nur – erwiderte er auf alle meine Einwände, – unser Führer weiß, was er will, der wird's schon machen, das ist ein Volksmann, wie der Martin Luther.

Ich gab es auf, ihn zu überzeugen.

– Nichts für ungut! Deswegen bleiben wir doch gut freund, nicht wahr, Friedrich?

– Auf Wiedersehen – sagte er verlegen lächelnd, als ich ihm die Hand gab.

Ich sah hinter ihm her.

Wie ist das möglich? dachte ich. Die Armut hat er wie ich am eigenen Leibe verspürt, wie ich ist er im Elend der Kriegsjahre aufgewachsen, und doch weiß er nicht, wo er hingehört.

Der Führer wird's schon machen!

Immer und überall sind es dieselben Worte, die man zu hören bekommt. Doch wie sollte es anders sein? Was weiß er, der Volksschüler, von der Geschichte seines Volkes, außer einem Wust von Unwichtigkeiten und Unrichtigkeiten, nach Daten geordnet. Er und die Zahllosen, die den eisernen Willen nicht aufgebracht haben, in vielen Nächten notdürftig die Lücken in ihrem Wissen auszufüllen.

Der Führer ein Volksmann, ein zweiter Martin Luther?

Sind nicht alle Stefan Bömer, die Hunderttausende, die heute «Deutschland erwache!» und «Heil Hitler!» schreien – ausgenommen die geborenen Landsknechte, verrannte Patrioten, Postenjäger und das bezahlte Lumpenpack.

Woher sollte auch so ein Stefan wissen, dass gerade durch Martin Luther, durch seinen Brief «Wider die mörderischen und räuberischen Rotten der Bauern», durch sein «Steche, schlage, würge, wer da kann», der Bauernkrieg, die einzige machtvolle Erhebung des deutschen Volkes, in Blut erstickt worden war? Und woher sollte er wissen, dass durch diesen Verrat die Enkel der Aufständischen, die gegen weltliche und geistliche Unterdrücker gekämpft hatten, kaum hundert Jahre danach in einen Glaubenskrieg verstrickt wurden, der Land und Volk vollkommen erschöpfte; einen dreißigjährigen Bürgerkrieg, durch den viele Geschlechter wieder in jene Leibeigenschaft verknechtet wurden, von der Luther, die Bibel missbrauchend, behauptet hatte, dass sie «gar nichts Schlimmes» sei?

Niemand hatte ihn und die vielen darüber aufgeklärt, dass es von jeher das tragische Schicksal der Deutschen gewesen ist, an den Wendepunkten ihrer Geschichte verraten zu werden – verraten durch einen von den herrschenden Mächten bestochenen «Volksmann», der die deutsche Leichtgläubigkeit missbrauchte, um die im Aufbruch befindlichen Maßen durch lügnerisches Wortgetöse aufzuhalten, um das Gemeinsame ihres Kampfes in ein Gegeneinander religiöser, nationaler oder gar rassischer Verschiedenheiten zu verfälschen.

Wie also sollten ehemalige Volksschüler durchschauen, dass die nationalsozialistische Bewegung ihres abgöttisch verehrten Führers, für den zu sterben sie bereit sind, nur ein Glied in der Kette von Verraten bildet, die damals bis heute das Elend der deutschen Geschichte verursacht haben?

Nichts von alledem lernte der Stefan in der Schule, vor fünfzehn Jahren, während der großen Zeit, für die wir unserem Herrgott zu danken hatten, dass wir sie erleben durften – halt, war es nicht der «Spieß», der diese Redensart ständig im Munde führte?

Der «Spieß» – dieser Name schloss selbsttätig den Kontakt und schon schnurrten die Bildstreifen der Erinnerungen ab, rollten traumgeschwind nebeneinander, überschnitten sich, machten einem schwindeln.

Da waren sie alle, die Geister, die ich nicht rief: der Spieß, der Bombenschani, der Waldemar, der Tütü, Madame Wackerli und Lu – genug!

Werden sie mich nie mehr loslassen, die Erlebnisse, die das Herz vergiftet, die junge Seele verwüstet haben?...

KURZE NACHREDE ZUM VORWORT

«Wenn einer mir sagt, der Sozialismus sei eine wunderbare Idee, die aber mit unerhörten Opfern verbunden ist, dann muss ich ihm sagen: dieser Sozialismus ist etwas so unerhört Schädliches, dass man ihn so schnell wie möglich beseitigen muss.»

(Adolf Hitler im Berliner Herrenhaus auf dem zweiten Kongress der deutschen Arbeitsfront am 15. Mai 1934.)

Stefan Böhmer wurde am 30. Juni 1934 beseitigt.

Erstes Buch

JUGEND OHNE JUGEND

Erster Teil

DER SPIESS

1914-16

Er war Hauptlehrer an der Volksschule. Einige Jahre vor Ausbruch des Krieges verschwand er plötzlich aus unserer Stadt. Eine schlimme Legende hatte sich um ihn gebildet. Wie es hieß, war er auf Beschwerde einiger Väter in ein Nest im Schwarzwald versetzt worden; er hatte ihre Söhne mehr misshandelt, als es selbst eine gestrenge Schulobrigkeit billigen kann.

September 1914. Beängstigende Stille war im Klassenzimmer, als unser Lehrer ankündigte, er müsse einrücken, Herr Hauptlehrer Spieß werde die Klasse übernehmen.

Wir glaubten aus seiner Stimme einen Unterton des Bedauerns herauszuhören.

Während der Pause wurde das Ereignis aufgeregt besprochen. Wir empfanden es als gerechte Strafe für all das, was wir mit unserem Lehrer Eberlein angestellt hatten. Wie war er außer sich geraten, wenn wir in der Singstunde absichtlich falsch sangen, um ihn, den Solobariton des Lehrer-Gesangvereins, zum Vorsingen zu reizen. Wie hatten wir uns über sein schrullenhaftes Wesen, über seinen lächerlichen, eines Mannes unwürdigen Vornamen Carl Maria lustig gemacht.

Einer versuchte mit dem schweigsamen «Dünnschiss» ins Gespräch zu kommen. Düneschitz, der Schuldiener, war ein kahlköpfiges, vertrocknetes Männlein. Er hatte ein Spitzmausgesicht und dunkle Äuglein, die wie Stecknadelköpfe glänzten. Er trug einen blauen, uniformartigen Rock mit blanken Metallknöpfen und eine gleichfarbige Mütze, hinter derem breiten Lackschild seine Stirn bis auf die dünnen Augenbrauen verschwand; das machte sein kleines Gesicht noch unansehnlicher.

Seit über dreißig Jahren war Dünnschiss im Bau. Er triefte vor Unterwürfigkeit. Seine ewig geduckte Haltung, die Beflissenheit, wie er den Anordnungen der Lehrer nachkam, ließen an einen ehemaligen Musterschüler denken, den ein böses Schicksal nie aus dem Dunstkreis der Schule hat herauskommen lassen.

Lebendes Hausstück und lebende Zeitung, wusste Dünnschiss über alles und alle Bescheid. Viele hatte er kommen, viele gehen sehen.

– Hauptlehrer Spieß? – Ein gestrenger Herr, sehr streng! – Er zupfte listig an seinem grauen Bärtchen.

– Ja, man muss die Herren nur zu nehmen wissen!

Am nächsten Morgen war die Klasse lange vor Beginn vollzählig. Niemand hatte sich verspätet, nicht einer sich krank gemeldet.

Es herrschte eine erregte, lärmige, im Grunde gedrückte Stimmung.

Wie die Minuten sich dehnten.

Endlich läutete es.

Fast gleichzeitig hörte man heftiges Klopfen. Wie ein Faustschlag, nein, wie ein Fußtritt dröhnte es gegen die Tür.

Beklemmende Stille.

Fünfundfünfzig Augenpaare – wegen des Mangels an Lehrern waren jeweils zwei Klassen zusammengelegt worden – starrten zur Tür.

Sobald er das Klassenzimmer betreten hatte, schnellten die Fünfundfünfzig in die Höhe. Aus fünfundfünfzig Kehlen schallte ihm ein donnerndes «Guten Morgen, Herr Hauptlehrer!» entgegen.

Verblüfft blieb er auf der Schwelle stehen. Er streifte uns mit einem schiefen, feindselig prüfenden Blick.

Wie, er ließ unseren Gruß unerwidert?

O weh, da hatte uns der gute Dünnschiss einen Bärendienst geleistet. In unserer Einfalt hatten wir, nach seinem Rat, den Spieß überraschen, ihn günstig stimmen wollen.

Wir hatten es gut gemeint; Gott weiß, was er dahinter argwöhnte.

Er schien einige Sekunden zu überlegen, machte, ohne ein Wort zu verlieren, ein paar Schritte nach vorn.

Seltsam, etwas benahm einem den Atem, als habe er eine andere Luft mitgebracht.

Groß pflanzte er sich vor der ersten Bankreihe auf:

– Wie heißest du?
Der Schüler, laut antwortend:
– Franz Müller! Klatschende Ohrfeige.
– Wie heißest du?
Der Schüler, erschrocken, weinerlich:
– Franz Müller!? Klatschende Ohrfeige.
– Wie heißest du?
Der Schüler, hilflos kläglich:
– Franz Müller!!?
Nun erst, da das gewollte staunende Erschrecken auf unseren Gesichtern abzulesen war, stieg er von den Höhen des zürnenden Gottes herab. In himmlischer Schlichtheit offenbarte er dem Nichteingeweihten das Rätsel seines Namens:
– Du heißest: Müller Komma Franz Punkt!
Dann, zu uns, in einem Ton falscher Freundlichkeit, für den Opfer ein feines Ohr haben:
– Merkt euch das!
Gewiss, das wollten wir uns merken.
Verstohlen betrachteten wir unseren neuen Herrn. Dem ersten Blick bot sich nichts Auffälliges. Ein Lehrer wie viele, eine Note derber, verschrobener. Er war groß, aufrecht, breitbrüstig. Die starken Backenknochen, von bläulichen Netzäderchen durchzogen, gaben seinem Gesicht etwas bäuerisch Gesundes. Man hätte ihm die Fünfundvierzig kaum angesehen, wären nicht sein Kopfhaar und sein rötlichblonder Vollbart von grauen Fäden durchzogen gewesen. Alles an ihm, von den glatt über den Schädel gebürsteten Haaren bis zu den glänzenden Knopfstiefeln, wirkte geregelt, solide. In seinem halblangen, hochgeschlossenen Bratenrock und mit dem steifen Kragen hätte man ihn für einen protestantischen Landpfarrer halten können, oder für einen Versicherungsagenten, der Eindruck schinden will. Nur wenn er die Brille mit den scharfgeschliffenen Gläsern abnahm, sie anhauchte und blankrieb, eine Geste, die sich oftmals am Tag wiederholte, enthüllte sich sein Gesicht. Sobald man sich von seinen kalten, stahlgrauen Augen angestarrt glaubte, denn man wusste nie recht, wen sie gerade belauerten, erkannte man, nicht ohne Schrecken, den verbissenen Menschenfeind in der Maske des vierschrötigen Biedermanns.

Die Strafversetzung musste ihn auf abwegige Gedanken gebracht haben. Nahe dem Ziel hatte sie ihm den lang erhofften Aufstieg zum Oberlehrer versperrt, ihn auf Jahre in ein gottverlassenes Dorf verbannt. Dass er selbst Schuld an der Maßregelung trug, hatte er den Schülern nie verzeihen können. Vielleicht war es gerade dieses quälende Bewusstsein, das sich im Laufe der Jahre zu einer Zwangsvorstellung verdichtet, den letzten Funken Güte ausgelöscht hatte: dass er damals einer Verschwörung der Schüler unterlegen war.

Wie mochte er, gefallene Größe in der Verbannung, in der zornigen Unruhe des Wartens gewütet haben.

Zu spät kam seine Stunde. Die «Schuldigen» waren längst entlassen. Doch er musste, gegen Vernunft und Billigkeit, die angestaute Wut loswerden, musste am Ort seiner Niederlage Rache nehmen, und sei es an Unschuldigen. Möglich auch, dass er sich seit der Versetzung in die Idee verrannt hatte, im Schüler einen Feind zu sehen, den nur eiserne Zucht gefügig machen kann.

Er hatte ein ausgeklügeltes Strafsystem.

Dem Zuspätkommenden wurde mit dem Knöchel des Zeigefingers, hart wie Holz, vor die Stirn geschnellt. Dann gab es das spanische Rohr; natürlich kein gewöhnliches. Man konnte schon sagen: ein Wunder von einem Stock, wenn auch ein böses. Es blieb ungewiss, ob der Name «Zwiebelstock» davon herrührte, dass Spieß «zwiebeln» für prügeln sagte, oder ob er wirklich, wie wir uns zuraunten, das Rohr zeitweilig in Zwiebelsaft tauchte. Dafür sprach, dass es durch Einschnitte gespalten, wie aufgeweicht war. Einbildung oder nicht, man spürte hinterher ein Brennen, als ob beißender Saft in die angeschwollenen Finger dringe. Mehr aus einem simplen Rohrstock herauszuholen, wäre wohl kaum dem Erfindergeist eines Edison gelungen.

Der Stock trat unweigerlich in Tätigkeit, sobald einer die Hausaufgabe, oft waren es halbe Druckseiten, nicht wie am Schnürchen herzusagen wusste oder seine schriftliche Arbeit nicht bewältigt hatte. Im Wiederholungsfall flitzten die Schläge nicht auf die Handfläche, man musste die hochgestreckten Finger zusammenpressen, sodass die Hiebe strichfein auf das schmale Bündel der Fingerspitzen niedersausten.

Ihre Schärfe zu mildern, indem man die Rute allmorgendlich ins Waschbecken tauchte, glückte uns nur kurze Zeit. Sei es, dass sich ein Verräter fand, sei es, dass die Schmerzensschreie seinen Ohren, und sie hatten darin eine beachtliche Erfahrung, nicht mehr echt klangen – eines Tages wurde der Stock in das Wandschränkchen verschlossen. Das Erniedrigende war, dass nicht er ihn herausholte. Er übergab dem Züchtling den Schlüssel, zwang ihn, stumm, befehlend, ihm den Prügelstock zu überreichen, so, als bäte dieser um die ihm zukommende Strafe.

Alles in allem: eine vorbildliche Methode. Nichts blieb unberücksichtigt, was über den körperlichen Schmerz hinaus seelisch peinigen musste.

Zum Glück konnte er bei uns Dreizehnjährigen nicht mehr alle seine Strafen vollstrecken. Zum Beispiel, Buben auf den Materialschrank stemmen und sie, oft eine Stunde lang, auf dem schmalen, bei jeder Bewegung bedenklich wackelnden Kasten hocken lassen – wir waren zu schwer.

Einzig deswegen blieben die meisten von dem «kalten Luftbad» verschont. Es drohte dem, der ohne triftigen Grund gefehlt hatte. Da konnte es geschehen, dass er den eine Entschuldigung stammelnden, vor Schreck bleichen Schüler an den Rockaufschlägen packte, ihn über die Brüstung des halbhohen, offenstehenden Fensters drückte und ihn derart schüttelte, dass einem allein vom Zusehen schwindlig werden konnte – unser Schulzimmer lag im dritten Stockwerk.

Bei kleineren Vergehen bekam man zu hören: «unnützer Fresser, dem die Brotmarken entzogen werden müssten», «hundert mal fein und säuberlich abschreiben: ich bin ein Rindvieh!» und dergleichen mehr. War etwas angezettelt worden und fand sich kein Angeber, so musste gewöhnlich die ganze Klasse während der Turnstunde «Kniebeuge» machen, auf! ab! – auf! ab!, den Turnstab in den vorgestreckten Händen, bis einer nach dem andern, schwitzend, keuchend, in Tränen ausbrach.

– Das ist gesund, das stärkt die Glieder, und frischt das Gedächtnis auf! – höhnte er, wenn er endlich eine Pause eintreten ließ.

Wir waren darüber einig: Spieß hatte seinen Namen verdient. Dass er ihn trug, enthob uns der Mühe, ihn zu erfinden.

Die Schüler von der Bürgerschule und die von der höheren Schule, selbst wenn sie einen «Spieß» hatten, mussten ihn wenigstens nur in einem Fach und meist nur eine Stunde lang über sich ergehen lassen. Wir dagegen standen den ganzen Tag unter seiner Fuchtel.

Oft dachte ich, eine ausgleichende Gerechtigkeit müsse darüber wachen, dass es einem im späteren Leben gut ergehe, für all das, was man schuldlos unter diesem Klopf- und Quälgeist auszustehen hatte.

In den Augenblicken des «kalten Luftbades» fühlte man, angstvoll gelähmt, das Herz schlagen. Einmal, als er den kleinen Willy Bürgel «am Kragen hatte», stieg in mir der abgründige Wunsch hoch, er solle den Willy fallen lassen, ja, dieser möge sich zu Tode stürzen, einzig, damit jenes Scheusal moralisch gerichtet werde.

Ein andermal ertappte ich mich bei dem Wunschgedanken, eines Morgens unser Schulhaus durch nächtlichen Brand oder Fliegerbomben zerstört vorzufinden. Die stürmische Freude, umgeschult zu werden, erstarb im Gedanken an die vielen hundert Verwundeten, die im Nebengebäude, in der als Lazarett eingerichteten Mädchenschule, untergebracht waren.

Wie beneideten wir die Schüler der 7. Parallelklasse. Die hatten ihren nicht weniger strengen Lehrer Stengel nicht mehr zu fürchten; er war in einem der ersten Gefechte in den Vogesen gefallen.

An unserem Schulzimmer, neben der Treppe und am Anfang des langen Ganges gelegen, mussten alle Klassen vom dritten Stockwerk vorbeigehen. Die häufig durch die Tür dringenden Schreie hatten dem Zimmer das Schimpfwort «Lachkabinett» eingetragen. Selbst die Kameraden der letzten Klasse verstummten, wenn sie vorüberkamen. Besonders seitdem er einen fröhlich vorüberstürmenden Jungen geschnappt, ins Zimmer gezerrt und fürchterlich verprügelt hatte.

Bald hatte er seinem Ruf neuen Glanz gegeben. Die anderen Lehrer brauchten nur anzudrohen, sie würden den Stock von Herrn Hauptlehrer Spieß holen oder gar sich von ihm vertreten lassen. Das genügte, um den Widerspenstigsten einzuschüchtern.

Ein Mensch dieser Art ist es sich schuldig, Patriot zu sein. Stets wird mir in Erinnerung bleiben, wie er an einem der ersten Tage «unsern Hindenburg» rühmte, der die «russischen Horden zu Zehntausenden in die masurischen Sümpfe getrieben hat, wo sie allemiteinand', mit Mann und Maus ölendiglich versoffen sind.»

In Augenblicken hoher Erregung verfiel er in seine bayrische Mundart.

– Wacker, wacker! Uns're Buaben zeigen's dem russischen Bör'n, was Honiglöcken ist!

Für seinen Gott-mit-uns-Glauben, nach dem Deutschlands jeweilige Feinde unfehlbar Gottes Feinde waren, war dieser Sieg ein Fingerzeig von oben, ein Gottesgericht.

Gebannt folgten unsere Blicke dem unheimlichen Menschen, der mit rücklings verschränkten Händen und kleinen Schritten hin und her schlich.

Plötzlich stockte er, machte eine halbe Kehrtwendung. Er riss die Brille von den Augen, sie hatten einen stechenden Glanz.

– Das ist eine historische Stunde!– stieß er nach kurzem Atemholen hervor – wir müssen unsrem Herrgott danken, dass er sie uns erleben lässt. – Dann, mit erhobenem Zeigefinger: – Das wollen wir besingen!

Alle schnellten in die Höhe.

Aus der Tasche zog er sein blitzendes Stimmpfeifchen. Gab, a-a-a, die Tonlage an. Aus voller Kehle sangen wir:

Was ist des Deutschen Vaterland?
Ist's Preußenland, ist's Bayernland?
Ist's wo am Rhein die Rebe blüht?
Ist's wo am Belt die Möwe zieht?
Onein! onein! onein! onaaahein!
Sein Vaterland muss gröhößeher sein!

Nachdem wir in fünf Strophen dreistimmig danach gefragt hatten, was des Deutschen Vaterland sei, kamen wir zu dem beglückenden Ergebnis: die gahanzehe Weeelt.

Dann ging es in geschlossenem Zug in die festlich beflaggte Turnhalle zur großen Siegesfeier.

Unerschrockener Streiter gegen alles Welsche, spickte Spieß seine Rede mit: mich deucht, jetzund, mitnichten; mit: fürderhin, alldieweil, sintemal und ähnlichen Ausdrücken, uns weniger geläufig als unsere «Fremdwörter», von denen selbst so gebräuchliche wie direkt, egal, geniert, ihn in Wut bringen konnten.

Am Morgen mussten wir ihn mit «Gott strafe England!» begrüßen. Seine erste Sorge war, auf den Landkarten – es gab deren so viele, als es Kriegsschauplätze gab – die Fähnchen abzustecken: «Na, wollen mal sehen, wo unsere braven Jungens den Welschen wieder eine Schlappe beigebracht haben!»

Waren große Siege gemeldet, glätteten sich die Falten zwischen seinen buschigen Augenbrauen. Er deutete auf die Karte «Westlicher Kriegsschauplatz»:

– Da stehen wir und da die Franzosen, wir mauern hier unsere Geschütze ein, rollen da die Front auf, und stoßen dort vor, da brechen wir aus dem Wald heraus und umzingeln die Feinde, und da – er zirkelte mit der Hand einen kühnen Halbkreis und tippte triumphierend auf einen Punkt – da werden sie aufgerieben!

– Ja, die Unsrigen bringen ihnen das Reißausnehmen bei! – sagte er mit zufriedenem Grinsen. Er zog den Kopf ein, rieb sich die knochigen Hände oder strich sich hastig über den Bart und hinter den blitzenden Gläsern flackerten seine grauen Augen.

Nach dem Kartenabstecken durften einige erzählen, was Vater oder der große Bruder von der Front geschrieben hatten.

Am Anfang berichtete jeder, was in den Briefen stand. Als diese seltener, einsilbiger wurden, begann die Knabenphantasie Blüten zu treiben. Der Wunsch, bei Spieß gut angeschrieben zu sein, spornte jeden an, Schauermärchen zu erfinden. Da gab es: Verschüttung und wunderbare Errettung aus dem Granattrichter, waghalsige Nachtpatrouillen, abenteuerliche Flucht aus der Gefangenschaft undsoweiter. Einfache Nachrichten erlebten kühne Ausschmückungen. Nicht selten kam es vor, dass derselbe Bericht wiederholt auftauchte, allerdings in «neuer, verbesserter Auflage».

Vorzüglichen Beifall fanden rührsame Geschichten, unter anderem «die Bibel als Lebensretterin», weil sie eine durch den Tornister eindringende Kugel auffing.

Manche Erzählung von tollkühner Überrumpelung der feindlichen Vorhut hatte verdammt Ähnlichkeit mit den verwegenen Handstreichen Old Wawerlys, nur dass von Rothosen statt Rothäuten die Rede war.

Einer ging selbst so weit, zu behaupten, sein Vater an der Ostfront habe von russischen Gefangenen geschrieben, die Stearinkerzen und Schmierseife fressen, weil sie dergleichen nie gesehen, noch je etwas über deren Gebrauch gehört hätten.

Sichtlich angewidert, entrang sich dem Spieß ein «Dreckiges Lausepack!» Er blitzte mit den Augen, wie es sein vergötterter «Alter Fritz» nicht schöner getan haben konnte, als er das berühmte «Mit solchem Gesindel muss ich mich herumschlagen!» aussprach.

Das Erstaunliche war, dass selbst haarsträubender Unsinn nicht sein Misstrauen erweckte, das ihn sonst so hellhörig machte. Liebe macht eben blind, und er hatte offenkundig eine Schwäche für blutrünstige Streiche, vorausgesetzt, dass sie heldisch aufgeputzt waren.

Gläubiger Leser des Heeresberichtes, pflegte er ihn, gleich einem Morgengebet, durchzunehmen; erst still für sich, dann, mit gehobener Stimme, für uns. Da die Berichte fast immer schwere Verluste der Feinde meldeten, war seine Andacht meistens eine ungetrübte.

Wenn jemand weinend den Tod eines Angehörigen meldete, fehlte es ihm nicht an billigen Trostworten.

– Leider müssen auch auf unserer Seite Opfer für's Vaterland gebracht werden – orakelte er zuletzt mit umflorter Stimme – aber sie sind Gott sei Dank und gemessen an denen des Feindes, gering. Ja, wo gehobelt wird, fallen Späne, hat oft mein seliger Vater gesagt, der anno 70 vor den Spicherer Höhen verwundet worden ist.

Damit waren für ihn solche «Zwischenfälle» erledigt.

Den Schluss seiner «vaterländischen Weihestunde» bildeten zumeist Vorträge von Kriegsgedichten.

Lissauers «Hassgesang» mit dem «drosselnden Hass von Siebzig Millionen» gehörte seine ganze Liebe. Aber auch Gerhart Hauptmanns «Eh' ich nicht zerstückelt bin, kann der Feldzug nicht geraten» und «Der Hindenburg, der alte Reck',

Der Russentod, der Russenschreck», versetzten ihn in helle Begeisterung. Dann gab es noch andere zündende Dichtwerke. In einem wurde der freie, deutsche Rhein verherrlicht, den sie «nicht sollen haben, wenn auch wie gier'ge Raben, Sie heiser sich danach schrei'n», in einem andern das Heldengeschlecht der Zollern, unser Kaiser und seine sieben Söhne, mit Adlern und sonstigem kühnen Getier verglichen.

Eine Abwechslung brachte oft der Vortrag patriotischer, von Schülern verfasster Gedichte und die Vorlesung kleiner, ihm besonders lehrreich scheinender «Briefe in die Heimat». Seinem «General-Anzeiger» entnommen, trugen sie meist die Überschrift «Wie ich das Eiserne Kreuz I. Klasse errang», «Ein verwegenes Husarenstück», «Die Helden von der dritten Kompanie».

Viel später erst wurde mir klar: diese von Heldentaten strotzenden Erzählungen, die den Durch-Aus-Maulhalten-Geist des Hinterlandes stärken sollten, waren aus den Fingern gesogen, gleich unseren Geschichten in der Schule. Allerdings, es waren handfeste Lügen, die ihren Mann nährten. Überdies verschafften sie ihm eine gutgeheizte Schreibstube, weitab von den schrecklichen Herrlichkeiten, die er so glänzend zu schildern wusste.

Wenn Spieß in Laune war, beglückte er uns mit seinem Leibblatt, den «Münchener Neuesten Nachrichten». Sie zu halten schien ihm Ehrensache. Hemmungsloser Alldeutscher, war dieser echte Deutsche ein nicht minder begeisterter Lokalpatriot:

– In der Stunde der Not darf es keine Spaltung und keine Stammesunterschiede mehr geben. Ich kenne keine Parteien mehr, hat unser Kaiser gesagt. Wir alle sind Söhne unseres deutschen Vaterlandes. Aber was wahr ist, muss wahr bleiben: die «Preißen», das sind gewiss schneidige Draufgänger, jedoch draufschlag'n, das tun unsere Boyern! Die ziagen, wann's an den Mann geht, den Küttel vom Leib' und's Messer aus den Schaftstiefeln.

In den ersten Monaten, da es noch hieß: «Hier werden Kriegserklärungen angenommen», und als auch er in dem allgemeinen Wahn lebte, unsere braven Feldgrauen hätten das feindliche Gezücht bald zerschmettert, schien ihm der Unterricht eine lästige, der großen Zeit unwürdige Aufgabe.

Meist war es die Zehnuhrglocke, die ihn in den Alltag des Schulbetriebes riss.

Unausbleiblich folgte nach der Pause:

– Nun wollen wir uns unseren Helden würdig zeigen!

Das sah so aus:

Geographiestunde. Nie und nimmer können wir auf Toul und Verdun, auf Nancy, das urdeutsche Nanzig, und auf das Erzbecken von Longwy und Briey verzichten, diktierte er. Und dass wir Deutschen berufen seien, die Flamen vom belgischen, die Polen vom russischen, die Kongoneger vom französischen, die Inder vom englischen, kurz alle unterdrückten Völker von ihrem Joch zu befreien, sie einheitlich unter die schützende deutsche Oberhoheit zu stellen, nach der es sie sehnlich verlangt.

Geschichte. Die Freiheitskriege. Der russische Feldzug war beendet, der Franzmann besiegt, – «mit Mann und Ross und Wagen, Hat sie der Herr geschlagen». Da brach die große, die Eiserne Zeit an. Es wimmelte von Helden und Haudegen: Vater Blücher, «der Marschall Vorwärts», der Held des «was kraucht denn da im Busch herum, Ich glaub' das ist Napolium», der York, der Scharnhorst, der Gneisenau, Lützows wilde verwegene Jagd und, über allen thronend, Königin Luise, die edle Dulderin.

Verehrungsvoll sprach er von ihnen.

Von dieser «Eisernen Zeit» geriet man, in kühnem Sprung über ein halbes Jahrhundert, in die des «Eisernen Kanzlers», und von Bismarcks Blut- und Eisenkur marschierte man geradewegs in das Stahlbad des Weltkrieges.

Kein Wort über den Betrug von 1813, als sich das Volk mit nationalen Phrasen in einen Befreiungskrieg hetzen ließ, ohne zugleich – und das in erster Linie – seinen Befreiungskrieg, den entwicklungsgeschichtlich notwendigen Kampf um Selbstregierung und Landaufteilung auszufechten. Jenen Betrug von einem nationalen Freiheitskrieg, durch den die Unterdrücker des Volkes von der napoleonischen Bevormundung befreit wurden, die Nation aber anstelle der versprochenen Verfassung und bürgerlicher Gleichberechtigung die Karlsbader Beschlüsse beschert bekam, Metternich und den «Vormärz», jene neue Zeit der tiefsten Erniedrigung, die ungleich schlimmer war, als die napoleonische Fremdherrschaft.

Kein Wort über das «Junge Deutschland», noch über das blutige Achtundvierziger Jahr, in dem, nach den grausamen Kindheitserinnerungen meiner Großmutter, «bei Philippsburg und in den Rastatter Kasematten die Stinkpreußen mit ihrem Kartätschenprinzen böser wie die Türken gehaust» hatten.

Die großen politischen Erschütterungen, die umwälzenden technischen Erfindungen des neunzehnten Jahrhunderts wurden mit wenigsagenden Worten gestreift. Alles war in dieser Fälschung der Geschichte darauf zugeschnitten, uns zu überzeugen, das Jahrhundert von 1813 bis 1914 sei ein nur in Waffen starrendes, wahrhaft großes, glorreiches.

Einzig und allein in Verbindung mit den Freiheitskriegen wurden Schiller und Goethe einer lobenden Phrase gewürdigt, als «edles Dichterpaar, das mit flammenden Worten unser unterm welschen Joch schmachtendes Volk zum Freiheitskampf wider den korsischen Emporkömmling aufrief».

Von einer deutschen Literatur war sonst kaum die Rede, außer von einigen säbelrasselnden und trommelwirbelnden Gedichten der Körner, Arndt, einigen langatmigen, langweiligen Balladen der Platen und Geibel. Von Schiller lernten wir «Das Lied von der Glocke» und den «Taucher», von Heine nur das Gedicht «Belsazar». Goethe war für uns der Dichter des «Erlkönigs», des «Schatzgräbers».

Nach der Schulentlassung etwa über die Sturm- und Drangbewegung befragt, würde jeder wahrscheinlich geantwortet haben, dieses physikalische Gesetz sei uns nicht gelehrt worden.

Geistesgeschichte gehört nun einmal nicht in das Pflichtfach der Volksschule. Erst sechzehn-, siebzehnjährig, als mich selbstauferlegter Fleiß in den Nächten – der Tag gehörte kaufmännischer Lehrlingstätigkeit – mit den großen Deutschen, von denen selbst die Namen mir bisher fremd geblieben waren, ein wenig vertraut machte, enthüllte sich mir in Umrissen das wahre, geistige Gesicht Deutschlands.

Oft bei Morgengrauen, wenn unstillbare Wissbegierde unbezwinglicher Müdigkeit erlag, verwünschte ich eine Erziehung, die junge Menschen mit historischen Namen und Zahlen, mit Formeln der Geometrie und anderen Dingen belastet, ihnen jedoch über Wesen, Entwicklung und soziale Schichtung der menschlichen Gesellschaft ebensowenig zu sagen wusste oder sagen wollte, wie über schwierige und einfache Fragen des täglichen Lebens.

Noch sehe ich den Spieß, wie er zum ersten Mal von dem «Hias» erzählte. Das war eine vaterländische Kriegs- und Liebesmoritat, mit der militäramtlich ausgehaltene Wandertruppen lange die Städte bereisten. Während eine von ihnen in unserer Stadt gastierte, versäumte der Spieß nicht, sich sein Lieblingsstück wiederholt anzuschauen.

– Das muss man gesehen haben, das stärkt Geist und Gemüt! – schloss er seinen Bericht. – Ein Erlebnis, ein kerniges Volksstück ist das! Da lacht einem 's Herz im Leib, das kann man sich immer wieder anschau'n. Bittet eure Eltern um dreißig Pfennige für die Nachmittags-Vorstellung am Sonntag. Euer Leben lang werdet ihr das nicht vergessen!

Von einem Kameraden ließ ich mich überreden, meine Sparpfennige zu opfern, wenngleich ich lieber ins Kino gegangen wäre.

Es war wirklich ein Erlebnis. Denkwürdig bis auf den Programmtext, der etwa so lautete:

1. Akt. Liebe und Trompetenblasen oder: Als er Abschied nahm.
   Schlussbild: Muss i' denn zum Städt'le hinaus.
2. Akt. Der «Hias» im Grafenschloss in der Champagne.
   Schlussbild: So leben wir alle Tage.
   Original-Schuhplattler mit Ziehharmonikabegleitung.
3. Akt. Auf Urlaub: Als er wiederkam.
   Schlussbild: In der Heimat, da gibt's ein Wiedersehen.
   Schlagereinlage:
   Ja, mir sans die boyrischen Löben! Ja, mir hans an Schmalz und an Schneid! Öz Feinde, öz könnt's was erlöben! Ja, mir sans die boyrischen Löben!
4. Akt. großer Kehraus: Immer feste druff!
   Den Höhepunkt bildete ein gefilmter Sturmangriff: der Hias in einer Wolke von Staub und Pulverdampf als Anführer

seiner Kompanie, die mit stoßbereitem Bajonett und sichtbarem Hurra eine Anhöhe erstürmt.

Das Orchester spielte das Deutschlandlied, das von allen stehend mitgesungen wurde.

Wieder hatte bajuvarischer Draufgängergeist in Wort und Bild den Sieg erfochten. Der vorzeitige Schluss ließ der angeregten Vorstellungskraft Spielraum für das blindwütige Hauen, Stechen, das blutige Ende des Nahkampfes. Wahrlich, da konnte einem das Herz im Leibe lachen. Ein kerniges Volksstück war das, für vierzehnjährige Schüler besonders geeignet.

Unvergesslich bleibt mir auch die Geschichte vom «Bombenschani». Wir bekamen sie bis zum Überdruss zu hören.

Vor dem Kriege war Johannes, der «Schani», so hieß er in seinem Alpendörfchen, ein Tunichtgut, ein Nichtsnutz, der vom Verkauf gewilddiebter Tiere sein Leben fristete.

– Ja, also früher war er ein verrufener Bursche, aber – mit gehobener Stimme und hochgestrecktem Zeigefinger – als der Krieg ausbrach, da meldete er sich freiwillig zu den Fliegern, da zeigte er, dass er ein Bayer war, ein echter Sohn der Berge.

Zum Beobachter ausgebildet, zeichnete der Schani sich bald durch Tollkühnheit aus, wurde später ein berühmter Kampfflieger mit EK I. und II. und mehrfach im Heeresbericht lobend erwähnt. Jetzt war er kein Wilddieb mehr, der Hasen jagte und Rehen Fallen stellte, sondern Johannes Kunz, ein Held der Lüfte, der Flieger abschoss und Bomben abwarf. – Bomben auf feindliche Stellungen und friedlich schlafende Städte, die selten ihr Ziel verfehlten, und denen er den Ehrennamen «Bombenschani» verdankte.

– Ja, der Bombenschani, das ist ein wahrer Jung-Siegfried! Im Frieden war er nur ein Luftikus, ein Taugenichts! – wiederholte er mit wegwerfender Handbewegung, – aber im Krieg, da ist er ein Luftheld geworden, vor dem die Feinde zittern, ein Höld!, ein wahrer Höld!

Sein Blick wurde starr. Wie zur Bekräftigung strich er seine knochige Hand unter dem Kinn hervor, wodurch sein Bart sich waagrecht nach vorn sträubte, eine eckig steife Haltung, die an die Darstellungen auf assyrischen Steinreliefs denken ließ, wie sie im Altertums-Museum zu sehen sind.

Mit der Dauer des Krieges wuchs seine Entrüstung über die feindliche Niedertracht. Er wetterte gegen das «perfide Albion», die «welschen Lumpen», die «russischen Barbarenhorden».

Bezeichnend war seine Meinungsänderung über die Italiener. Aus Nachkömmlingen der tapferen Römer wurden über Nacht treulose Lazzaroni, windige Mörtelträger und Scherenschleifer.

– Im Sommer können die Katzelmacher sich noch zur Not mit ihren Makkaroni durchfressen. Im Winter aber werden sie ohne unsere deutsche Steinkohle elend frieren.

Nachdem die «Gipsfigurenhändler» ihren ersten Kriegswinter wunderbarer Weise gut überstanden hatten, wurde die düstere Voraussage, wie viele andere Stammtischergüsse, ohne weiteres fallen gelassen. Zuletzt waren es die Amerikaner, über die sich sein Zorn entlud. Er grollte diesem Krämervolk, das aus schnöder Habgier der feindlichen Bande nicht allein Geld, sondern Waffen und Lebensmittel lieferte, während unsere Braven da draußen manchmal darben mussten.

Schon lange bevor der uneingeschränkte Wahnsinn des uneingeschränkten U-Bootkrieges die Kriegserklärung Amerikas erzwang, lästerte er häufig gegen die verdammten «Schänkies», wobei sich dem echten Katastrophenpolitiker der Stoßseufzer entrang, es möge doch bald zum Krieg mit ihnen kommen.

– Wer nicht für uns ist, ist gegen uns! Viel Feind, viel Ehr! Unsere U-Boote werden's ihnen schon zeigen! Die werden ihr New-York mitsamt den Wolkenkratzern in Grund und Boden schießen.

Es war kein Zufall, wenn er wegen eines Herzklappenfehlers nicht sein Leben für's Vaterland hingeben konnte. Erst später wurde ich durch berühmte Vorbilder mit und ohne blaue Brille darüber belehrt, dass es zwei Arten Patrioten gibt: die daran sterben und die davon leben. Er gehörte zu jenen Vaterlandsverteidigern, denen, vom allmächtigen Generalstabschef bis zum kleinen Volksschullehrer, der Gott, der Eisen wachsen ließ, den glorreichen Tod nicht vergönnte, den sie anderen als höchste Seligkeit zu preisen nicht müde wurden.

Bei jeder Kriegsanleihe mussten die Sparbüchsen geleert werden. Es wurde das geopfert, was nicht in den auf dem Ludwigsplatz aufgestellten hölzernen Götzen, den «Eisernen Roland», in eisernen, silbernen oder gar goldenen Nägeln vernagelt worden war. Wer keine Sparpfennige besaß, und es waren die meisten, bettelte sie den Eltern oder Geschwistern ab. Das wurde von Mal zu Mal schwieriger.

– Es ist eine Ehrenpflicht, sein Scherflein beizusteuern, verstanden?

Ja, man verstand seine zwanglose Aufforderung.

Zumal seit der Geschichte mit dem Stefan Böhmer. Der war einfältig genug gewesen, die Antwort seines Vaters auszurichten: er habe kein Geld für Kriegsanleihe, die zwei großen seien im Feld und der Wochenverdienst reiche kaum für die siebenköpfige Familie.

Wie eingelernt war das von Stefan heruntergeplappert worden. Zuerst hatte der Spieß kein Wort hervorgebracht, dann spitz gefragt:

– Was ist dein Vater von Beruf? – Metallarbeiter? – Aha! da haben wir's ja!

Ohne Zweifel hätte er bei «Straßenkehrer» oder «Rohrleger» das gleiche Triumphgeheul ausgestoßen.

– Ja, selbstverständlich, da braucht man sein Geld für bessere Zwecke, für rote Verbände, rote Parteikasse und was alles noch.

Schließlich hatte er eine schwungvolle Rede gehalten, die in dem unvermeidlichen Lobgesang auf die große, die Eiserne Zeit endete, da der König rief und alle, alle kamen, da man Gold für Eisen gab, und da deutsche Jungfrauen ihr Haar, den einzigen Schmuck, auf dem Altare des Vaterlandes opferten.

– Ja! damals gab es noch Vaterlandsliebe und wahren Kämpfergeist, keine roten Gewerkschaften, keine roten Parteikassen!

Hasserfüllt; ohne den Stefan anzuschauen, hatte er das herausgeschleudert.

Ein auf frischer Tat Ertappter, war dieser dagestanden, mit rotem Gesicht, und hatte nicht gewusst, wohin er schauen sollte.

Wie der Spieß bei jeder Kriegsanleihe erläuterte, kostet Krieg

Geld und nochmals Geld, und mit jeder Granate wird ein kleines Vermögen verschossen. Das leuchtete uns ein. Über die wesentlichere Frage, wohin die vielen Milliarden sich «verflüchtigten», machte man sich damals noch wenig Gedanken. Vielmehr es verband sich damit eine bildhafte Vorstellung: links ein Berg Geld, rechts ein Berg Munition, die sich mit jedem Schuss in gleichem Masse verringerten. Man erfasste noch nicht die Anfangsgründe der Volkswirtschaft, wusste nicht, dass die Granaten es waren, die in Knall und Rauch aufgingen, nicht deren Gegenwert, das Geld, das Heidengeld, wie er es nannte, das in goldenen Strömen in die Kassenschränke der Munitionsfabrikanten und Kriegslieferanten floss. Mit anderen Worten, man begriff das Einmaleins des «Gold gab ich für Eisen», ohne von der höheren Rechenkunst derer zu ahnen, die Gold für Eisen nahmen.

Wie alle Unterdrücker in steter Furcht vor Verschwörungen, hatte Spieß das feine Ohr für die leiseste Auflehnung. Spürte er in den Tagen, da er einen weggelassenen I-Tüpfel mit Strafe belegte, geistige Widerstände? Wollte er sich für sein schlechtes Gewissen rächen oder quälten ihn Bedenken, nachgiebig gewesen zu sein?

Das schlimme war eben, dass er eine sittliche Rechtfertigung für seine Prügeleien zu haben glaubte.

Trotz seiner angeborenen Abneigung gegen die Preußen, war er gleich vielen Süddeutschen angesteckt von dem preußisch-protestantischen Staatsgedanken, jener Vergötzung der Macht, die ihm auch den Fetischglauben an den Prügelstock als unersetzlichen Erzieher eingab.

Wenn einer, der zwölf Tatzen «von oben herab» fasste, allzulaut brüllte, konnte er kopfschüttelnd und ehrlich entrüstet ausrufen:

– Es ist eine wahre Schande, die Kerls plärren wegen zwölf Tatzen. Das wollen einmal Soldaten werden! Zu meiner Zeit hätte keiner gewagt, einen Muckser von sich zu geben, wenn ihm ein volles Dutzend auf den straffen Hosenboden aufgezählt wurde. Wie leicht hätte für ihn das Doppelte abfallen können!

Ein Ewig-Gestriger, klammerte er sich an dieses sture Zu-meiner-Zeit. Damals wurde geprügelt, folglich muss heute, morgen, in alle Ewigkeit fort geprügelt werden.

Je seltener die Siegesnachrichten wurden, was auch wir, schon der schulfreien Tage wegen, bedauerten, desto unerträglicher wurde er. Wehe den schwarzen Schafen, die jetzt sein Missfallen erregten.

Da war der Otto Kunkel. Er hatte eine steife Aussprache; seine Familie war von Hannover in unsere Stadt übergesiedelt. Auf ihn hatte es Spieß besonders abgesehen, seitdem er in der Schülerliste Religion «freireligiös» festgestellt hatte. Zu seinem Glück war Kunkel ein guter Schüler, sodass Spieß ihm wenig anhaben konnte. Sobald er aber eine falsche Antwort gab, folgte auf die Note «hinlänglich» die tückische Bemerkung:

– Ja, die Herren Freidenker! Unsern Herrgott im Himmel leugnen, das können's, aber ihre Aufgaben lernen, das können's nöt.

Da war auch der Martin Fritsch «mit seinem Gedächtnis wie ein Sieb». Sein Vater hatte sich im Januar 15, einige Tage nach Erhalt des Gestellungsbefehls, in einem Anfall von Nervenzerrüttung in einem Bahnhofsabort erschossen. Als Martin beim Aufsagen stecken blieb, schleuderte er ihn wütig gegen die Schiefertafel, sodass diese umfiel und einen Sprung bekam.

Noch übler wurde dem Bruder des Siegfried Hirschfeld mitgespielt. Einmal, als der Siegfried, der in ständiger Ungnade war und den Spieß bei jeder Gelegenheit Itzig oder Siegfritzsche hieß, zwei Tage lang gefehlt hatte, ließ er während der Pause seinen Bruder von der dritten Klasse heraufkommen.

– Wo steckt der Siegfried? – schrie er ihn an.

Als der Zehnjährige, zitternd vor Angst, kein Wort herausbrachte, dann «er ist im Bett!», «ich weiß nicht!», «er ist krank!», stammelte, geriet Spieß derart in Wut, dass dem unschuldigen Bruder beinahe das Trommelfell geplatzt wäre, obwohl ihm, wie der Schularzt seinen Vater beruhigte, nur etwas unsanft an die Ohren gelangt worden war.

Nicht viel besser erging es dem langen Schwander, der sich zu sagen erkühnte, die Franzosen seien auch Menschen, und auch drüben gäbe es Mütter, die um ihre Gefallenen trauerten. – Und überhaupt – sagte er – lautet das sechste Gebot der Bibel, –

– Schwatz kein ungereimtes Zeug! – fuhr ihn Spieß an, als wollte er die Stimme der Vernunft und Menschlichkeit aus dem

Munde eines Knaben überschreien. Zum ersten Mal sah ich ihn betroffen. Als er Schwander wie einen Sendling der Hölle anstierte, schien er für einen Augenblick die Farbe zu wechseln. Entsetzte ihn die Rede des Jungen, der, bedenkliches Anzeichen der Stimmung im Volke, wiedergab, was er daheim aufgeschnappt hatte?

Als hätte er die ruchlosen Worte überhört, stellte Spieß Fragen an andere Schüler.

Nachdem sich noch herausstellte, dass der Schwander zum Erbfeind in verwandtschaftlicher Beziehung stand – seine Schwester war nach Französisch-Lothringen verheiratet – war er vollends abgemeldet. Bei der nächsten Hauskonferenz musste er sich wie eine Missgestalt anstaunen und Fragen über sich ergehen lassen. Die Seelenärzte für Kinder, wie Lehrer sich gerne nennen hören, waren sich bald darüber im klaren, dass der Junge geistig krank, durch schlechte Einflüsse im Elternhaus verdorben war.

Zum Glück verzog seine Familie bald darauf auf's Land.

Wie wir ihn beneideten.

Selbst auf den Josef Stadler waren wir neidisch. Er wurde im letzten Halbjahr von einem Auto überfahren und fehlte drei Monate lang. Nachdem Stadler auch nach seiner Heilung ausblieb, ließ ihn Spieß durch den Dünnschiss vorführen. Er riss ihn derart herunter, dass dieser eigentlich seinem nichtsnutzigen, ehrlosen, verpfuschten Leben schleunig ein Ende hätte machen müssen.

Glücklicherweise nahm der Josef es sich nicht sehr zu Herzen, wiewohl er vor Spieß große Zerknirschung zeigte.

– Am Anfang, als ich mit dem Gipsverband im Bett gelegen habe, hat's mächtig weh getan – berichtete er uns in der Pause – aber ich war heilfroh, dass ich den Spieß nie mehr zu sehen brauch'. Ich hätt's auch so weit gebracht, wenn mich nicht so 'n schuftiger Kerl auf der Gasse gesehen und beim Alten verpetzt hätte.

Auch ich war für den Spieß einer von denen, die, nach der klassischen Formel aller großen und kleinen Gewalthaber, gefährlich sind, weil sie denken.

Noch kurz vor der Schulentlassung wollte er mich für

wiederholtes Zuspätkommen – ich hatte einen Weg von über einer Stunde zu gehen – über die Schulbank legen.

Mich auf den Hintern schlagen lassen?! Der Stolz des Jungen, der sich beinahe erwachsen fühlt, bäumte sich auf. Weder er, noch seine Lieblingsschüler, die beiden «Schießhunde», konnten mich festhalten. Ich wehrte mich, biss in die Hände, die mich packen wollten.

In meiner Verzweiflung brüllte ich, dass ich ein Geschwür auf dem Hintern hätte.

Er befahl den beiden, meine Angabe augenscheinlich nachzuprüfen.

Das war zu viel! Eher sterben.

Ich begann mit Händen und Füßen um mich zu schlagen. Nachdem ich die Bank, über die ich gelegt werden sollte, umgestoßen hatte, wobei seine Brillengläser auf dem Boden zersplitterten, musste der «Steißtrommler» sein Vorhaben aufgeben; ich kam mit zwölf «Gepfefferten, von oben herab», davon.

Ich konnte meines «Sieges» nicht froh werden. Noch brannte Scham über eine frühere Demütigung in mir.

Für ein harmloses Vergehen – ich hatte einem Kameraden vorgesagt – hatte er damals ein Sprechverbot für den nächsten Nachmittagsausflug über mich verhängt.

Ein paar Stunden nicht sprechen dürfen? – ich hatte Schlimmeres befürchtet. Das war erträglicher als das Gegenteil. Auf dem letzten Ausflug hatte der Walter Ulrich, der in Geometrie gänzlich versagte, stundenlang schwätzen müssen. Ein urkomisches Bild war das: zwei Knaben, mit Rucksäcken bepackt, im hellen Sonnenschein auf der Landstraße, auf Waldwegen, zwischen den Feldern marschierend, der eine unermüdlich abhörend, der andere unausgesetzt falsche Antworten gebend, was ein Rhombus, ein Trapez, ein Parallelogramm, eine Tangente sei. Ein Fremder hätte kaum zu sagen vermocht, wer der Bestrafte war.

Zwei Wochen später, es war ein schöner Herbsttag, brachte uns die Kleinbahn in ein nahe gelegenes Städtchen.

In Reih und Glied marschierten wir singend durch den Ort.

Der Spieß ging hinterher. Sein steifer Strohhut hing, wie immer, an einer Klammer, die durch eine schwarze Lederschlaufe am obersten Knopf seines Gehrocks befestigt war.

Die letzten Häuser lagen hinter uns.

Als sein Pfiff schrillte, fiel mir plötzlich wieder die angedrohte Strafe ein.

Die ganze Kompanie machte halt. Er pfiff zum zweitenmal; das bedeutete: in einer Reihe antreten. Er räusperte sich gebieterisch, sprach laut und scharf von Unruhestiftern, die den Geist des Widerspruchs in der Klasse weckten.

Er nannte meinen Namen.

– Da habt ihr einen der Rädelsführer! Ich werde euch zeigen, wie es fürderhin jedem ergehen wird, der nicht den Mund halten kann, wenn er nicht gefragt ist.

Er befahl mir vorzutreten.

Mit klopfendem Herzen trat ich aus der Reihe.

In der Hand hielt er ein Pflaster. Ein gewöhnliches rosarotes Heftpflaster, wie man es für Wunden verwendet – nein, das war unmöglich, ein böser Scherz, eine neue Einschüchterung, wie nur er sie ersinnen konnte.

War es körperliche Schlaffheit, die mich widerstandslos machte, war es der kindliche Märtyrerglaube, ihn durch stummes Flehen erweichen zu können?

Er sah mich bleich, entsetzt.

Seine Augen leuchteten grausam.

Das Pflaster klebte auf meinem Munde.

Am hellichten Tag war es geschehen. Ich hätte nicht sagen können, wie.

Voller Befriedigung musterte er die betretenen Gesichter der Schüler.

– Das Ganze: Marsch!

– Du läufst fünfzig Schritte hinterher! – befahl er mir. – Und dass keiner sich untersteht, mit ihm zu sprechen!

Böser Spott war in seiner Stimme.

In Viererreihen, stumm, mit eintönigem Gleichschritt setzte sich der Zug in Bewegung. Den Abschluss bildete er mit seiner Ehrengarde, den Schießhunden, die keiner von uns leiden mochte und die oft genug ein Bein gestellt oder einen Ball ins Gesicht bekamen.

Betäubt trottete ich hinterdrein.

Ich fühlte mich blutleer, als ob das Pflaster alles Blut in die zuckenden, dick anschwellenden Lippen ziehen würde. Schwerelos, mit weit geöffneten Augen, schritt ich geradeaus, nicht nach rechts, nicht nach links schauend. Ich sah kaum die Blicke der Feldarbeiter, die kopfschüttelnd in ihrer Arbeit stockten und einander auf mich aufmerksam machten. Kaum sah ich den Bauern auf dem hochbeladenen Heuwagen, der munter mit der Peitsche knallte und den der sonderbare Anblick mitten in seinem «Hü-Hott!» verstummen ließ. Nur einmal war ich nahe daran, zusammenzubrechen: als ich eine alte Bäuerin, die an einer Böschung mähte, leise aufschreien hörte: «Jesus Maria, der arme Bub'!»

Ich hatte Staunen erwartet, mich gegen Hohn gewappnet.

Dieses Mitleid traf mich.

Wenn es einen Gott gibt, so muss jetzt etwas geschehen, etwas Gewaltiges, Erschütterndes.

Fiel nicht ein Blitz vom Himmel?

Keine Wolke bewegte sich?

Kam niemand zu Hilfe?

Ganz plötzlich begriff ich, wie verlassen der Mensch in seinen entscheidenden Augenblicken ist.

Tränen brannten in meinen Augen. Himmel und Erde verschwammen darin.

Es wurde um mich eng und dunkel.

Ich glaubte zu sinken.

Mit einem Mal stand alles still, die Luft, das Herz, die Zeit.

So muss es sein, wenn man stirbt, durchzuckte es mich.

In diesem Augenblick, ich fühlte es, war Gott in mir gestorben.

Schritte schreckten mich auf. War eine Sekunde, waren Minuten vergangen?...

– Wo bleibst du nur, Friedrich? – rief ein Kamerad; es war der Stefan, er näherte sich mir im Laufschritt.

– Du bist ja so weit zurück, man verliert dich ganz aus den Augen. Der Spieß ist schon halber besiegt – flüsterte er, noch außer Atem. – Wir haben ihn mächtig bearbeitet. Er wird dir gewiss nicht böse sein, wenn du das Pflaster abmachst.

Einen Augenblick hatte ich einen inneren Kampf zu bestehen. War es verletzte Eigenliebe, Empörung über die erlittene Unbill? Nein, ich konnte das Schandmal nicht abreißen.

Voll ohnmächtiger Wut lief ich weiter.
Ein Ausgestoßener war ich, gebrandmarkt, einzig, um die andern abzuschrecken – oh! Müsste man sich nicht auf das schwarze Scheusal von Lehrer stürzen, ihm die Kleider vom Leibe reißen? Man hatte doch nur das Zeichen zu geben. Die andern würden schon mitmachen, diese haarige Bestie zu erdrosseln, ihr mit schweren Steinen, mit den bloßen Fäusten den Schädel zu zertrümmern. Die andern? – ach, die waren zu feige. Besser wäre es, sich selber zu töten.
Der Weg führte über eine kleine Brücke.
Die Klasse war eben am anderen Ende hinter der Straßenbiegung verschwunden.
Sich kopfüber ins Wasser werfen?
Vor mir sah ich die Wasserleiche, die man vor Jahren aus dem Rhein gezogen hatte, mit einer roten Badehose bekleidet, steif und dick aufgeschwemmt.
Plötzlich sah ich mich auf dem Wasser treiben, den Kopf nach vorn, das bläulich aufgedunsene Gesicht mit dem rosaroten Pflaster – lächerlich, scheußlich, wie ein geflickter Gummiball.
Ich warf einen Blick über das niedere Geländer der Brücke. Nein, das ging nicht. Das Wasser war untief. Deutlich hoben sich die großen Kieselsteine von dem Grund ab. Da würde man sich furchtbar den Kopf zerschmettern.
Ich beschleunigte meine Schritte.
Vielleicht durchbrennen? – Sich im Wald verirren und Hungers sterben?
Langgestreckt sah ich mich auf dem Boden liegen. Um mich eine Gruppe fremder Männer. Das Widerspiel der Fackeln warf unruhige rote Flecken auf ihre Gesichter. Reiter sprengten heran. Zwischen den schnaubenden Pferden zerrten sie den gefesselten Spieß. Fürchterlich, todbleich, mit geiferndem Mund, abgerissenen Kleidern, zerzausten Haaren. Zwei Männer stießen den Taumelnden in den Kreis. Ein großer Mann mit einem breitrandigen Hut trat vor, er entblößte sein Haupt. Er hatte weiße Haare; sein Gesicht war breit, scharf geschnitten. Ein strenger Blick streifte den Mörder und sein Opfer auf dem Boden. Es wurde kurzer Prozess gemacht: ein Lasso um einen dicken Ast geworfen, die Schlinge um den Hals des Missetäters

– grauenhaft, ich fieberte ja, sah Gespenster bei Tage. War das nicht das Schlussbild eines Wildwestfilms, den ich vor kurzem gesehen hatte...

Nein, nicht im Traum, in Wirklichkeit musste der Unhold niedergeschlagen werden. Wütend vor Hass presste ich die verklebten Lippen aufeinander; sie schmerzten, als seien sie vernäht.

– Nein, der verdient nicht, dass man sich nach ihm umschaut! – herrschte er einen Schüler an, der ihn auf mein Aussehen aufmerksam machte.

Fühlte er, fürchtete er den Blick eines Knaben?

Nach einiger Zeit näherte sich mir einer von den «Schießhunden». Der Wittmann riet mir, wohl mit seines Herrn stillschweigender Billigung, das Pflaster abzunehmen und nicht länger zu trotzen.

Ich schüttelte heftig den Kopf.

Als Wittmann mit kaum verhehlter Schadenfreude seine Meldung machte, hörte ich den Spieß hämisch ausrufen:

– So? Na, wir wollen mal sehen, wer's länger aushält! In seiner Gereiztheit schien er nicht beachtet zu haben:

Vor allen Schülern hatte er die Herausforderung eines der ihren angenommen.

Für die meisten wurde nun erst die Sache spannend. Zur kameradschaftlichen Verbundenheit kam die untergründige Neugier der Halbwüchsigen, ihre Lust am grausamen Spiel. Wer's länger aushält ? – Ja, wahrhaftig, das wollte man einmal sehen. Teufel, das roch ja förmlich nach ungleichem Zweikampf. Das versprach eine Hatz zu werden!

Der Spieß schien verärgert. Musste nicht jetzt in den Augen der Schüler jede Nachgiebigkeit als Schwäche, als Niederlage gelten ?

Wir näherten uns dem Städtchen.

Wilde Freude erfasste mich. Er hatte sich verrechnet, wenn er glaubte, ich würde zu Kreuz kriechen, ihm Gelegenheit geben, Gnade vor Unrecht zu tun. Ich war entschlossen, die rosarote Schande nicht abzumachen. Mochten die Leute in der Stadt sehen, welch ein Schinder er war. Mit schmerzvoller Lust verbohrte ich mich in den Gedanken, das Pflaster werde nun auch ihm Qual verursachen. Je näher wir der Stadt kamen, desto unbehaglicher wurde es ihm sichtlich.

– Schluss mit den Kindereien! – rief er plötzlich.

Es gab kaum einen, der nicht wusste, worauf er abzielte. Seine Stimme war so laut, dass ich, wenn auch ein gutes Stück Wegs dahinter, ihn hören konnte. Durch Spitz, den anderen «Schießhund», ließ er mir anbefehlen, endlich das Pflaster abzunehmen.

Endlich? Ich frohlockte innerlich.

Jetzt klein beigeben?

Nein, nein, nein.

Meine erneute Weigerung ließ ihn die Beherrschung verlieren. Er kniff, bleich vor Zorn, das eine Auge zu. Sein Gesicht bekam einen entfesselt bösen Ausdruck. Der Atem schien ihm, wie immer in solchen Augenblicken, auszugehen.

– Spitz, Wittmann! Reißt dem verstockten Kerl augenblicklich das Pflaster ab!

Als die Schießhunde mir entgegenrannten und sich auf mich stürzten, schlug und trat ich wie ein Besessener um mich. Schließlich gelang es dem einen, meine Hände von hinten festzuhalten, indessen mir der andere das Pflaster vom Mund riss.

Ich biss die Zähne aufeinander, um nicht vor der Klasse aufbrüllen zu müssen, die aus kurzer Entfernung gebannt zusah.

– Recht so, Strafe muss sein! – rief Spieß aus, als die beiden, stolz auf ihren Bütteldienst, zurückkehrten.

– Für heute wollen wir ihn in Ruhe lassen. Er wird sich hoffentlich für alle Zukunft merken, dass man den Mund nicht aufzumachen hat, wenn es nicht erlaubt ist.

(Die böse Einfalt! Wenn jemand, so war es gewiss er, der mich gelehrt hat, den Mund aufzumachen, gerade wenn es nicht erlaubt ist.)

Wieder schrillte sein Pfeifchen.

Schweigend wurde der Marsch fortgesetzt.

Wie zerschlagen trabte ich hinterher. Ich spürte ein Brennen um den Mund, er zuckte wie eine offene Wunde. Hastig griff ich an meine Lippen; sie fühlten sich an, als seien sie abgestorben. Hatten sie sich mit dem Pflaster abgelöst? Weshalb konnte ich kein Wort hervorbringen? Vielleicht, schoss es mir durch den Kopf, habe ich die Sprache verloren? Schaurige Geschichten fielen mir ein, von Menschen, die vor Schreck Sprache und Gedächtnis eingebüßt hatten.

Mir wurde wirr im Kopf. Ich wollte schreien. Ein gepresster Laut kam aus meinem Munde.

Verdammt, wann schon hatte ich diesen scheußlichen Geruch in der Nase? – Ja, damals, nach der Schulimpfung, bei der mir übel geworden war, verfolgte mich tagelang ein süßlich-stickiger Geruch von faulem Obst, Leuchtgas und Ich-weiß-nicht-was, den ich, ich weiß nicht warum, «Giftnudel» nannte.

Wollte der verwünschte Ausflug kein Ende nehmen?

Lange würde ich mich nicht mehr aufrecht halten können.

Ich riss mich zusammen. Nur jetzt nicht schwach werden, nur jetzt nicht schlapp machen!

Endlich erreichten wir die ersten Häuser.

Sanglos ging es durch die gleiche baumbepflanzte Hauptstraße, durch die wir vor kaum zwei Stunden fröhlich hinausgezogen waren.

Zwei Stunden! –

In den Anlagen vor dem Bahnhof wurde halt gemacht.

Da bis zur Abfahrt noch reichlich Zeit war, durfte sich die Klasse einstweilen auflösen.

Einige, die Schießhunde vorne dran, nahmen, dem Beispiel des Spieß folgend, auf einer der breiten Bänke Platz; sie wickelten ihr Vesperbrot aus. Die Mehrzahl steuerte auf das Sodawasserhäuschen in der Ecke zu. Eine Gruppe von etwa zehn Schülern, darunter auch der Stefan, beschloss einen Spaziergang um den Platz zu machen. Sie wollten das in der Mitte gelegene, umgitterte Kriegerdenkmal betrachten, genauer gesagt, seiner Beaufsichtigung entgehen.

Wortlos schloss ich mich ihnen an. Ich wusste ihnen Dank, dass sie mich nicht, wie ich befürchtete, mit Fragen quälten.

Stefan, der mich trösten wollte, riet mir, «es» zu Hause zu sagen.

Ich winkte stumm ab.

Es zu Hause sagen? Wem? Den Vater hatte ich schon als Kind verloren – und die Mutter? Mutter war krank und musste sich allein herumschlagen. Hatte genug Plackereien, um von dem kleinen Erlös aus dem Kramladen das Notwendigste für die Familie zu bestreiten. Von Jahr zu Jahr verschob sie, trotz Warnung des Arztes, eine dringliche Unterleibsoperation. Wer würde die fünf hungrigen Mäuler versorgen, wer den beiden Ältesten an der Front, die über schlechte Verpflegung klagten, Fresspakete schicken, zu Schleichhandelspreisen erstanden, wenn...

Da konnte es einem vergehen, den Wehleidigen zu spielen und sich an Mutters Rockzipfel zu hängen. Früh, allzufrüh war man daran gewöhnt worden, alles mit sich selbst abzumachen.

Sich bei der Schulbehörde beschweren? Was hätte der stellvertretende Oberlehrer Matthias Spieß bei dem großen Mangel an Lehrkräften begehen müssen, um abermals versetzt oder gar verabschiedet zu werden? Ja, wenn man sich getötet hätte, dann vielleicht...

Ich verlangsamte meine Schritte, bog in den nächsten Seitenweg ein.

Als ich an einem Brunnen vorbeikam, hielt ich mein Taschentuch unter den dünnen Wasserstrahl, den ein eisernes Muschelbecken auffing. Ich versuchte den klebrigen Rand um den Mund abzuwischen. Bei der ersten Berührung fuhr ich zurück. Die Lippen brannten, als sei heißes Öl aus dem Brunnen geflossen.

Mein Blick fiel auf die von Laub beschattete Fratze des Wasserspeiers. Faunisch grinste er mir entgegen. Ich starrte auf den verzerrten Mund – war da nicht ein Pflaster, ein eckiges, rosarotes Pflaster? – klang nicht das glucksende Auftropfen wie höhnisches Kichern? –

Ich presste die Augen zusammen, sah etwas flimmernd Weißes und ein Pflaster, nein, einen dunklen Rand – ich stöhnte. Nie, nie würde ich diesen Rand von meiner Seele abwischen können.

Ich weinte.

ZEITGEMÄSSE ZWISCHENBEMERKUNG

«So stiegen im Laufe der Geschichte unseres Volkes aus ihm tausend Sehnsüchte und Wünsche auf und wurden Männer und Frauen: Siegfried, Friedrich der große, Königin Luise, Stein, Wagner, usw. Sie wären alle nicht gekommen, wenn das deutsche Volk diese Menschen nicht ersehnt hätte. Und so sehnte und dachte unser Volk auch in den letzten zehn Jahren, und so wurde aus diesen Wünschen und Sehnsüchten auch ein Mensch – unser Führer.»

Schemm, bayrischer Kultusminister, gewesener Volksschullehrer, im Kriege Lazarettangestellter. Herausgeber der Druckschriften: «Deutsche Schülerzeitung», Auflage: 6.000.000 «Fränkisches Volk», Auflage: 350.000; «Deutsche Lehrerzeitung», Auflage: 400.000;

«Im dritten Reich ist kein Platz für Lehrer ohne militärischen Geist.» «Deutsche Lehrerzeitung», August 1935.

Es war Anfang 1919, einige Monate nach dem Zusammenbruch, den unsere Deutschen in ihrer verhängnisvollen Schwäche für Fremdwörter «Revolution» nennen.

Wie ich durch Zufall erfahren hatte, war der Spieß gleich nach Friedensausbruch aus dem Schuldienst entlassen worden. Er hatte kurz vorher seine Frau verloren.

Ich begegnete ihm gegen Abend auf der Hauptstraße, an einem kalten, trüben Februartag. Er sah zerfallen aus und gealtert, als hätte sein Leben allen Sinn eingebüßt, nachdem es für ihn keine Kinder mehr zu drangsalieren gab.

Er ging leicht gebückt, trug einen dicken, grauen Schal um den Hals und eine Trauerbinde am Arm. Von dem dunklen Schlapphut, dem grünlichen Lodenanzug bis zu den braunen Schuhen wirkte alles an ihm, selbst sein grauweißer Bart, verwahrlost, wie bei einem, der aufgehört hat, «in geordneten Verhältnissen zu leben».

Seine Augen irrten suchend hinter den dicken Gläsern umher. Fahndeten sie nach ehemaligen Schülern? Auch mich sah er scharf an, als er mit gesenktem Kopf und mit kleinen Schritten vorbeischlich. Er schien mich nicht zu erkennen. Dennoch erschreckten mich seine Augen wie vor Jahren, da ich sie zum ersten Mal gesehen hatte.

Lange schaute ich ihm nach.

Er hielt den knorrigen Bergstock, als wollte er ihn verstecken, mit beiden Händen fest hinter dem gebeugten Rücken.

Seltsam, vor dieser Menschenruine konnte man nur Grauen und Mitleid empfinden.

War er nicht das traurige Abbild des engstirnigen, politisch rückständigen Kleinbürgers? Ein Untertan nach deutschem Muster: liebedienerisch und knechtselig nach oben, hart und anmaßend nach unten. Einer von denen, die kaum mehr als gelernte Arbeiter verdienen und in der von der herrschenden Klasse bestärkten Selbstlüge leben, etwas Besseres zu sein, weil sie abwaschbare Gummikragen oder gar weiße Leinenwäsche tragen.

Für diese entgleisten, ewig mißbrauchten Spießer musste mit der Niederlage eine Welt zusammenbrechen. Alles hatten sie auf dem Altare des Vaterlandes geopfert; sie hatten nie begriffen, dass dieser Altar ein Rechenpult ist, mit einem Fahnentuch ausgeschmückt, ebenso wie dieses Vaterland die solide Nutzgemeinschaft einiger hundert Großverdiener, die sich an dem Blutopfer von Millionen bereichern.

Matthias Spieß starb im Jahre 1922.

Die Ungunst des Schicksals ließ ihn den Ausbruch der neuesten großen Zeit nicht erleben.

Wie hätte er in dieses Deutschland des Ungeistes und des Unrechts hineingepasst, dessen Jugend durch verschärfte Zucht und Prügelstrafe in der Schule und durch den Drill des Kasernenhofes zu wehrhaften, nicht wahrhaften Menschen, zu willigen Opferlämmern herangezüchtet werden soll.

Jetzt erst hätte er hemmungslos der geistige Feldwebel sein können, ohne noch fürchten zu brauchen, sein Name werde in «so einem verdammten Soziblatt herumgeschmiert», oder gar in einer Bürgerausschuss-Sitzung von einem «roten Hetzer» in den Schmutz gezogen. Und auf keinen Fall mehr etwas von Disziplinarverfahren, von Strafversetzung.

Aus dem gleichen Holz geschnitzt wie die Schemm, schlicht von Verstand und schlecht von Gemüt, hätte er, dreißig Jahre jünger, einen schwindelnd hohen Aufstieg erleben können. Als Minister für Volkserziehung würde er, der Menschenschinder und Menschenverächter, keine schlechtere Figur gemacht haben, als seine «Spießgesellen» von 1933, die Rust, die Streicher.

Auch in seinen Augen war die unreine Flamme der Besessenen, das glimmende Feuer des Wahnsinns.

Zweiter Teil

SPIELE STATT BROT

Frühjahr 1917

Am frühen Abend versammelte sich in unserer Gasse, meist in der Einfahrt einer seit langem unbenutzten Garage, eine Rotte von zehn bis zwölf Altersgenossen. Es waren durchweg Büro- oder Werkstattlehrlinge, von denen der älteste, nicht ganz sechzehn Jahre alt, «ins Siebzehnte ging», wie er stolz betonte.

Was hätte man nach der Arbeit zu Hause tun sollen?

Die Väter und Brüder waren im Feld, bald wusste man nicht mehr seit wann. Mütter und ältere Schwestern arbeiteten im Ladengeschäft, in der Fabrik oder gar daheim, und das war das Schlimmste. Kein lautes Wort durfte man sprechen, kein Lachen einem über die Lippen kommen. Gleich regnete es Schelte und Püffe.

Ja, es war lange her, dass man Mutter sorglos gesehen hatte. Nur wenn ein Bruder auf Urlaub kam, wurde sie etwas froh, aber auch dann lag Schatten schon auf der ersten Freude. Acht Tage, zwei Wochen – das riss und wühlte nur schlechtverheilte Wunden auf. Besser wäre es vielleicht gewesen, wenn sie gar nicht erst gekommen wären, als denen daheim den zweifachen Schmerz des Wiedersehens und des Abschiednehmens zuzufügen.

Alles war grau, trostlos. Grub man im Schutt der Jahre nach, konnte man auf verwirrend schöne Erinnerungen kommen, doch sie waren matt, fern und man musste zweifeln, ob es nicht Träume waren, aufsteigend aus dem Grabe der Kindheit.

Es musste sie wohl gegeben haben, die gute, alte Zeit, der man zu Hause ewig nachweinte. Dunkel glaubte man sich zu entsinnen, dass damals die Väter und die Brüder alltäglich ihrem Beruf nachgingen, dass es noch weißes Brot gab, goldgelbe Butter und saftigen Schinken. Wurst und frische Landeier, zu fünf Pfennig das Stück, und – wahrlich, eine goldene Zeit musste das gewesen sein, wo man nicht gewusst hatte, was zuerst essen und sich am Überfluss versündigte, wie Mutter jetzt immer sagte. Öfters verfolgte mich die Erinnerung an ein ungegessenes Sonntagsessen: Grünkernsuppe «mit Fettaugen» und, mein Lieblingsgericht, Rinderbraten mit Spätzle in einer unvergesslichen, braunen Rahmtunke. Voller Qual sah und spürte ich den warmen, würzigen Duft mir in die Nase steigen. Und ich hatte aus purer Dickköpfigkeit, weil ich ausgescholten worden war, keinen Bissen angerührt.

Fern waren die Tage der Blumensträußchen im Gewehrlauf und der ersten Siege, da alle geglaubt hatten, mit einigen Zentnern Kartoffeln und Mehl, mit ein paar Kilo Zucker, Reis, Grieß, die man aufgekauft hatte, bis Ende des Krieges ausreichen zu können. Nach der sachverständigen Meinung von Vater Hauser, der «Anno Siebzig bei den Dragonern» war, konnte es ja diesmal, mit unserer «Dicken Berta», höchstens bis Weihnachten dauern.

Die Witwe Birkenholz, vom Färbereiladen, wollte sogar wissen, angeblich von einer hohen Persönlichkeit, dass der Krieg in sechs Wochen glatt und glänzend gewonnen werde. Wundergläubig wie sie war, hatte sie, außer den Lebensmitteln, dreißig Laibe Brot in der Kinderbadewanne aufgestapelt, die mit Tüchern ausgelegt und mit feuchten Lappen abgedichtet war, «damit es nicht ganz trocken wird».

Wie lange das zurück lag. Es klang schon beinahe unwahrscheinlich, jetzt, im Frühjahr Siebzehn, da man stunden-, oft halbtagelang Kette stehen musste und glücklich beim Ersatz vom Ersatz angelangt war. Rübenmus ersetzte Margarine, wie diese einst die Butter; Eichelkaffee den Malzkaffee, wie dieser vordem den Kaffee. Statt Ledersohlen gab es Lederfleckchen, die durch «biegsame» Holzsohlen ersetzt wurden; statt Wollstoffe holzige Baumwolle und zuletzt Nesselgewebe. Gepresster, wohlriechender Sand wurde als K-Seife, schleimig-süßes Zeug als Kunsthonig verkauft.

Ins Endlose ließe sich diese Liste fortsetzen. Gott und Generalstab mochten wissen, wohin das noch führen würde. Wahrscheinlich hätten selbst unsere allmächtigen Halbgötter nicht zu sagen gewusst, bei welchem Grad dieser verwünschten Ersatzfamilie man Halt machen würde.

Vorläufig wurde es immer hoffnungsloser. Alle Tage kam etwas Neues auf die «Liste der Vermissten», der Lebensmittel, die nicht mehr, vielleicht nie mehr zu haben waren. Am Ende würde man wirklich noch Fensterkitt oder den Finger auf's Brot legen, wie Vater vor dem Kriege im Scherz angedroht hatte, wenn eines von uns Kindern seine Stulle, «ewig mit Zwetschgenmus drauf», nicht hatte essen wollen.

Von dem Zeug, das man noch kaufen konnte, gab es wenig, und das musste um teures Geld «erstanden» werden.

Die Herrlichkeiten, die man im Frieden in den Delikatessenhandlungen bewundert, und von denen man, wenn man erst einmal groß sein würde, hatte kosten wollen, waren jetzt weiter als durch Schaufenster getrennt, unerreichbar.

Vor Jahren, wenn es «Ochsenaugen mit Spinat» gab, hatte man gemault, weil man nicht, wie die Großen, zwei Eier bekam. «Wenn du aus der Schule bist, kriegst du auch zwei!», war man vertröstet worden. Jetzt, da man schon bald siebzehn war, bekam man selbst nicht mehr das eine Ei. Die paar Stück, die von Zeit zu Zeit auf Marken abgegeben wurden – markenfrei war nur Dr. Oetker's Eigelb in der Tüte – mussten, mit Magermilch verdünnt, für die ganze Familie ausreichen. Von dem Spinat gar nicht zu reden; dafür gab es jetzt Brennesselgemüse. Umsonst bemühte sich Mutter, uns das Gericht schmackhaft zu machen an Hand eines von einem Professor der Darmstädter Universität verfassten Zeitungsartikels, den sie ausgeschnitten hatte. Darin war klipp und klar nachgewiesen, dass deutsches Brennesselgemüse a) eisenhaltiger, b) knochenstärkender und c) bekömmlicher als Spinat sei. Der Professor mochte nicht unrecht haben. Dennoch konnte man von dem deutschen Gemüse beim besten Willen nicht mehr als ein paar Löffel voll hinunterwürgen. Es roch angebrannt, schmeckte strohig und sah unbeschreiblich widerlich aus.

Seitdem man gelesen hatte, Pferdefleisch sei gesünder und nahrhafter als Rindfleisch, war man misstrauisch gegen alles, was in den Zeitungen stand. Einmal versuchte ich bei Nachbarn von diesem Fleisch, bekam jedoch sogleich Brechreiz. Der Ekel verstärkte sich, als ich erfuhr, der süßliche Geschmack rühre vom Urin her, der bei Gäulen ins Blut übergehe.

Verschiedene Male gab es Fleischküchlein. Wunderbar schmeckte das. Beim dritten, vierten Mal wurde man stutzig. Zwei Stück für jeden? Das war noch nie dagewesen. Und sonst konnte man stets das reichlich beigemischte Brot herausschmecken. Auch fiel uns auf, dass Mutter nie mitaß. Als Emma, die jüngere Schwester, ihr nachschleichend, herausbrachte, dass das Fleisch für die köstlichen Schweinsfrikadellen beim Pferdemetzger Anton zu haben war, gab es ein großes Hallo. Bei Tisch, da Mutter die «Hackepeter» verteilte, verlangten wir, wie verabredet, dass auch sie davon esse. Sie sah uns argwöhnisch an. Verlegen murmelte sie, sie habe keinen Hunger. Wir ließen nicht locker. Halsstarrig bis zur Bösartigkeit, wie nur Kinder es sein können, bestanden wir darauf, sie müsse diesmal mithalten. Sonst, drohten wir, würden auch wir nichts essen. Sie betrachtete uns abermals forschend. Als der vorlaute Konrad mit den Füßen scharrte und «Trapptrapp» losprustete, begriff sie endlich. Sie wurde rot wie ein junges Mädchen. Noch nie hatte ich sie so gesehen.

Wortlos stand sie auf und ging aus der Küche.

Bestürzt blieben wir sitzen. Alles andere hatten wir erwartet, nur nicht ein solches Ende unserer harmlosen Verschwörung. Früher, wenn einer etwas nicht hatte essen wollen, war er mit «Wer trutzt an der Schüssel, dem schadt's am eig'nen Rüssel!» abgespeist worden. Und jetzt sollte sie es sich so zu Herzen nehmen?

Nach einigen Minuten kam Mutter zurück. Ihre Augen zeigten Spuren von Tränen.

Stumm und gefasst setzte sie sich wieder an den Tisch. Ohne uns anzusehen, legte sie eines von den Küchlein auf ihren Teller. Aufmerksam verfolgten wir jede ihrer Bewegungen. Voll grausamer Neugier, doch nur halb befriedigt, stellten wir fest, dass es sie eine innere Überwindung kostete, den ersten Bissen hinunterzubringen. Kleinlaut begannen wir an unserem Fleisch herumzustochern; es war fast kalt geworden.

Man hörte nur das Geklapper der Messer und Gabeln. Endlich brach sie das Schweigen:

– Ihr dummen Kinder – sie blickte uns fest in die Augen –

versteht doch, dass ich euch nicht immer Rotkraut oder Weißrüben mit abgekochten Kartoffeln hinstellen kann.

Ja, das stimmte, Rübengemüse und «Quellmänner» wuchsen einem schon zum Hals heraus. Sie redete uns zu wie kranken Kindern:

– Sogar feine Damen mit Hut kaufen jetzt bei Metzger Anton, da wird's auch für euch gut genug sein. Ihr wisst doch, wie's ist. Wir Alten können auf Fleisch verzichten, wenn's sein muss, aber ihr braucht es, damit die kranken Därme und die eingeschrumpften Mägen ausheilen. Sonst magert ihr immer mehr ab. Am Ende erwischt euch noch die Ruhr, und es geht euch wie der Frau Weißbauer und dem kleinen Peter von Trahms.

Tränen kamen ihr in die Augen.

Wir erschraken.

Das Peterle vom vierten Stock war vor einigen Wochen gestorben. Das ganze Haus war in Aufregung geraten, als man ihn abgeholt hatte. Seine junge Mutter, Verkäuferin in einem Schuhwarengeschäft, war unlängst aus Berlin zu ihrer Mutter gezogen. Mehr als sie hatte die Großmutter getobt. Auch uns hatte es ordentlich die Kehle zugeschnürt, als wir den Leichenträger die Treppen heruntersteigen sahen mit dem kleinen, schwarzen Sarg unter dem Arm, den er wie irgendeine Kiste in das unterm Kutschbock eingebaute Schränkchen verstaute.

Der zarte, aufgeweckte Junge von vier Jahren war für uns mit seinen aufgeschnappten Berliner Brocken eine Quelle der Heiterkeit gewesen. Namentlich wenn man, auf Pferdedreck deutend, ihn fragte, was das sei, und er mit seiner Christkindelstimme «Det sin Rossäppel» gepiepst hatte.

Um dieselbe Zeit waren im Seitenbau eine Frau Weißbauer und ihr wenige Tage altes Kind gestorben; am Kindbettfieber, hatte es geheißen.

– An sich hat sie schon immer gekränkelt und ist blutarm gewesen – hörte ich eine Frau vom Haus zu meiner Mutter sagen. – Dann die Arbeit in der Sackfabrik und die Schwangerschaft, das bleibt nicht in den Kleidern stecken. Und zu alledem noch das fettlose Essen ohne Kraft und ohne Saft – da sind die paar Zusatzmarken für die Stillzeit Tropfen auf einen heißen Stein. Das Herz blutet einem, wenn man an die armen Kinder denkt.

Die zwei Jüngsten sind zu einer Tante auf's Land geschickt worden, aber die andern haben sie ins Waisenhaus gesteckt.

Der Unteroffizier Weißbauer war zu spät von der Front gekommen. Bei der Beerdigung ging er bleich und verstört hinter den Särgen her.

Hoch und heilig versprachen wir Mutter, von nun an alles zu essen, alles, nur keine «Gaula».

Nicht ganz konnten wir Wort halten. Das war, als sie versuchte, grüne Heringe einzuführen. Dieser Fleischersatz, in Rapsöl gebacken, das wie Lebertran schmeckte, stank so abscheulich, dass man die Wohnung lüften musste. Geld und Mühe waren buchstäblich für die Katz', die wir, während wir die «Gepellten» aßen, neidlos den dazugehörenden Bratenersatz, Stück für Stück, aus dem Mülleimer herausfischen sahen.

Eines Abends brachte Mutter ein Fünfpfund-Säckchen mit gelben Erbsen heim. Sie weichte von der teueren Schleichhandelsware einen Topf voll ein; am nächsten Morgen war das Wasser voll von Würmern.

Mutter hatte es wirklich nicht leicht. Was es auf Marken gab, war «zum Sterben zu viel und zum Leben zu wenig». Und zu allem Unglück hatten ich und die um drei Jahre jüngere Emma einen nagenden, nicht umzubringenden Hunger. Die Mutter zermarterte sich den Kopf, was sie uns auftischen sollte. Die «Armen Ritter» – aufgeweichtes, gebackenes Brot mit Streuzucker darauf, – waren nicht nur armselig wie ihr klassisches Vorbild, sondern auch von trauriger Gestalt. Und Kartoffelpuffer, ohne Ei in Margarine oder besagtem Öl gebacken, stellten einen mageren, stark gepfefferten Fleischersatz dar. Kartoffeltorte – ein süßer Matsch mit Rübenmusaufguss – gab es nur an Sonntagen. Ihre letzte Erfindung dagegen, rohe Kartoffeln, in eine wässrige Brühe gerieben, erfüllte nur zu gut den Zweck, das «Loch im Bauch» zu stopfen. Sie ergaben einen kleistrigen Brei, durch den wie im Märchen sich hindurchfressen zu müssen man niemandem gewünscht hätte. Schon von einem Teller voll bekam man einen harten Leib.

Was Wunder, dass es daheim von Tag zu Tag unerträglicher wurde.

Das Vier-Uhr-Brot – zwei dünne Scheiben von -zig Gramm, mit Rübensirup beschmiert und auf der Küchenwaage abgewogen, damit keiner zu kurz kam – war bereits auf dem Weg ins Geschäft, kaum eine halbe Stunde nach dem Mittagessen, verschlungen worden. Und bis zum Abendbrot hatte es noch gute Weile. Etwas Außerordentliches hätte geschehen müssen, um vorher zu einem Bissen zu kommen. Und Außerordentliches geschah ja nur in den Heeresberichten, wenn auch kein Mensch mehr etwas von ihnen wissen wollte.

Was also tun?

Unmöglich konnte man doch wie die Schuljungen vor die Kaserne ziehen, um ein Kommissbrot zu ergattern. Am besten war es, zu den Kameraden auf die Gasse zu gehen. Wohl konnte man jetzt nicht mehr mit ihnen zum Güterbahnhof stiefeln, wo man bei Dunkelheit über die hohen Gitter der Verladerampen geklettert war, um sich die Taschen mit in rosa Seidenpapier eingewickelten Orangen zu füllen; sie lagen dort haufenweise herum. Zwar waren sie leicht angesteckt oder halb erfroren gewesen, aber wofür besaß man sein Taschenmesser? Was immer von der amputierten Frucht übrig geblieben war, hatte uns besser geschmeckt als reichen Leuten ihr Tafelobst.

Damit war es, wie mit vielem anderen, vorbei. Jetzt konnte man höchstens Unfug treiben und versuchen, über tollen Streichen den Hunger zu vergessen.

Einige Zeit hatte der «staubige Franz», der Ausläufer in einer Konditorei, ab und zu sogar einen Kuchen mitgebracht. Wie er erzählte, bekam er ihn von einer Verkäuferin, die ihn gut leiden mochte. Leider hörte das wie mit einem Schlag auf, seitdem er einmal mit verbundenem Kopf und einem blauen Auge gekommen war. Angeblich war er in der Backstube über einen Sack gestolpert. Zufällig erfuhren wir durch einen Konditorlehrling, der im gleichen Geschäft arbeitete, näheres über diesen «Betriebsunfall». Der Franz hatte herausgebracht, dass die Gesellen Mehl beiseite schafften, um sich Kuchen zu backen, die sie in einer Nische der Mehlkammer versteckten. Noch bevor die Torte kalt geworden war, hatte sich unser «Staubiger» des herrenlosen Gutes angenommen, bis eines Tages ein Geselle ihm aufgelauert und den überführten Dieb des Gestohlenen, den er nicht gut angeben konnte, verprügelt hatte.

Nun konnte uns der Franz nur noch melden, wann es bei ihnen Waffelbruch oder Törtchenabfall gab. Man erhielt für zehn Pfennige eine Tüte voll mit Überresten und dem, was abgebröckelt, zu Boden gefallen war. Dieses «Studentenfutter», für das sich eine Menge Liebhaber fanden, schmeckte immerhin besser als die Sandtorte, die, sonntags in manchen Bäckereien erhältlich, nach Farbe und Geschmack ihrem Namen nur zu gerecht wurde, obwohl ein Stück davon zwei Zehner kostete.

Aber – hatte man immer, wenn es gerade Tortenabfall gab, die erforderlichen Zehner? Früher waren sie auf die eine oder andere Weise zu beschaffen gewesen. Man schleppte, was daheim an Lumpen, Flaschen, Alt-Eisen zu finden war – einmal war darunter eine Pfanne, dann wieder eine kupferne Wärmeflasche, die angeblich rann – zu der alten Jacob. Wie auf dem Schild vor ihrem Lumpenkeller zu lesen stand, zahlte sie «Höchste Preise». Jetzt war kaum noch etwas zum Verklopfen aufzutreiben. Stoff- und Wollsachen wurden aufgetragen, die Reste zum Ausbessern verwendet. Metallgegenstände waren – bis auf den Gashahn und den messingnen Türdrücker – über amtliche Sammelstellen den Weg allen Metalls gewandert. Kartoffelschalen oder gar Obstkerne an die städtische Abfallverwertung abzuliefern, um ein paar Pfennige zu bekommen, das überließ man gern den Kleinen daheim. Einmal hatten die Gepellten nur dünne Schalen, und überdies aß man sie gern mit «Haut und Haar», weil sie dann, so behauptete wenigstens unsere Emma, wie Kastanien schmeckten. Wer die Küchenabfälle abliefert, hilft unserer Schweinezucht! konnte man auf den Anschlagsäulen lesen; aber wozu Schweine und Schweinezucht, dachte man, da es doch kein Schweinefleisch mehr zu essen gibt? Was die Obstkerne anlangte, so hätte man schon die Zwetschgenzeit abwarten müssen, denn das wenige, was es sonst an Obst zu essen gab, lohnte wahrhaftig nicht die Mühe, die Kerne zu sammeln, wenn auch allenthalben Schilder ausgehängt waren: «Jeder Kern ist wichtig.»

Wie trauerte man der Zeit nach, in der man noch im «Schnakenloch» Kröten zum Aufblasen hatte fangen können; das waren begehrte Tauschartikel. Selbst Geld war damals zu fischen gewesen. Man brauchte nur, am Rinnstein über ein Kanalgitter gebeugt, durch dessen Spalt den Deckel einer Wichsdose, kunstgerecht und waagschalenartig an drei Fäden aufgehängt, zu versenken. Mit Ausdauer und einiger Fertigkeit hatte man einen oder zwei Zehner zu Tage fördern können, wenn das Glück einem wohlwollte, sogar eine Silbermünze. Das ging nun, da man sozusagen erwachsen war, schon der Kleider und auch der Leute wegen nicht mehr.

Vorbei waren die Tage, da man sich durch Extrablätter etwas Taschengeld hatte machen können. Wer wollte jetzt noch wissen, wieviel Gefangene wir gemacht hatten? Wohl waren einem, im Herbst '14, vom Zigarrenhändler Muffert in der Bismarckstraße fünf Mark versprochen worden für die Meldung, «dass wir Paris genommen haben». Wenn man darauf hätte warten wollen! Eher noch würde man selbst Soldat werden.

Vorbei war auch die Zeit, da man auf dem Tennisplatz als Stalljunge zwanzig bis dreißig Pfennige hatte verdienen können. Manchmal war einem ein abgespielter Ball geschenkt worden, oder man hatte von dem Arbeiter, der dort den Boden walzte, für das «im Flug» verdiente Geld zwei alte Bälle erstanden, von denen man einen um den doppelten Preis verfuggerte, vorausgesetzt, dass jemand mit verfügbaren Mitteln aufzutreiben war.

Den Kniff, mit einem greinenden Kleinen an der Hand an einer Haltestelle der Straßenbahn zu warten, bis ein weiches Herz das angeblich verlorene Fahrgeld spendete, hatte ich schon lange und nicht ganz aus freien Stücken aufgegeben. Von einer Frau, die sich unserer tags zuvor an einer anderen Haltestelle erbarmt hatte, waren wir gestellt worden und nur durch schleuniges Reißausnehmen ihrem Zorn entgangen.

Nein, nicht immer fand sich noch der notwendige Groschen. Und selbst wenn man ihn in der Hand hielt, überlegte man reiflich, ob er nicht nutzbringender anzulegen war. Gab es im Delikatessengeschäft Wehrlein keinen Wurstabfall – oft waren in Silberpapier eingewickelte Zipfel Gänseleberwurst darunter – so blieb immer noch der «Eldorado-Biograph», in unser Straßendeutsch übertragen: die «Flohkiste». Das war ein kleiner Kintopp in einem ehemaligen Geschirrladen mit jetzt dauernd herabgelassenen Rollläden und roten goldfransigen Samtvorhängen am Eingang. Dort zahlten «Militär mit Braut» halbe Preise. Kinder waren in Begleitung Erwachsener frei. So konnte man als großer Bruder, man hatte doch lange Hosen an, noch einen Knirps von der Gasse mitnehmen, der unbedingt in die vorderste Reihe wollte, «wo man die Bilder doppelt so groß sieht». Er hatte dafür fünf Pfennige, Essbares oder zu Hause geklaute Zigaretten zu entrichten.

Eine Zeitlang hatte die Bande geradezu in Schokolade geschwommen. Das war während der Messe, als Sepp, der Schlosserlehrling, mit der Verkäuferin eines Zuckerwarenstandes anbändelte. Sepps Lippe zierte bereits der Anflug eines Bärtchens, dessen dunkles Glänzen unseren Verdacht erweckte, dass er es einfette. Natürlich hätte sich keiner getraut, ihn, den unleugbar Stärksten, damit aufzuziehen. Alle Abende kam er mit vollen Taschen angerückt. Man redete mir, der ich als einziger nicht mithalten wollte, nicht lange zu. Größer als die Versuchung war meine Furcht, doch größer die Qual, die ich auszustehen hatte, als ich die andern mit vollen Backen Leckereien in sündhaften Mengen verschlingen sah. Es blieb mir der Trost, vor dem Strafgericht, das auf dem Fuße folgen musste, verschont zu bleiben. Tag für Tag verging, ohne dass der rächende Arm der Gerechtigkeit, in Person eines «Verdeckten», so nannten wir die Geheimschutzleute, die Übeltäter beim Kragen gefaßt hätte. Ich begann meine Standhaftigkeit zu bereuen. Ein Tag vor Messeschluss geschah etwas, das meinen Glauben an die Unfehlbarkeit irdischer Gerechtigkeit beträchtlich erschütterte. Die Polizei kam. Sie führte nicht die ungetreue, hübsche Verkäuferin mit den kohlschwarzen Augen, der glänzenden Knotenfrisur und den großen Halbmondohrringen ab, nicht ihren getreuen Kunden aus Liebe, die durch den Magen geht, noch die Abnehmer ihres Abnehmers. Sondern den Budeninhaber, das Opfer, das ich bedauert hatte. Wie verlautbart wurde, stammte das von ihm verarbeitete Rohmaterial aus einem Güterwagen-Diebstahl.

Nahezu zwei Wochen hatte die Herrlichkeit gedauert. Die Hustengutsel, die der kleine Lehmann aus der Drogerie, wo er arbeitete, mitbrachte, waren bittere Trostpillen für die mit Haselnüssen gespickte Schokolade und den «echt türkischen» Nougat, den ich mir hatte entgehen lassen.

Die Dämmerstunde verlockte zu übermütigen Streichen. Da steuerte einer, nicht ohne sich vorher versichert zu haben, dass kein «Schmutzlappen», kein Schutzmann, in der Nähe war, auf eine der Mietskasernen zu, klemmte in sämtliche Schellen Streichhölzer und stob zum sicheren Versteck hinter die Straßenecke zurück. Gespannt warteten wir dort auf die Wirkung. Das unaufhörliche Geklingel machte bald das ganze Haus rebellisch. Fenster wurden aufgerissen und wieder zugeknallt. Durch das Geschrill hindurch prasselten Fragen, Schreie, Flüche, bis endlich jemand auf den Einfall kam, hinunterzusteigen, um dem Lärm und unserer Freude ein Ende zu machen.

Ein anderer Spaß, der nur im Halbdunkel gewagt werden konnte: ein leeres Portemonnaie wurde, an einen schwarzen Faden gebunden, auf den Gehsteig gelegt. In einem Hausflur auf der anderen Seite der Straße lauerten wir, bis ein Fisch anbiss. Etwa ein geruhiger Bürger auf dem Abendspaziergang, der stutzte, stockte und schließlich mit schlecht gespielter Unauffälligkeit einen Schritt rückwärts bremste. Bevor er sich hastig bückte, schielte er nach links und rechts. Im gleichen Moment setzte ein leichter Ruck am Faden den Beutel in Bewegung. Mit ausgestreckter Hand starrte der Gefoppte dem fetten Köder nach, der wunderbarerweise Beine bekommen hatte. Von unserem Gelächter verfolgt, eilte er davon.

Die «Pfennigtaufe» war, gleich allen Erfindungen, aus dem Bedürfnis heraus geboren, einem quälend empfundenen Notstand abzuhelfen. Es war an einem der schwülen Sommerabende, da die Sonne, verschwenderisch noch im Verglühen, selbst auf das graugrämige, ihr abgewandte Gesicht der Arbeiterviertel einen warmen Abglanz zaubert. Gerade an diesem Abend schienen sich alle Eishändlerinnen in unserer Straße ein Stelldichein gegeben zu haben. Jeden Augenblick schob eine andere mit ihrem blitzweißen Handkarren vorüber. Eiswaffeln! Der Ausruf allein wirkte aufreizend. Wohl waren es weder echte Waffeln, noch echtes Eis. Statt dessen gab es Papptellerchen, und das Gefrorene schmeckte greulich sacharinsüß, sodass man danach erst richtig Durst bekam. Aber es hatte einen Schokolade- oder Himbeergeschmack und – es war eiskalt. Ausgerechnet bei dieser Hundstagshitze hatte nicht ein einziger – es war Freitag und kurz vorm Monatsersten – einen Zehner in der Tasche. Verdammt, wusste keiner irgendwo etwas zu beschaffen? Zu Hause? Man kannte von vornherein die Antwort: dass man für Schleckereien kein Geld habe und froh sei, wenn's für's Fressen reiche, und so weiter.

Bei nochmaligem Nachkramen fand einer ein paar Kupferpfennige, irgendwie waren sie zwischen das Futter seiner Rocktasche geraten.

Das war Unglück im Glück. Allgemeine Enttäuschung.

– Vielleicht, wenn man sie vernickelt? – regte Paul an.

– Vernickelt?

– Jawohl, mit der Nickelbronze, mit der bei uns in der Werkstatt die Fahrräder nachlackiert werden.

Großartiger Gedanke!

Wohl nie ist Falschmünzerei mit einfacheren Mitteln durchgeführt worden: man löse ein Nickelpulver in etwas Spiritus auf, lege einige Kupfermünzen in das «Nickelbad» und lasse sie trocknen, sobald sie eine silberne Farbe angenommen haben. Begreiflicherweise konnten die «getauften» Kupferstücke nur mit Vorsicht in Zahlung gegeben werden. Unbeschreiblich die Spannung, da wir aus angemessener Entfernung beobachteten, wie der Paul den ersten falschen Zehner an den Mann, will sagen, an die Frau brachte. Bevorzugt wurden alte Eishändlerinnen, womöglich solche mit Brillen, durch deren an die Nasenspitze vorgeschobene Gläser sie einen schiefen Blick auf die im flackernden Karbidlicht aufschimmernde Münze warfen.

Die Zigaretten, die während unserer Zusammenkünfte unausgesetzt «geplotzt» wurden, waren für den Bruder besorgt, «der keine schweren vertragen kann», und trotz wechselnder orientalischer Namen, immer das gleiche Kraut. Man ärgerte sich über das «Ziqarren» auf der Scheibe des Zigarrenladens, wo man sie kaufte, weil einen jedesmal der blöde Gedanke beschäftigte, ob der Fensterputzer die Schleife am g abgewischt oder ob es mit der Rechtschreibung gehapert hatte.

Manchmal brachte der Viktor, der «Zahnraffel», der in einer Zigarrenfabrik in der Lehre war, eine Handvoll Zigarren mit. Aus Angst, etwas könnte in die Hosen gehen, die wir, entgegen dem Rat Vorübergehender, nicht abgebunden hatten, wurden die «Stinkadores» nur selten zu Ende geraucht.

Bei zunehmender Dämmerung verebbte die laute Fröhlichkeit. Mit Späßen wie Ringe oder Lungenzüge machen, war es jetzt vorbei. Ebenso mit dem Durch-die-Augen-rauchen, wobei man sich von einem Neuling fest auf den Bauch drücken ließ, einen tiefen Zug machte und ihn, wie versehentlich, mit der brennenden Zigarette streifte. Sobald er mit einem «Au!» die Hand zurückzog und behauptete, keinen Rauch aus den Augen habe kommen sehen, wurde er ausgelacht, er solle «der Katz' ihren Schwanz» rauchen, wenn er nicht einmal fest auf den Bauch zu drücken verstehe.

Man begann zu singen. Weder das gefühlvolle «Möchte wissen, möchte wissen, wie die kleinen Mägdlein – niesen» und das mit Rabenstimme zu krächzende «Wisch' deine Tränen ab, mit Glaspapier», noch das Ständchen «Amanda wirf die Kommode runter, der Hausschlüssel ist drin!», wobei einer nicht vorhandenen Gitarre schauderhafte Zupftöne entlockt wurden, fanden Anklang. Ebensowenig die zeitgemäßen Schlager: «Denn es gibt ja keine Butter Butter mehr!», «Herr Leutnant, bitte nicht so tief!», «Und wenn das Kind kein' Vater hat, dann war's der Herr Off'sier!»

Selbst als der rothaarige Richard mit seiner verkrischenen Stimme zu schmettern anfing:

Die wollen mir mein Dingelingeling abschneiden mit der Scher', ich aber geb' mein Dingelingeling für vieles Geld nicht her, konnte er niemanden zum Mitsingen bewegen.

Nun, da die blaue Stunde alles und alle in ihren Bann zog, vermochte sich keiner mehr für derartige Scherze zu erwärmen.

Schlummernde Gedanken und verborgene Wünsche wurden wach. Wie aufregend schön war es, sich im Zwielicht Dinge zuzuflüstern, die den Tag scheuen.

Der Philipp, der Brillenglotzer, berichtete von verdächtigen Geräuschen, die, seit sein Vater auf Urlaub war, allnächtlich aus dem Schlafzimmer drangen.

– Und mehrfach habe ich meine Mutter unterdrückt auflachen hören, ganz komisch hat es geklungen – sagte er geheimnistuerisch.

– Hä, der Brillenglotzer! was der nicht sieht, das hört er doppelt – uzte der Staubige.

Er verstummte, da niemand darauf einging.

Nach einer Pause drängte der Jacob den «kalten Hans» – so genannt, weil er sommers und winters eiskalte Hände hatte – er solle erzählen, was er zu Hause durch's Schlüsselloch erspäht habe.

Der fing zu stottern an und wollte nichts gesehen haben.

– Was, du hast nichts gesehen? – begehrte der Jacob auf. – Hast du mir vielleicht nicht verraten, wie sich euer buckliger Logisherr mit deiner Mutter auf 'm Sofa rumgewälzt hat, und dass er in seinen gestreiften Unterhosen wie 'n angezogener Affe vom Zirkus Sarrassani ausgesehen hat?

Herausfordernd und seiner Sache gewiss schaute er ihn an.

Der kalte Hans war trotz allseitigen Drängens nicht zum Reden zu bringen. Man hieß ihn einen blöden Hammel, der sich heimgeigen lassen solle, und «feiger Hund», der seinen Mist für sich behalten könne.

Nun wollte jeder unter Beweis stellen, dass er kein Spielverderber sei.

– Der Hans braucht sich nicht so mausig zu machen, da hab' ich schon ganz andere Sachen durch's Schlüsselloch gesehen! – protzte der Otto, dem sein unförmig großer Kopf den Namen «Achteck» eingetragen hatte. Ohne sich lange bitten zu lassen, begann er:

– Voriges Jahr, kurz vor der Schulentlassung, haben wir ganz unverhofft nachmittags frei gekriegt. Ein Schulkamerad – den Namen kann ich euch nicht sagen, weil ich mein Ehrenwort gegeben hab', aber ihr kennt ihn alle –- hat mir vorgeschlagen, die Hausaufgaben zusammen zu machen. Bei mir daheim sind wir ganz für uns, hat er gemeint. Die Mutter ist auf ihrer Putzstelle, die Hedwig und der Christian sind im Geschäft, und die Sophie steht sicher in der Freßgasse nach Kartoffeln an. Gleich wie er die Abschlusstür aufgemacht hat, haben wir ein Geschiebe und ein Gepolter gehört. Na, so ruhig geht's bei euch gerade nicht zu, hab' ich zu ihm gesagt. Er hat den Finger vor den Mund gehalten. Wir sind nähergeschlichen. An der Tür haben wir ein Wimmern gehört und eine tiefe Frauenstimme: «Nur nicht ängstlich sein, Kindchen, man stirbt nicht dran! Ich hab' selber schon fünfe hinter mir!» Gerade wie wir durch's Schlüsselloch geguckt haben, hat uns ein Schrei zurückgeschreckt. Und was haben wir gesehen: einen gebückten Rücken zwischen zwei nackten Beinen, die in die Luft gespreizt waren, und das verzerrte Gesicht von seiner Schwester Sophie, die halber ausgezogen auf dem Tisch gelegen hat. Dahinter hat ihre Mutter gestanden, leichenblass, und hat ihr mit der einen Hand den Kopf gehalten, mit der andern das Haar gestreichelt. Dabei hat sie in einem fort wie hypnotisiert geradeaus gestarrt.

– Was war's? – unterbrach ihn der kleine Lehmann, als ob man ihm ein schweres Rätsel aufgegeben hätte.

– Was es war? Eine Abtreibung natürlich! – antwortete der Achteck, erbost über die Unterbrechung. Leiser fügte er hinzu:

– Ein paar Wochen darauf ist sie gestorben – an der Grippe, hat in der Todesanzeige gestanden.

Der kleine Lehmann hatte flachshelle Haare und ein spitzes Gesicht mit großen, erstaunten Augen. Er sah trotz seiner fünfzehn wie ein Zwölfjähriger aus und war erst in diesem Frühjahr, ein Jahr später als seine Mitschüler, entlassen worden. «Schwach auf der Brust, unterentwickelt», hatte der Schularzt festgestellt; lungenkrank und unterernährt, war damit gemeint gewesen. Dieser Lehmann konnte einen mit seinem ewigen Gefrage wild machen, oft auch zum kranklachen bringen. Einmal wollte er erfahren, warum die Mädels keinen Daheimhocker, keinen Schuster oder Schneider heiraten sollten, und warum das zuviel Kinder gebe, wie seine Mutter immer zu den Schwestern sage. Dann, warum die Waisenhäusler mit den Händen auf der Decke schlafen müssten, wie einer ihm anvertraut habe. Ein anderes Mal hatte er dem eine Schachtel Zigaretten und eine Tüte Malzbonbons versprochen, der ihm klipp und klar sagen könne, ob es einen Gott gibt. Dann wieder wollte er genau wissen, was ein Zungenkuss sei, was Taschenbillard mit zwei Kugeln, und warum die Hedwig nach ihrer Kriegstrauung zwei Monate lang Zusatzmarken erhalten habe. Für die Flitterwochen, habe es zu Hause geheißen. Bekam man nach der Hochzeit doppelten Hunger, dass es doppelte Fleisch-, Milch- und Brotmarken gab? Und dauerte dieser merkwürdigerweise verdoppelte Appetit ausgerechnet sechzig Tage? Daran knüpfte sich wieder eine und noch eine Frage, bis man endlich, ungehalten, ihm über's Maul fuhr.

– Wo steckt denn der «Hasenmaul»? Seit Tagen hat er sich nicht mehr blicken lassen – fragte der Paul.

Es stellte sich heraus, dass der mit der Scharte auf der Oberlippe – er hatte sich als Kind beim Fallen die Lippe gespalten und war jetzt «Speisknüppel», das heißt Maurerlehrling – von den Buben unserer Gasse um Hilfe angegangen worden war. Sie standen gegenwärtig mit denen von der Hafenstraße auf dem Kriegsfuß. Die Ursache der Blutfehde, an der es Streitsüchtigen nie fehlt, war: unlängst hatte einer der Unsern «einem Hafensträßler mächtig die' Schnut' vermöbelt». Bei der Schlacht auf den Sandwiesen am vorhergegangenen Samstagnachmittag hatte der Hasenmaul, der weniger stark, aber draufgängerischer als Sepp war, den Angriff der vereinten Altstädtler gegen die Hafensträßler befehligt. Dabei war ihm ein Loch in den Schädel geschlagen worden.

– Ganz fürchterlich ist es zugegangen – berichtete der Brillenglotzer, dessen um drei Jahre jüngerer Bruder Ludwig gleichfalls mit verbundenem Kopf heimgekommen war. Die Gegner, mit ein paar großen Kerls Verstärkung anrückend, hätten mit meterlangen Packlatten, an denen sich noch rostige Nägel befanden, mit Schürhaken, Farrenschwänzen und allem möglichen draufgeschlagen und Stinkbomben geschmissen, mit Schrot geschossen, Pfeffer durch Glasröhren geblasen und Kieselsteine geschleudert, mit einem Wort, wie Feinde gewütet. Die Unsrigen hätten, der Übermacht weichend, sich tapfer im Rückzug geschlagen. Sie seien erst dann in heilloser Verwirrung geflohen, als der Bursche vom Metzger Langhals, allen Regeln vom ehrlichen Straßenkampf spottend, den Hund seines Meisters auf sie gehetzt habe. Das war eine große Dogge, um die jeder einen weiten Bogen machte, wenn sie zähnefletschend vor der Metzgerei lag.

Die Polizei, mit üblicher Verspätung endlich auf dem Schlachtfeld eintreffend, hatte, außer ansehnlichem Waffengerät und zerbrochenen Fahnenstangen, noch mehrere Verwundete vorgefunden. Von ihren davongelaufenen Roten Kreuzlern im Stich gelassen, hatten diese « Schwervermöbelten» sich geweigert, sich von den feindlichen Samaritern auf den zu jeder ordentlichen Schlacht gehörigen Tragbahren – zwei Latten, mit aufgenagelten Querbrettern – fortschleppen zu lassen, kein Mensch weiß allerdings, wohin.

– Und jetzt liegt er in der Klappe, der Hasenmaul! – mischte sich der Sepp ins Wort. – Recht geschieht's dem Simpel. Ich hab's ihm gleich gesagt, dass er die Bankerte ihren Dreck unter sich ausmachen lassen soll. Mich haben sie auch dabei haben wollen, aber ich hab' ihnen was gepfiffen. Wie die Soldaten draußen wollen sie's jetzt machen, die elenden Krüppel. Keiner will mehr, wie früher, Texas Jack oder Häscher und Räuber spielen, oder als Buffalo Bill mit den Sioux am Lagerfeuer den «Tomawak» vergraben und die Friedenspfeife schmauchen und ixleaxlehu, tschibele, tschabele oder ähnliche indianische Brocken schwätzen.

Einstimmig gab man dem Sepp recht, schon weil sich jeder den Kleinen gegenüber als Erwachsener fühlte.

– Kein Wunder! – meinte der Staubige gewichtig. – Sobald die Lauser ausrücken und «Haltet aus im Sturmgebraus!» brüllen oder «Siegreich woll'n wir die Feinde schlagen!», gucken ihnen die Alten nach und schmunzeln noch, wie der dicke Lederle vom Kolonialwarengeschäft, «weil die einmal richtige Soldaten geben».

– Die Rotzkerle werden alle Tage frecher – sagte der Gottlieb, seines sommersprossigen Gesichtes wegen «Gelbe Rübe» geheißen. – Letztens ist unser Walter mit Geheul angerannt gekommen und will das Fünfzigpfennigstück verschluckt haben, für das er Kartoffeln hat holen sollen. Die Mutter war auf den Tod erschrocken und hat ihm alle möglichen Abführmittel gegeben. Alle nasenlang hat er auf den Abort springen müssen, aber von dem Geld ist keine Spur mehr zu sehen gewesen.

– Feiner Trick! – stellte der Achteck fest.

Seine von Neid getrübte Stimme rief lautes Lachen hervor.

– Ach so – sagte ich – jetzt versteh' ich auch, warum unser Konrad die vorige Woche der Mutter stundenlang von der schwarzgekleideten Frau mit dem Schleier vorm Gesicht vorgeheult hat. In der Fischerstraße hätte sie ihm zwanzig Pfennig versprochen, wenn er schnell mal im Haus vom Metzger Grosselfinger einen Brief abgäbe. «Beeil' dich, Kleiner! Halt, lass' den Korb da, ich heb' ihn dir solang' auf», hätte sie zu ihm gesagt. «Nach langem Fragen bin ich mit dem Brief zurückgekommen, da ist die feine Frau mitsamt dem Korb und dem Geld und den Brotmarken drin verschwunden gewesen», hat der Konrad geplärrt, als er mit dem Kuvert in der Hand heimgekommen ist.

– Was war denn im Kuvert drin, Fritz?

– Dumme Frage. Natürlich nur ein weißes Papier!

– Hat die Adresse drauf gestanden ?

– Nein.

– Da haben wir's ja! Da hat er halt einen Fetzen Papier in einen Umschlag gesteckt, das ist doch ganz sonnenklar – schloss der Achteck sein Verhör.

– Haha! – lachte der Viktor – natürlich haben die Bankerte alles vorher untereinander abgemacht. – Er verzog den Mund, seine vorstehenden Zähne wurden bis zum Zahnfleisch sichtbar. – Das hätten wir uns mal erlauben sollen, da hätt's nicht wenig abgesetzt mit dem Riemen, autsch!

– Lass' dich nicht auslachen! Davor haben die am wenigsten Angst – widersprach der Brillenglotzer. – Die wissen genau, dass die Mutter nicht so draufhauen kann, wie bei uns früher der Vater. Unser Ludwig, zum Beispiel, hat heut' Morgen schon wieder Keile gekriegt, obwohl sein Loch im Kopf von den Sandwiesen her noch nicht recht verheilt ist.

– Was hat denn der schon wieder angestellt?

– Denkt euch, der Stromer hat kein Salz holen wollen, weil unsere Mutter ihm nicht hat sagen können, wann Karl der Große geboren ist und wie die Hauptstadt von Grönland heißt.

– Na, das geht doch ein bissel über die Hutschnur!

– Wisst ihr vielleicht, warum sich der Schifferdecker nicht mehr sehen lässt? – fragte der Jacob.

– Der gibt sich jetzt nicht mehr mit uns ab – antwortete Paul. – Der «Scheppe» meint, er wär' was Besseres, seitdem er mit den feinen Fatzkes rumstolziert.

– Hm, der Schifferdecker braucht noch den großspurigen zu spielen, der mit seinen Spinatstechern!

– Spinatstechern? – forschte der Lehmann. – Ich hab' ihn doch vorige Woche mit einem feinen Herrn auf dem Balkon vom Astoria-Cafe sitzen sehen. Und 'ne schicke Kluft hat er angehabt.

Der Gottlieb lachte bissig.

– Das ist es ja! Nicht umsonst hat er Ringe wie Brillengläser um die Augen. Man weiß doch, wo er den feinen Sportanzug her hat, und die braunen Halbschuhe und die gestreiften Hemden. Sicher nicht von seinem Vater in der Gummifabrik – dem Taschlönöhr!

«Taschlönöhr», obgleich es wie etwas Besseres, etwa wie Ingenieur, klang, wollte gemeinhin nicht mehr als: Tagelöhner besagen.

– Alter Neidhammel, du wärst froh, wenn du so eine tipptoppe Kluft geschenkt bekämst! – höhnte der rothaarige Richard. – Ich wollt', ich könnt' auch so einen Gönner finden. Da bräucht' ich nicht den Friseurlehrling spielen, mich an den Ohren zerren lassen und dauernd die Tür aufreißen und noch «Danke schön!» rufen, wenn mal 'n Fünfer abfällt. Ein alter Knacker müsst' es sein, je älter, je lieber, aber schwerreich, und berappen müsst' er, bis er schwarz wird. Und wenn er bald abkratzen tat', der alte Schlappenseicher, dann gäb's erst dick zu erben. Ich denk' halt ganz wie mein Alter daheim: Wo du nicht bist, Herr Jesus Christ, da schweigen alle Flöten!

Er hielt den Kopf schief, grinste und rieb seinen Zeigefinger am Daumen, als ob er Geldstücke zählte.

Keiner erwiderte etwas.

Niemand hatte Lust, sich mit dem rauflustigen Richard einzulassen. Der musste ja immer was zu meckern haben. Neulich, als darüber gesprochen wurde, ob die Väter und die Brüder bis Weihnachten und für immer heimkämen, waren wir, wie hätte es anders sein können, einer Meinung gewesen. Nur der Jacob hatte zur Bestürzung aller eingewendet, der Krieg gehe erst jetzt richtig los. Nicht allein, dass bei ihnen im Stahlwerk Tag und Nacht in drei Schichten Granaten gedreht würden, habe seine Firma jetzt auch mit dem Neubau von zwei riesengroßen Gießerei-Hallen begonnen und vor kurzem bei Triberg im Schwarzwald ein neues Stanzwerk mit vierhundert Arbeiterinnen in Betrieb genommen.

Den Vogel hatte, wie immer, der Lehmann abgeschossen. – Meine Mutter glaubt auch an kein Ende des Krieges mehr. «Eher geht die Welt unter!» hat sie neulich gesagt. Ich hab' mich aber nicht drankriegen lassen, weil sie mir damit schon früher einmal Schreck eingejagt hat. Das war lang vorm Krieg, bei der großen Sonnenfinsternis. Wir sind gerade auf der Straße gewesen». «Ums Himmelswillen, die Welt geht unter!» hat sie geschrien. «Schnell Pepi! Renn' heim und hol's Geld, in der Anrichte unter'm Brotkasten liegt's» Wie ein Verrückter bin ich losgerast, nur um noch rechtzeitig heimzukommen. Patschnass war ich! Und den Schiss, den ich für nichts und wieder nichts ausgestanden hab'!

Das Lachen war uns im Halse stecken geblieben, als plötzlich der rothaarige Richard den Lehmann unterbrochen hatte: – Seid froh, dass eure Väter draußen sind. Ich war' glücklich, meiner war' auch dabei, und tat' nie mehr heimkommen.

Der Rothaarige hatte nicht verstehen wollen, warum wir alle heftig widersprachen.

Schließlich, nicht jeder hatte einen Vater wie er. Wenn der betrunken heimkam, verprügelte er die Mutter und die Kinder, dass man es auf der Straße hören konnte. Man munkelte, dass er, der Möbeltransporteur, nur deshalb nicht ins Feld musste, weil er einmal im Zuchthaus gesessen habe. Zuzutrauen war es diesem Eckensteher mit den breiten Schultern und den schwarzsamtenen Manchesterhosen, in denen seine kurzen Stempel wie Elefantenbeine wirkten. Man bekam richtig Angst, wenn er, ewig die Zigarette hinterm Ohr, an einem vorbeischob und den braunen Saft seines Kautabaks in weitem Bogen seitwärts spuckte. Der Richard, sein Sohn, hatte es auch schon dick hinter den Ohren. Kürzlich war er gesehen worden, als er sich abends ins Gaubenzimmer der dicken Christine geschlichen hatte. Sie war Dienstmädchen bei Metzger Knoll und hätte gut Richards Mutter sein können. Ihr Bräutigam, ein Buchbinder, war schon im ersten Kriegswinter gefallen. Die ganze Straße wusste, dass sie von ihm zwei Kinder hatte, die bei ihrer Schwester auf dem Land untergebracht waren. Man hütete sich, vor Richard den Namen «Christine» zu erwähnen, besonders seitdem er mit dem Brillenglotzer handgemein geworden war. Der hatte ohne jeden Hintergedanken auf seine vertraute, wie nährliche Beziehung angespielt und ihn aufgefordert, «mal so einen fetten Schwartenmagen oder eine von den Blutwürsten mit viel Grieben drin» mitzubringen.

Als hätte er durch Gedankenübertragung ebenfalls an die dicke Christine gedacht, begann plötzlich Viktor von der dicken Zimmermann, der Kohlenhändlerin, zu sprechen.

Dem «Zahnraffel» wurde sogleich das Wort abgeschnitten. Das war eine alte Sache. Überdies gab es keinen, der nicht die grausige Geschichte kannte, die vor Monaten das ganze Viertel in Aufregung gehalten hatte. Der Zimmermann, wie später herauskam, durch den Brief einer «es gut meinenden Nachbarin» gewarnt, war unerwartet auf Urlaub gekommen, hatte seine ungetreue Frau überrascht und dem Ehebrecher im Bett das Seitengewehr in den Leib gerannt. Die Frau war im Hemd vom dritten Stockwerk auf die Straße gesprungen und tot liegen geblieben. Das hatte sich während der Mittagszeit zugetragen.

Der Erstochene, ein älterer französischer Kriegsgefangener, war gleich den meisten seiner Kameraden vom Wachkommando des Gefangenenlagers zur Arbeit abkommandiert, genauer gesagt, für Tagelohn an einen Geschäftsbetrieb vermietet worden. Er hatte im Zimmermannschen Geschäft gearbeitet. Wir alle hatten ihn gekannt, wie er, hoch auf dem Bock des Kohlenfuhrwerks, durch die Straßen kutschiert war. Gutmütig lächelnd, hatte er den Kindern die hinter dem schwarzen Bärtchen blitzenden Zähne gezeigt, wenn sie ihm «Franzosi kaputti!» oder «ü-ott!» nachgerufen hatten. Das war immerhin harmloser gewesen, als drei Jahre vorher, bei den ersten Transporten verwundeter Gefangener. Als diese in endlos langen Straßenbahnzügen – unvergessliches Bild – durch die Stadt ins Lazarett befördert worden waren, hatten patriotisch verhetzte Schulkinder geglaubt, vor ihnen ausspucken zu müssen.

Der Viktor zog, nachdem sein Versuch, von der dicken Zimmermann zu sprechen, missglückt war, aus der Tasche eine Handvoll Zigarillos, die er großtuerisch verteilte. Für sich holte er aus der Brusttasche ein weißes Paketchen. Er wickelte sorgfältig eine dicke Zigarre mit Bauchbinde aus. «Corona Manila, mit Sumatra-Deckblatt», betonte er fachstolz. Er biss mit seinen vorstehenden Zähnen die Spitze ab und spuckte sie geräuschvoll zur Seite.

Ohne jeden Zusammenhang begann jetzt der Staubige von seiner Uhr zu reden. Zwar war sie nur vernickelt und dick gewesen und hatte geklopft wie ein Hammerwerk in der Westentasche. Dennoch hatte sie ihm viel Freude bereitet, besonders wenn er von den Dienstmädchen in den Herrschaftshäusern, wo er die Torten abliefern musste, um genaue Zeit befragt worden war. Nur kurze Zeit war die «Zwiebel», nach der Bahnhofsuhr gerichtet, tadellos gegangen. Als sie plötzlich stehen geblieben war, hatte er sie bis auf's letzte Rädchen zerlegt, wie kein Uhrmacher es besser hätte tun können. Nachdem er sie aber trotz großer Mühe nicht mehr zusammenbringen konnte, zankte ihn die Mutter aus, weil er nicht sofort die Uhr mit dem Garantieschein für drei Monate in das Warenhaus zurückgebracht hatte, wo sie, kaum drei Wochen vorher, für Einemarkfünfundneunzig gekauft worden war.

– Da hast du dich genau so läppisch angestellt wie unser Linchen! – stichelte der Achteck. – Die hat ihrer neuen Puppe mit dem Küchenmesser den Bauch aufgeschlitzt, und als sie dafür Schläge gekriegt hat, hat sie gebrüllt, sie hätt' bloß mal nachgucken wollen, ob wirklich nur Sägemehl drin ist, wie ihr ein Mädel gesagt hat. Seitdem brauchen die Buben daheim, wenn sie sie ärgern wollen, nur «Linchen, was war im Bauch drin?» zu rufen.

Der Jacob, der vorhin gemeint hatte, der Krieg gehe nun erst richtig los, unterbrach das Gelächter.

– Drei Wochen? Meine Uhr hat kaum zwei Tage gehalten! – Er machte ein Gesicht, als ob er einen Rekord aufgestellt hatte. – Von meiner Tante hab' ich sie geschenkt bekommen. «Heut gehst du 'rüber zur Tante Rosa, richtest ihr einen schönen Gruß aus und bedankst dich für die schöne Uhr», hat am

Sonntagmorgen meine Mutter zu mir gesagt. Gleich nach dem Essen bin ich losgepilgert. Gern bin ich ja nicht hingegangen, weil es bei der Tante Rosa immer so steif zugeht. Die hat nämlich keine Kinder. Wie ich hingekommen bin, haben sie gerade beim Kaffee gesessen. Ich war arg verdaddert, weil zufällig Besuch da gewesen ist, eine Frau und ihre zwei großen Töchter. Alle haben mir gratuliert und auf mich eingeschwätzt. Am meisten hat sich die Tante Rosa gefreut. Sie hat sich nicht satt sehen können, hat mich rum und rum gedreht und wie närrisch an sich gedrückt. «Sieht er nicht aus wie ein Herrchen, in seinem blauen Anzug mit den langen Hosen?» hat sie ein über's andere Mal ausgerufen. Daraufhin hab' ich mich an den Kaffeetisch hocken müssen. Aber zu allem Unglück hat's Zwiebelkuchen gegeben.

– Wieso magst du den nicht? Der schmeckt doch lecker?

– Puh! Da kann mich einer mit jagen. Wenn ich warme Zwiebeln bloß von weitem rieche, muss ich schon «Bröckelchen» lachen. Aber im Nu hat mir die Tante Rosa ein großes Stück auf den Teller geschaufelt.

– Und dann?

– Na ja, sie ist so lieb zu mir gewesen, dass ich nicht das Herz gehabt hab', «Nein!» zu sagen. – Zudem war ich schrecklich vor den fremden Leuten geniert, und die Mädels haben heimlich gegrinst, und überhaupt ist mir von dem vielen Gebabbel ganz wirr im Kopf gewesen.

– Na, und weiter?

– Nix weiter! – brummte der Jacob mit seiner rauen Stimme, er war gerade im Stimmbruch. – G'fressen hab' ich ihn halt. Bissen für Bissen hab' ich runtergewürgt, nachdem ich vorher unterm Tisch die Zwiebeln mit dem Finger abgekratzt hab'.

– Aber was hat denn das mit der Uhr zu tun ? – fragte der Lehmann.

– So'n Plattfußindianer! Das war's doch gerade. Die Zwiebeln hab' ich in die Westentasche gesteckt, weil ich nicht gewusst hab', wohin damit. Auf dem Heimweg hab' ich nicht mehr dran gedacht. Und als am nächsten Morgen die Mutter den Anzug sauber gemacht hat, hat's einen schönen Krach gegeben. An der Weste voller Fettflecken hat mir weniger gelegen, aber die Uhr war futsch. Mitten zwischen den Zwiebeln hat sie gesteckt, ganz mit Grünspan überzogen!

Alle brachen in lautes Lachen aus, in das er, weniger herzlich, einfiel.

Als ob er den Augenblick abgepasst hätte, zog jetzt der Hans, der nichts von dem buckligen Logisherrn sagen wollte und sich trotzig abseits gehalten hatte, an einer dicken Kette seine silberne Uhr heraus. Es war ein Erbstück, mit drei Deckeln und achthundert gestempelt. Aufmerksam und ohne ein Wort zu reden, ließ er den Vorderdeckel mit dem verschnörkelten Monogramm aufspringen, warf einen Blick auf's Zifferblatt, hob das Erbstück an's Ohr und fuhr mit dem Finger liebevoll, als wollte er es abstauben, über das Glas. Dann öffnete er mit dem Daumennagel den hinteren Deckel, nestelte das Hemd über der Brust auf und ergriff ein winzig kleines Schlüsselchen, wie für ein Schatzkästchen an einem Bändchen auf der bloßen Brust aufbewahrt. Er drehte die Uhr auf, schüttelte sie behutsam, horchte befriedigt und versenkte, nachdem er beide Deckel, einen nach dem andern, mit Sorgfalt zugeklappt hatte, Uhr und Schlüssel auf die gleiche, feierlich umständliche Weise.

Die beabsichtigte Wirkung blieb aus, weil der kleine Lehmann sogleich von Schuhen zu reden anfing, die er nachts vor das Zimmer der Schwestern, jener, die keinen Schuster und keinen Schneider heiraten sollten, gestellt hatte. Es gab ein endloses Gelächter über diese Stiefel; an über die Türklinke gelegten langen Schnüren befestigt und vom anderen Zimmer aus abwechselnd hochgezogen, hatten sie das bedrohliche Trapptrapptrapp von schweren auf und ab gehenden Schritten erzeugt. Durch die Mädels, die gegen den vermeintlichen Einbrecher vor ihrer Tür um Hilfe geschrien hatten, war das ganze Haus in Aufruhr geraten. Das dicke Ende – die Haue, die es, wie ich später erfuhr, abgesetzt hatte – verschwieg er wohlweislich.

Als wollte er den Lehmann übertrumpfen, berichtete der Gottlieb, dass vor ein paar Tagen seine Großmutter, durch Geräusche im Schlaf aufgeschreckt, die ganze Nacht hindurch wie behext dagelegen habe. Ohne ein Auge zuzumachen, habe sie ein Vaterunser nach dem andern gebetet, die Muttergottes angerufen und der heiligen Cäcilie fünf Kerzen für Errettung aus Todesnot gelobt. Beim Morgengrauen sei ihr vor Schreck fast das Herz abgedrückt worden. Im Spiegel an der Wand gegenüber habe sie gesehen, dass ein Mann unter ihrem Bett versteckt war. Nach Minuten qualvollen Wartens habe sie sich Mut gefasst und sei mit gellenden Schreien, barfüßig und im Hemd, aus der Stube gerannt.

– Wer war's?

– Wer wird's denn gewesen sein? Der Ludwig war's, der Bräutigam von unserer Wilhelmine. Er war dort eingeschlafen.

Das kam so wurstig heraus, als wäre es das natürlichste von der Welt, dass zukünftige Schwiegersöhne die Nacht unter Großmutters Bett verbringen.

– Der ist aus der Kaserne ausgerückt – erklärte Gottlieb, als er unsere verblüfften Gesichter sah – weil er am nächsten Morgen ins Feld gemusst hat. Unsere Minna hat ihn, wie er nachts anklopfte, in der ersten Aufregung unter's Bett von der Großmutter gesteckt. Wenn sie ihn holen kommen, hat sie gemeint, wird niemand die alte Frau aus dem Schlaf reißen. Es hat dem Ludwig aber nicht viel geholfen. In Freiburg haben sie ihn am nächsten Tag in einem Güterwagen geschnappt, der nach der Schweiz geht.

Diese Geschichte fand kaum noch Beachtung. Ebensowenig jene, die Viktor erzählte:

– Vorige Woche, als unser Ernst, der Dritte bei uns daheim, eingerückt ist, hat ihm unser Vater nur stumm die Hand gedrückt, sich umgedreht und etwas von verdammtem Pfeifenqualm gebrummelt, der einem die Augen beizt. Schließlich ist er in den Keller gegangen und ein paar Stunden lang drunten geblieben. Wie 'n Wilder hat er Holz gespalten!

Er paffte aufgeregt an seiner «Corona Manila». Als sie nicht mehr ziehen wollte, warf er sie, mit einem Fluch auf das «Scheißkraut», über unsere Köpfe hinweg auf die andere Seite der Straße, wo sie funkensprühend an einem Rollladen abprallte.

Es wollte keine rechte Stimmung mehr aufkommen. Alle schienen an andere Dinge zu denken und nur mit halbem Ohr hinzuhören.

Das Interesse wurde wieder wach, als der Paul uns anvertraute, dass es gestern bei ihnen heidenmäßig zugegangen sei. Ehe er leise weitersprach, ließ er sich von allen das Ehrenwort geben, «dass jeder sein Maul hält.»

– Unser Rudolf ist gestern Nacht von der Mutter rumgehauen worden wie 'n Tanzbär, weil er schon wieder so spät heimgekommen ist. Da die Kette an der Abschlusstür vorgemacht war, ist er vom Speicher über's Dach geklettert und durch's Abortfenster in die Gaubenwohnung eingestiegen. Die Mutter hat ihn in der Küche abgefasst. «Seht euch den liederlichen Kerl an!» hat sie geschrien. «Wie ausgespuckt sieht er aus. Man merkt's an seinen verhurten Augen, dass er wieder bei der Schmolzin gewesen ist. So'n altes Mensch! Die ist schlechter wie Katzendreck, schleppt Nacht für Nacht junge Stromer in ihre Wohnung. Schlimmer wie's Vieh treibt sie's, und dabei ist ihr Mann vor knapp einem Jahr gefallen. Anzeigen müsst' man so ein schamloses Weibsstück, wenn einem die drei unschuldigen Würmer nicht leid täten. Wenn das der alte Schmolz wüsst', der würd' sich noch im Grab rumdrehen!» hat unsere Mutter gejammert.

– Und der Rudolf, was hat denn der getan?

– Der hat's Maul nicht aufgemacht, hat nur den Buckel hingehalten und die Mutter mit dem Schrubberstiel draufdreschen lassen, bis es ihr selber weh getan hat. Zuletzt hat sie ihm das Beweisstück unter die Nase geschoben: sein Tagebuch, das er immer versteckt gehalten hat. Käseweiß ist er geworden, als ihm die Mutter ins Gesicht geschrien hat: «Und die Badewanne? Du Saukerl, du miserabler!»

Aus einem erlauschten Gespräch der Schwestern – der Rudolf hatte ihnen Unterwäsche und Strümpfe gestohlen und zu der «Schlampel» hingeschleppt – wollte Paul wissen, dass in diesem Heft haargenau aufgeschrieben gewesen sei, wie es das alte Schwein mit seinem Bruder in der Badewanne getrieben habe.

– Die Liebesbadewanne, hat drüber gestanden! – fügte der Paul leise hinzu.

In die zum Zerreißen gespannte Stille platzte der Lehmann:

– In der Badewanne mit der dicken Schmolzin? Das muss aber arg eng gewesen sein, hahaha!

Niemand kümmerte sich um ihn. Bei solchen Dingen konnte

einem das Lachen vergehen. Die verschlugen einem förmlich den Atem, und die Zunge fühlte sich geschwollen an.

Es trat eine Pause ein.

– Gehst du nicht mehr mit dem Lenchen von Schneiders?, fragte plötzlich der Jacob den Sepp.

– Phh! Mit der geb' ich mich nicht mehr ab, die ist mir zu dumm! Überhaupt, seit sie mal im Theater war, ist sie ganz übergeschnappt. Da hat sie so ein Stück: «Alt Heidelberg» gesehen. Das handelt von einem Prinzen, der Student ist und von seiner Liebschaft und so weiter. Und jetzt hat sie mich wie diesen Prinzen, «Carl Heinz» taufen wollen. Gell, da bleibt euch die Spucke weg!

– Lang' dir mal an den Kopf, Lenchen! hab' ich zu ihr gesagt. Ich bin Schlosser, und mein Vater ist Bauarbeiter. Die feinen Sprüche taugen nichts für unsereinen. Als sie aber nicht aufgehört hat, von ihrem Carl Heinz zu faseln, wie er auf der Bühne gestanden und halb gesprochen und halb gesungen hat, und was für schöne Locken er gehabt hat und so weiter, da ist in mir die Galle hochgestiegen. Bleib' mir mit deinem Quatsch vom Hals!, hab' ich sie angegaunzt; auf deinen Carl Heinz scheiß' ich. Ich red', wie mir der Schnabel gewachsen ist, hab' ich zu ihr gesagt, und dass sie sich einen andern suchen soll, der Locken hat, kurzum, dass ich der Sepp bin und der Sepp bleib' und damit basta! Natürlich hat sie gleich zu plärren angefangen und ist davongerannt. Wenn sie gemeint hat, ich lauf' ihr nach, da ist sie aber schief gewickelt.

Er machte einen tiefen Schnaufer. Gereizt fuhr er fort:

– Ein grober Kerl war' ich und hätt' keinen Sinn für's Höhere, hat sie mir vorgeschmissen. Gerade so, wie wenn ihr Vater nicht Maurerpolier, sondern Direktor oder Gott-weiß-was wäre. Sie soll getrost zu ihren «Käpplern» gehen. Die Poussierstengel haben vielleicht Locken und einen Sinn für's Höhere. Wenn die bloß mal einen Tag lang an der Drehbank stehen müssten, dann täten ihnen bald die Possen vergehen, die Mammekinder, die verpäppelten!

Seine Hetze gegen die verhassten Gymnasiasten, «denen die Mädels wie närrisch nachlaufen», ließ die Stimmung angeregter werden.

Der Staubige sprach von seiner Mutter, die sich vor nicht langer Zeit wieder verheiratet hatte; sein Vater war als Schwerverwundeter in einem Lazarett in Trier gestorben.

– Mein Stiefvater – sagte er – hat mich schon am zweiten Tag verhauen wollen, weil ich «Herr Lehnert», nicht «Vater» zu ihm sagen wollte. Ich hab' es mir aber nicht gefallen lassen und mich kräftig gewehrt.

Man kam auf das augenblickliche Tagesgespräch der Gasse, eine Frau Wiegler zu reden, die, obgleich ihr Mann seit über zwei Jahren in russischer Gefangenschaft sei, sich nicht schäme, schon wieder mit einem dicken Bauch herumzulaufen.

Als der Brillenglotzer den Achteck aufzog, weil er mit der roten Luise liebäugle, wurde dieser wütend. Ohne das Dazwischentreten von Sepp und dem Waldemar, der sich eben erst eingefunden hatte – als Lehrling in einem Warenhaus kam er nie vor halb neun aus dem Geschäft – wäre es zu einer Balgerei gekommen. Gewiss hätte der Achteck, der in der Seifenfabrik arbeitete, den schwächeren Brillenglotzer, den Telegrammboten, unbarmherzig verprügelt.

– So ein Kerl, so ein grindiger! – rief der Achteck aus. – Ausgerechnet der mit seinen Glasaugen braucht noch die andern «scheeler Hund» zu heißen. Wo doch jeder weiß, dass er's mit der Widmeiers Käthe hat. Das scheinheilige Ding mit ihrer Schneckenfrisur! – sagte er gehässig. – Läuft in einer dünnen Strickbluse herum, wo man alles durchsehen kann, und mit einem Röckchen, dass die Spitzen von ihrem Unterrock vorgucken. Dabei hat sie Löcher wie Kartoffeln in den Strümpfen. Wenn man sie bloß ansieht, schlägt sie die Augen nieder, dass man Gott weiß meinen könnt', das Fräulein Rühr-mich-nichtan mit ihrem Strohhütchen und den Kirschen drauf, glaubt noch an den Klapperstorch. Und dabei hat sie mehr als einmal mit dem Eugen, ihrem Stiefbruder, im Bett gelegen, wenn die Mutter Straßenbahndienst gehabt hat.

Erregter Widerspruch und Zweifel wurden laut. Der Achteck ereiferte sich:

– Ihr braucht ja nur den Brillenglotzer zu fragen, warum sie den Eugen in die Erziehungsanstalt gesteckt haben, der muss es ja wissen!

Als ich, wie die andern, unwillkürlich den Philipp anblickte, glaubte ich, trotz der Dunkelheit zu sehen, dass sich sein Gesicht verfärbte.

– Fragt ihn doch selber! – stieß der Philipp zwischen den Zähnen hervor. Seine Stimme klang heiser und unsicher.

In der beklemmenden Pause, die nun eintrat, wirkte das Wort «Puff» wie ein Stichwort, auf das alle gewartet hatten.

Man begann durcheinander zu sprechen.

Niemand wusste genaues, keiner wollte hinter dem andern zurückstehen.

Die Gemüter erhitzten sich.

Der Waldemar, der nur seidene Krawatten trug, «neuste Modefarben», übertraf alle mit seiner Behauptung, er sei vorige Woche «dort» gewesen.

– Am Samstag Abend war's! – beteuerte er, durch unsere laute Ungläubigkeit aufgestachelt. – Weiber hab' ich in Nummer fünf gesehen, Weiber, sag' ich euch, mit dünnen, fleischfarbigen Schleiern, darunter aber splitternackt!

Jede Silbe klatschte nur so vor Nacktheit. Warm und kalt überlief es einen. Halb zweifelnd, halb um ihn zum Weitererzählen zu reizen, bestritt man, dass er dort gewesen sei.

– Zweimal hab' ich sogar einen Zehner in den Musikautomaten eingeworfen! – führte der Waldemar triumphierend an. – Und getanzt haben sie, toll. Eine ist angeschwebt gekommen, hat sich auf meinen Schoß gesetzt, hat sich an mich gepresst, mich umhalst und geküsst, dass mir beinah' der Atem ausgegangen ist.

Neuer, einstimmiger Widerspruch.

Das wurde ja immer unglaubhafter, interessanter, aufregender: ein Weib mit einem dünnen, fleischfarbigen Schleier, darunter aber nackt, split-ter-nackt, kommt angeschwebt, setzt sich einem, mir nichts, dir nichts, auf den Schoß, fällt einem um den Hals und herzt und küsst einen und wer weiß was noch – nein, der Waldemar sollte Dümmere verkohlen.

– Und doch ist es wahr! – trotzte dieser auf. Dann, nach einer Pause, die die Nerven unerträglich anspannte:

– «Bubi», hat sie gewispert, «hier ist soviel Lärm und Rauch, willst du nicht mit mir kommen?» Dann hat sie mich bei der

Hand genommen und mich auf ihr Zimmer geführt, ein großer weißer Schrank war da und ein goldener Spiegel an der Wand und ein Bett, ein riesengroßes Bett, und dann...

Er ließ ein «Ach!» auf der Zunge vergehen. Leidenschaftliche Zurufe unterbrachen ihn:

– Nein, das ist aber stark! Für wen hält der einen, der Sprücheklopfer! Den Warenhausschmus soll glauben wer will!

Der Waldemar spielte, ohne sich beirren zu lassen, seinen letzten Trumpf aus:

– Und ein rosiges Muttermal auf der Brust und flaumige Härchen unter den Achseln hat sie gehabt.

Diese Worte, wie ein Seufzer gehaucht, hatten gezündet. Kein Ton war laut geworden. Und doch war es, als hätten alle den verwirrenden Satz nachgeflüstert.

Alles war so merkwürdig verändert.

Wohlige Schlaffheit lag in der Luft. Die Glieder waren schwer.

Als hätte die mühsam unterdrückte Erregung sich durch den stoßweise gehenden Atem bis in die Spitzen der Zigaretten fortgepflanzt, glühten plötzlich Fünkchen auf.

Der kalte Hans, der sich mit einer fahrigen Geste eine Zigarette anzündete, zuckte plötzlich zusammen. War die schwelende Glut in seinen Augen nur ein Widerschein des aufflammenden Zündholzes?

Als Linchen, die «Puppenmörderin», angerannt kam, um ihren Bruder Otto zum Essen zu rufen, ging man nachdenklich auseinander.

Der Waldemar, der Ladenschwengel, ist ein verfluchter Aufschneider, dachte man, der versteht es, einem mächtig heiß zu machen. Und doch – sollte alles nur Geflunker sein?

Nachts sah man im Traum Mädchen, zauberisch schön, mit hauchfeinen Schleiern, darunter aber nackt, splitternackt – o, ein verdammt süßes Wort war das. Stundenlang hätte man es vor sich hinsagen mögen. Falterleicht umringten sie einen, tanzten, wild, immer wilder, bis die vorderste mit aufgelösten Haaren näher und näher wirbelte und ermattet über einen fiel, einen an sich presste, umhalste und küsste, dass man fast die

Besinnung verlor. Goldgelb wie in Seidenpapier gehüllte Orangen schimmerten ihre vollen Brüste durch den fleischfarbigen Schleier. Unhörbar singend nahm sie einen bei der Hand und – Hu! Das war ja ein wüstes, dickes Weib, das einen, lautlos kreischend, in eine Badewanne, eine fürchterlich enge Badewanne zerrte – Hilfe! Ein dicker heißer Wasserstrahl strömte auf einen – Hilfe! Man ertrank, verbrannte bei lebendigem Leibe. Hilfe! schrie man und brachte keinen Laut hervor.

Am Morgen wachte man zerschlagen auf, hatte dunkel umränderte Augen und Schmerzen im Kreuz...

Dritter Teil

HUNGER NACH LIEBE

Sommer 1917

Immer bedrohlicher wurden die Traumbilder, selbst bei Tage, nicht nur in den zum Ersticken schwülen Nächten. Man wollte ihnen entfliehen, wusste nicht wie.

Schon seit Wochen ging man nicht mehr zu den Zusammenkünften im Hausflur. Voll Unruhe und mit fiebernden Augen blätterte man abends in der Lesehalle des Vereins für Handlungsgehilfen im Konversationslexikon. Was dort in Band II, Athen bis Bisenz, unter Befruchtung, siehe Begattung, siehe Beischlaf, und in Band IV über Geschlechtsorgane, Geschlechtstrieb und Geschlechtsverkehr (siehe Band III: Coitus und Band XVI: Zeugung) zu lesen war, konnte der Wissbegier so wenig genügen, wie die bunten Abbildungen und Querschnitte von Samenfäden, Eileiter, Schambein, Schwellkörper. Am Ende brannte einem der Kopf von lauter fachlichen Fremdwörtern. Erektion, Ejakulation, Gonokokkus, Protoplasma, Spermatozoen und anderen.

So konnte das nicht weiter gehen. Im Geschäft, auf der Straße, zu Hause, wo ich stand und ging, ertappte ich mich dabei, dass ich Frauen anstarrte, sie mit den Augen förmlich entkleidete. Noch lange danach verfolgte mich der Gedanke an das schöne Fräulein in der Elektrischen, das mit einem bösen Blick auf mich den Platz gewechselt hatte.

Eine Plage war es mit den Eiterpickeln; kaum verheilt, traten sie wieder an anderen Stellen auf. Als ich wiederholt im Geschäft ausblieb, brummte der Chef: – Wenn jeder wegen seiner Geschwürchen wegbleiben wollte, könnte man besser gleich den Betrieb schließen!

Ich ging mit steifem Hals ins Büro. Auf allen Gesichtern, die mir begegneten, glaubte ich das verstohlene Grinsen zu entdecken, das die Frauen im Büro aufsetzten, wenn Kinzig, der Kommis, «Keuschheitsflecken» oder «Keuscher Joseph» witzelte. Manchmal summte er .«O, welch ein Malör, meine Unschuld, die macht mir Beschwer'!» Selbst die Paula, das Lehrmädchen, kicherte, obwohl ich damals davon überzeugt war, dass sie seine Andeutungen nicht verstanden hatte.

Umschläge mit essigsaurer Tonerde, Hefeschlucken, gekochte Kartoffeln und Leinsamenbeutel, glühheiß aufgelegt, und andere Mittel hatte ich gegen Furunkel ausprobiert. Selbst Pferdeserum war mir eingespritzt worden. Alles, was der Arzt verschrieb, hatte ich angewendet, nur nicht Furunkelpflaster, nur nicht rosarote Klebepflaster.

Als ich wieder bei Doktor Weißfuß vorsprach, schüttelte er seinen grauen Kopf:

– Versuchen Sie's doch mal mit Knoblauchsaft, wenn es Ihnen nichts ausmacht. Das reinigt das Blut vorzüglich.

– Ach, das habe ich auch schon genommen. Und zu dem riecht man immer schrecklich aus dem Mund.

– Tja, junger Freund, da gibt es nur noch ein Mittel: haben Sie Damenbekanntschaften?

Er zwinkerte mir wohlwollend zu. Das Blut schoss mir ins Gesicht.

– Oho, nicht so überempfindlich, junger Mann!

Mit väterlichem Auf-die-Schulter-Klopfen riet er mir, «mal zu den Frauen zu gehen».

– Na, riskieren Sie's mal, junger Freund! Sie werden sehen, die beißen nicht, im Gegenteil! Und vor allem: keine Dummheiten mehr! – fügte er ernst hinzu. – Fingerarbeit ist aller Laster Anfang. Merken Sie sich das, junger Freund.

Ja, das musste aufhören. Mein Entschluss stand fest, als ich die Treppe bei Doktor Weißfuß hinunterstieg.

Selbstbefleckung, ging es mir durch den Kopf, steht im Lexikon. Ich blieb auf der Stufe stehen. Merkwürdig, dachte ich, welch ein schimpfliches Wort für etwas, das man, wenn es zwei tun Liebe nennt. So oder so, beschloss ich im Weitergehen, man muss damit ein Ende machen. Doch wie? Nicht jedem glückte, was angeblich dem kalten Hans, dem Lehrling in der katholischen Vereinsbuchhandlung gelang: das Gelübde, in sich alle Fleischeslust abzutöten. Und wer hatte schon Lust, ein solches abzulegen?

Sollte man gleich dem überspannten Wilhelm Lederle sich bei selbstauferlegter Strafe verbieten, daran zu denken, «wie man sich ins Dunkel trägt?» Oder gar wie der Philipp, der Telegrammbote, einen Zettel über's Bett hängen: «Stelle deinen Trieb unter deinen Willen!» – ein Selbstbefehl, den man allabendlich bis zum Einschlafen vor sich hinzumurmeln hatte.

Wenn es damit getan wäre! Was half es, wenn der Trieb stärker war als der Wille. Gleichviel, entschied ich, man muss sich aufraffen, muss stark sein. Sonst würde es einem wie dem Joster ergehen...

Eine Woche vorher war ich ihm auf der Straße begegnet. Hätte er mich nicht angesprochen, wäre ich ohne Zweifel an ihm vorbeigegangen. Wie, das sollte der Joster sein? Der hochaufgeschossene Bursche mit der blassen porigen Haut und den entzündeten Augen, der wie ein Dreißigjähriger aussah? Während man selbst noch im lästigen Stimmwechsel war, sollte er schon eine Männerstimme und ein Bärtchen haben?

Ich entsann mich, dass er, einer der besten Schüler in der Parallelklasse, im letzten Jahr einige Monate gefehlt hatte; wegen eines schweren Augenleidens, hieß es damals. Als er wieder in die Schule kam, war er wie umgewandelt. Er sprach mit keinem, konnte niemandem in die Augen sehen, hielt beständig den Kopf gesenkt. In den Pausen, wenn wir herumstanden, spielten oder schwatzten, durfte er, mit besonderer Erlaubnis, als einziger auf der Bank in der Mitte des Schulhofes sitzen. Den Rücken uns zugekehrt, starrte er auf das kleine, umzäunte Beet vor seinen Füßen. Auf Anordnung des Arztes sollte er zur Stärkung seiner kranken Augen so oft wie möglich auf Grünfläche schauen. In sich versunken, saß er auf der Bank. Er schreckte zusammen, sobald die Klingel das Ende der Pause anzeigte. Wie wir von seinen Klassenkameraden erfuhren, durfte er selbst während des Unterrichts aus dem Fenster sehen und die Kastanienbäume des gegenüberliegenden Schulplatzes betrachten, deren mächtige Kronen bis in die Höhe unserer Fenster im dritten Stockwerk reichten. Er wurde nur aufgerufen, wenn er sich selbst meldete.

Auch auf dem Heimweg – er wohnte in meiner Gegend – hielt er den Blick zu Boden gerichtet. Oft war ich hinter ihm hergegangen, ohne mir darüber Rechenschaft zu geben, warum. Es war kurz nach der Geschichte mit dem Heftpflaster. In meiner trostlosen Verfassung fühlte ich mich zu ihm hingezogen. Etwas sagte mir, dass auch er Böses erlebt haben musste. Seine Verschlossenheit hatte mir jedoch allen Mut genommen, ihn anzusprechen.

Einmal folgte ich ihm bis vor die Tür. Deutlich sehe ich noch die schiefe Gasse und das alte zweistöckige Haus mit dem Schild überm Ladeneingang: Karl Joster, Schneidermeister. Im Vorbeigehen blickte ich durch die offenstehende Türe in den Laden, in den er eben hineingegangen war. Es war ein niederer, halbdunkler, im Hintergrund durch einen mannshohen Vorhang abgeteilter Raum. An der linken Wand, etwa in der Mitte, fiel mir ein Spiegel mit verschnörkeltem Goldrahmen und schmalem, gleichfalls vergoldeten Untergestell auf. Gott mochte wissen, auf welchen Umwegen dieses feine Möbelstück hierhergekommen war. Hinter einer großen Nähmaschine, die quer gestellt war, verschwand ein gebeugter Frauenkopf bis auf die obere Stirnpartie und die grauen, gescheitelten Haare. Man sah nur zwei in braunen Hausschuhen steckende Füße auf der Tretplatte, deren Auf-und-Ab das Ungetüm ratternd in Bewegung hielt. Nahe dem Fenster, auf einem breiten, von zwei Holzböcken getragenem Brett, hockte ein Mann. Er hatte die Beine gekreuzt und die Hemdsärmel aufgerollt. Er hob den über die Arbeit gebückten Kopf; seine Haare waren grau und spärlich. Über die Brille hinweg musterte er mich mit einem scheelen Blick. Das musste der Vater Joster sein. Wie bei etwas Unrechtem erwischt, zwang ich mich zu unauffälligem Weitergehen. Ich blieb einen Augenblick vor dem schmalen, halbhohen Ladenfenster stehen. Es war gähnend leer; die unfertige, blaue Jacke darin, mit Reihfäden, Kreidestrichen, ohne Ärmel, lose über eine Ankleidebüste gehängt, deren schwarze Blöße nur zur Hälfte bedeckt war, wirkte wie ein Standbild der Dürftigkeit. Auf dem verstaubten Boden der Auslage, an den Dreifuß des Büstengestells angelehnt, befand sich eine Tafel. Der mit der Hand geschriebene Text:

Wenden und Aufbügeln – Flickarbeiten aller Art prompt und billigst – stand in krassem Gegensatz zu den farbigen Modeblättern «Herbst 1915», die an den Rand des Fensters geklebt waren; sie zeigten Gruppen schlanker, gepflegter Herren mit scharfen, bartlosen Gesichtern und eckigen Schultern, im Sportanzug, Cutaway, oder Frack mit weißer Weste, alle ausgehbereit, mit Golffutteral, Feldstecher, Tennisschläger oder Stock und Handschuhen bewaffnet...

– Was hast du mich so zu beglotzen?

Josters Stimme riss mich aus meinen Erinnerungen. Als ich mich stotternd entschuldigte, fiel mir ein, dass ich in Gedanken unverwandt den fettig glänzenden Mitesser auf seiner Wange, groß wie ein Stecknadelkopf, angestarrt und mir Zwang auferlegt hatte, nicht hinzugreifen und ihn auszudrücken. Dabei hatte ich mir gerade das Gesicht von Vater Joster vorgestellt, wenn eines Tages jemand zur Tür hereingetreten wäre, um eines von diesen mit weißer Seide gefütterten Capes, wie draußen auf dem Modeblatt abgebildet, zu bestellen.

– Wie du dich verändert hast, es ist kaum zu glauben! – sagte ich, um meine Verlegenheit zu verbergen.

– Verändert? Verschlechtert natürlich! Ich wollte widersprechen.

– Lass' nur, ich weiß am besten, wie's um mich steht.

– Und was treibst du sonst?

– Aus dem Krankenhaus haben sie mich vor ein paar Tagen entlassen.

– So, aus dem Krankenhaus? Daher also das schlechte Aussehen?

Er nickte traurig.

– Sag' doch, was hast du denn, sind es noch immer die Augen?

Er verzog wortlos die Lippen. Ein Lächeln irrte um seinen Mund.

Wir kamen an einer Bank vorbei.

– Wollen wir uns nicht setzen? – schlug ich vor. Stumm saßen wir nebeneinander.

Sein Blick verlor sich im Strom der Vorübergehenden.

– Erinnerst du dich noch? – unterbrach ich das Schweigen – wie du nach deiner Krankheit keinen mehr von uns anschauen wolltest, wie du nur immerzu vor dich hin oder ins Grüne geguckt hast?

Sein Gesicht vetdüsterte sich.

– Du warst auch einer von denen! – sagte er in jäh ausbrechendem Zorn.

Er warf mir einen bösen Blick zu. Ohne recht zu wissen, was er damit gemeint hatte, widersprach ich lebhaft. Er gab keine Antwort.

– Augenkrankheit, das muss schrecklich sein! – sagte ich nach einer Weile bedrückt.

– Ich war nicht wegen den Augen im Krankenhaus, das war nur die Folge davon.

Er vermied es, mich anzusehen.

– Die Folge davon? Ja, von was denn?

– Von dem Krampf?

– Von dem Krampf? Deswegen warst du im Krankenhaus? Ich hab' auch schon mal einen Krampf in den Waden gehabt, wenn ich zuviel gelaufen bin, aber er ist immer bald vergangen, obwohl es ziemlich weh getan hat.

– Bei mir war's ein totaler Muskelkrampf, kein Wadenkrampf!

Wie von weit her war das gesprochen worden. Totaler Muskelkrampf? Was hätte ich mir darunter vorstellen sollen? Ich hatte genug von all den Andeutungen.

– Aber Joster, mit mir kannst du doch frei von der Leber weg reden. Und dann, wir sind doch keine Kinder mehr.

Seine Stimme klang gepresst.

– Du hast recht, wir sind keine Kinder mehr. Ich wollt', wir wären's noch!

Er begann zu erzählen.

Mit seinem zwölften Jahr hatte es begonnen. Von einem älteren Jungen aus seiner Gasse war er «eingeweiht» worden.

– Mein Vater ist bald dahinter gekommen. Das erste Mal hat er mich streng angeschaut und es mir auf den Kopf zugesagt: «Heut' Nacht hast du's getrieben!» Ich hab' gemeint, vor Scham vergehen zu müssen. Kein Wort ist mir über die Lippen gekommen. Ich hab' mir fest vorgenommen, es nie mehr zu tun. Einige Nächte ist es, mit aller Anstrengung, gegangen. Dann hat es von neuem angefangen, nur noch schlimmer war's. Und wieder hab' ich am Morgen den Blick von meinem Vater und sein «Heut' Nacht hast du's wieder getrieben!» über mich ergehen lassen müssen. Die Hände hab' ich mir zusammengebunden, aber nach zwei, drei Tagen ist's wieder losgegangen. Zuletzt hat mein Vater kein Wort mehr gesagt. Hätt' er mich doch windelweich geprügelt! – rief Joster gequält aus – das hätte weniger weh getan, als sein Blick und das stumme Drohen mit dem Zeigefinger.

– Aber – fuhr er tonlos fort – wie hätt' ich ihm sagen können, dass es die Geräusche in der Nacht sind, die mich wild machen und all meine Vorsätze über den Haufen werfen.

Seine Stimme zitterte merklich.

– Das erste Mal war ich noch halb im Schlaf. Ich bin hochgefahren, hab' vom Bett der Eltern her ein Geräusch gehört und das pfeifende Atemholen von meinem Vater. Ein Keuchen, wie wenn sie miteinander ringen würden, dann ein Ächzen und ein unterdrücktes Stöhnen, und auf einmal war's ganz still. Ich hab' mit offenen Augen dagelegen und mich nicht rühren können, hab' schreien wollen, aber keinen Ton herausgebracht. Gelähmt war ich vor lauter Angst, mein Vater könnte unsere Mutter umgebracht haben, wie er ihr schon öfters im Streit angedroht hatte.

Er hielt seine Hand vor die Augen. Nach einer Weile fragte er:

– Warst du mal bei uns daheim?

Ich nickte, obwohl es nicht stimmte. Etwas hinderte mich, einzugestehen, dass ich ihm einmal bis vor's Haus gefolgt war.

– Hast du im Laden hinterm Vorhang das Bett gesehen, in dem ich und mein kleiner Bruder geschlafen haben? Am Fußende vom Bett von meinen Eltern hat es gestanden. Auf den Hof zu war nur noch die Küche und eine Kammer für meine beiden großen Schwestern. Ursprünglich war das gar keine Wohnung, sondern ein Kolonialwarengeschäft mit zwei kleinen Lagerräumen. Als der Inhaber eingerückt ist, hat der Laden leer gestanden, bis ihn mein Vater als Werkstätte mit Wohnberechtigung gemietet hat.

Den Blick hartnäckig zu Boden gerichtet, sprach er weiter:

– Am Anfang hab' ich mich dann und wann noch zusammennehmen können, aber von Mal zu Mal ist's schlimmer geworden. Oft hab ich die halbe Nacht über wachgelegen. Das kleinste Geräusch hat mich unruhig gemacht, und ich war schon aufgeregt, wenn sich bloß jemand im Bett rumgedreht hat. Zuletzt hab' ich's Nacht für Nacht getrieben, oft fünf und sechs Mal, bis der erste Zusammenbruch da war. Das war damals, als ich augenkrank geworden bin und lange in der Schule gefehlt hab'...

Er atmete schwer, versuchte seine Erregung zu unterdrücken.

Ich war erschüttert. Und ich hatte damals geglaubt, der Unglücklichste in der Schule zu sein.

Wie musste er gelitten haben.

– Und das mit dem Muskelkrampf, hängt das auch damit zusammen?

Er schien meine zaghafte Frage überhört zu haben. Wie um hässliche Gedanken zu verscheuchen, strich er sich über die gerunzelte Stirn.

– Ein halbes Jahr nach der Schule ist es gut gegangen. Dann hat es mich wieder gepackt. Vor kurzem hab' ich mittendrin einen Starrkrampf bekommen. Ich hab' so gebrüllt, dass das ganze Haus zusammengelaufen ist, da haben sie mich ins Krankenhaus geschafft.

Er hatte leise, wie zu sich geredet. Er schwieg, stierte geradeaus.

– Wo arbeitest du, Joster?

– Bei der Post als Aushelfer!

– Wohnt ihr noch in der schiefen Gasse?

– Nein, voriges Jahr ist mein Vater an der Lungenkrankheit gestorben, da sind wir umgezogen.

Ich wagte nicht, weiter zu fragen.

– Im Krankenhaus haben sie gemeint, am besten wär's, wenn ich für einige Zeit freiwillig in eine Anstalt gehe. Nur zur Beobachtung, haben sie gesagt. Da hätte man wenigstens die Gewissheit, bald wieder rauszukommen. Wenn sie einen aber holen, dann bleibt man drin, für's ganze Leben.

Er nahm seinen Hut ab, als wäre er ihm zu schwer und legte ihn auf die Knie.

«Magenbrothütchen» hatten wir als Jungens solche rundeingedrückten Hüte genannt. Ich schämte mich meines dummen

Gedankens, als ich Joster unbeweglich, mit offenem Mund vor sich hinbrüten sah.

Ein schreckhaftes Zucken lief über sein Gesicht, als ob ihm jetzt erst der Sinn seiner Worte zum Bewusstsein gekommen sei.

Heimlich betrachtete ich ihn von der Seite. Die käsige Hautfarbe, seine herabhängende Unterlippe und die hohlen, umränderten Augen gaben ihm das müde, schlaffe eines jungen Greises. Seine geröteten, halbgeschlossenen Lider, die andauernd blinzelten, so, als sei er von der Sonne geblendet, schienen an den Enden zugeklebt; sie bedeckten die Augen schlitzförmig, sodass nur die kleinen, matten Pupillen und ein Streifen trübes Weiß, von gelblichroten Äderchen durchzogen, zu sehen waren.

– Was meinst du dazu? – fuhr er plötzlich auf.

– Ich? Wozu? Selbstquälerisch grübelte er:

– Freiwillig ins Irrenhaus gehen, wer wird der Mutter helfen, und mein Beruf, freiwillig sich lebend begraben lassen...

Mir wurde unheimlich zu Mute. Ich gab vor, nach Hause zu müssen.

– Nein, ich geh' nicht mit, ich bleib' noch ein bisschen sitzen. Ich muss sowieso in einer Stunde in den Nachtdienst.

Er streckte mir die Hand hin.

– Also dann: Lass' es dir gut gehen, Friedrich! Und nimm dich in Acht, sonst gehst du kaputt!

Verloren blickte er zur Seite.

Mein fester Handdruck war ein Versprechen.

Ich wagte nicht, ihn anzusehen.

Fühlte er, dass es ein Abschied war, für immer?

Der Gedanke, dass wir damals Freunde hätten werden können, presste mir das Herz zusammen.

Stumm ging ich weg...

Ja, das muss aufhören, gelobte ich mir auf dem Heimweg vom Arzt. Das Schicksal Josters wirkte abschreckender, als alle wohlgemeinten Warnungen.

Gottlob, dass man erst seit Monaten sündigte.

Nur nicht so enden wie er.

Ein heißer Sommertag.

Seit dem frühen Nachmittag war ich in voller Unrast durch die belebten Straßen geschlendert. Ermüdet hatte ich mich vom Strom der Spaziergänger in die städtischen Anlagen treiben lassen. Auf der mit schattigen Kastanienbäumen bepflanzten Augusta-Promenade schob und drängte sich eine bunte Menge. Bürger, die ihre geputzten Frauen eingehängt hatten, Offiziere, junge Burschen, sonntäglich gekleidete Mädchen. Unter anderem «gewöhnlichen Fußvolk» sah man Urlauber; fremd marschierten sie neben ihren Frauen her, die meist einen Säugling im Arm hatten und von einem Tross Kinder gefolgt waren.

Überall sah ich Frauen. Frauen mit lächelnden, blitzenden, lockenden Augen und halb geöffneten, lechzenden, wie von innerem Brand ausgetrockneten Lippen; Frauen, deren Blicke Berührungen waren, scheue Liebkosungen, die einen erschauern machten.

Durch die von Gerüchen gesättigte Luft des späten Hochsommers, die glastig vor mir flimmerte, sah ich, selbst mit abgewandtem Blick, unter bunten, durchsichtigen Kleidern, pralle, leicht erzitternde Brüste und Beine, Beine, die schlank anstiegen, verwirrend, im Schreiten schwingende Dreiecke bildend – sah endlich, in dem begehrlichen Feuer meiner Augen, alles vor mir, Leiber, Schenkel, Arme, Füße zu einer Masse verschmelzen, einer Vielfalt aus Laut und Farbe, die mir schwindeln machte.

Halb betäubt, rettete ich mich aus dem lärmigen Gewühl in die Stille eines Seitenweges.

Ich atmete auf. Langsam ging ich den Weg weiter, den eine Kette von Buchshecken mit Bänken davor und eine Rasenfläche begrenzten. Ich schritt an Spaziergängern vorbei und, zu beiden Seiten, an sitzenden Menschen, an stumpfen, gaffenden Blicken.

Ich war froh, in einem Kreuzpfad eine der schmalen Holzbänke ohne Rückenlehne unbesetzt zu finden; nur eine ältere Frau saß dort. Sie strickte. Zu ihren Füßen kauerte platt ein ruppiger Pinscher. Unablässig und träge blinzelnd verfolgte er das graue Wollknäuel auf ihrem Schoß, das mit jedem Anziehen ruckartig aufhüpfte. Von Zeit zu Zeit, wenn eines der auf dem gegenüberliegenden Weg spielenden Kinder über die mit

Blumen besäte Wiese dem Ball nacheilte, hob sie flüchtig den Kopf, und ein heller Schimmer kam in ihr versorgtes Gesicht.

Eine Amme in Schwarzwälder Tracht lenkte meinen Blick ab. Sie trug ein blauweiß gestreiftes Sommerkleid mit breitem Miederausschnitt, und kurzen Ärmeln, die ihre starken Oberarme kaum bis an die großen Impfflecken bedeckten. Den Kinderwagen vor sich hinstellend, setzte sie sich auf die Mitte der langen Bank. Sie war voll, breit, mochte über die Dreißig sein. Ihr Gesicht war feucht und rot, gleichsam von innen erhitzt. Ein herber, fraulicher Geruch strömte von ihr aus. Geruhsam und plump, mit gespreizten Beinen, saß sie da. Als sie mit dem Fuß den Kinderwagen hin und her zu bewegen begann, wurde der kräftige Ansatz ihrer Wade sichtbar.

Unbewusst hatte ich jede ihrer Bewegungen verfolgt. Zufällig begegneten sich unsere Blicke. Ich entdeckte erschreckt, dass sie mich hinter ihrem Taschentuch, mit dem sie sich Luft zufächelte, beobachtete. Ich suchte mir darüber klar zu werden, ob sie lächelte, oder ob die brütende Hitze ihren fleischigen Mund mit den blendend weißen Zähnen schlaff machte. Beharrlich bemühte ich mich, dem starren Blick ihrer runden, grünlich schillernden Augen auszuweichen.

Als das Kind mit flapsigen Bewegungen seiner dicken Beinchen die Decke wegstrampelte und zu quäken anfing, bückte sie sich wie in mütterlicher Besorgnis tief über den Wagen. Ihr starker Rücken straffte den dünnen Stoff an, als wollte er ihn auseinanderreißen. Ihre drallen Beine wurden bis an die Spitzen ihres Unterrockes bloßgelegt; sie hatte weißwollene Strümpfe an mit blauen Gummibändern oberhalb der Knie.

Hatte sie eben den Kopf mit den schweren braunen Haarflechten zur Seite gedreht? Hatte sie mir durch die halbgeschlossenen Lider einen Blick zugeworfen?

Erregung flutete in mir hoch.

Eine unbegreifliche Furcht und die blitzhafte Erkenntnis, dass nur rasche Flucht mich vor besinnungslosem Handeln retten könnte, hetzte mich davon.

Gegen sechs Uhr kam ich zu Hause an. In der Hast wäre ich beinahe unter ein Auto gekommen. Ich war erschöpft. Angekleidet ließ ich mich auf das Bett niederfallen.

Ich sank in einen unruhigen Halbschlaf.

Als ich aufwachte, wusste ich, und ich fühlte mich befreit: heute muss es geschehen.

Der Dreizehner-Graben, so heißt in unserer Stadt die Straße der Mädchen, liegt am Ende von Rheinheim, einer Arbeitervorstadt.

Ich wagte nicht, in die Straßenbahn zu steigen, die dort vorüberfährt. Die Vorstellung, der Schaffner oder gar die Schaffnerin könnte mir mein Vorhaben ansehen, wozu sicherlich nicht viel gehörte, hatte für mich etwas Beklemmendes. Ich benutzte eine andere, abgelegenere Linie. Selbst an der Zwischenstation, wo nur auf Verlangen gehalten wird, brachte ich es nicht über mich, auszusteigen; ich fuhr bis zur Endstation.

Die Schaffnerin rief «Krüppelheim! Alles aussteigen!»

Krüppelheim? Böses Vorzeichen, dachte ich.

Von dem Vorort aus hatte ich eine knappe Viertelstunde querfeldein zu gehen. Es dunkelte. Das beruhigte mich. Ich würde bei Einbruch der Nacht hinkommen.

Der Weg führte an Schrebergärten vorbei, den Landbesitzen der kleinen Leute, an wilden Hecken, Sträuchern und an unbebauten Wiesen, Abladeplätzen für Schutt und Gerümpel.

Es war drückend schwül. Der laue, schwache Abendwind brachte keine Abkühlung. Irgendwo gewitterte es. Der Himmel hing tief. Sekundenlang war der schwarze Rand der Wolken von Wetterleuchten erhellt. Erregende Unruhe lag in der Luft. Von der Stadt her kamen, fern und dumpf, Geräusche.

Die Dämmerung schien alles zu verändern. Nebel stiegen auf, die Dinge verloren ihre Härten, Umrisse wurden gemildert; weich, gedämpft klangen die Stimmen.

Ich hastete an Liebespärchen vorbei; aneinandergeschmiegt strebten sie dem nahen Stadtwald zu. Vorbei an Büschen, die geisterhaft belebt schienen. Signalgleich glühten Pünktchen von Zigaretten auf; man hörte Flüstern und Kichern. Plötzlich erschreckte mich Rascheln und unterdrücktes Gelächter. Ich sah etwas Weißes, glaubte ein Pärchen im Grase liegen zu sehen.

Mit brennenden Augen eilte ich weiter.

Da stand man nun vor dem Eingang und bestaunte die, die

schlankweg drauflos steuerten. Zumeist waren es Feldgraue, junge Burschen, Arbeiter mit Schirmmützen, vereinzelt «bessere» Herren, für die das Unvorstellbare eine alltägliche Sache sein musste.

Allen Vorsätzen zum Trotz kam ich nie weiter, als mit gemachter Ruhe an der Straße vorbeizugehen. Ich hielt den Atem an, wagte, da ich die angrenzende Straße überquerte, einen flüchtigen Blick in die merkwürdig bunte Landschaft: eine Reihe ein- und zweistöckiger Zwerghäuser mit roten Laternen, wie Lampions aneinandergereiht, die übergroße, leuchtende Ziffern trugen. Vor den Haustüren bemerkte ich menschliche Umrisse; sie bewegten sich verdächtig im flackernden Gaslicht. Auf dem schlaglichtartig erhellten Vorhang eines Zimmers, das im zweiten Stockwerk lag, erhaschte ich ein belebtes Schattenbild: ein engumschlungenes Paar. Im gleichen Augenblick rasselten die Rollläden herunter. Grelle Musikfetzen drangen mir an's Ohr, abgerissenes Lachen, Rufe, Pfeifen. Es wirkte wie das verregnete Filmbild einer Budenreihe auf dem Rummelplatz: verschwommen, doch greifbar nahe; mit Musik, doch ohne Übereinstimmung von Ton und Gebärde.

Nach etwa einer Stunde fieberhaften Herumstreichens und nachdem es in großen Tropfen zu regnen begann, trat ich, wütend auf mich selbst, den Heimweg an.

Am nächsten Abend ging ich wieder hin, verlor von neuem den Mut. Wohl wusste ich nun, wie es zu machen war: man marschierte, ohne nach links und rechts zu sehen, auf eine der von außen beleuchteten Türen zu. Man klingelte. Aber dann? Was hatte man der Türbeschließerin zu sagen? Unmöglich konnte man doch aussprechen, dass man...

An einem der darauffolgenden Abende, es war ein Samstag, ging ich abermals enttäuscht nach Hause.

Schon auf halbem Rückweg, begegnete ich einem Schwarm johlender Burschen. Sie liefen eingehängt, nahmen den ganzen Gehweg ein.

Im Vorbeigehen hörte ich meinen Namen rufen.

Erstaunt schaute ich mich um.

Einer von der Bande trat auf mich zu.

Ach ja, gewiss kannte ich ihn. Das war doch der «Wolfmilch» von der Handelsschule. «Milch» war seinem Namen Wolf angehängt worden, weil er in der Pause gewöhnlich ein Fläschchen Milch trank; seine Mutter betrieb eine Viktualienhandlung.

Wo man herkomme? Wo man hingehe?

Ich suchte eine Ausrede, murmelte etwas von Bekanntenbesuchen.

– Na, das kennt man ja! – meinte er grinsend.

Mit entwaffnender Selbstverständlichkeit bestimmte er, ich solle mich ihnen anschließen. Ich machte Einwände.

– Und dann – sagte ich – ich kenne doch keinen von deinen Freunden.

– O, das ist bald geschehen! Also abgemacht, du kommst mit! – schrie er, den Kopf halb zu seinen Kameraden hingewendet.

Ich erfuhr, dass einer, ein Langer mit einem Bärtchen, den sie Oskar riefen, Montag früh einrücken müsse.

– Heut' nacht wird Abschied gefeiert, so jung kommen wir nie mehr zusammen! – scherzte Wolfmilch.

– Und seh'n wir uns nicht in dieser Welt, So seh'n wir uns in –

– Quatsch mit Soße! – unterbrach einer den Oskar – wir wollen uns den letzten Abend nicht versauen!

Einige Kneipen hatten sie schon hinter sich. Dort war nicht viel los gewesen; lauter miese Weiber, die nur saufen und teure Zigaretten rauchen wollten. Die verdammt heitere Stimmung ließ erkennen, dass, wie der Wolfmilch sagte, jeder schon «seine paar guten Gläser hinter sich» hatte. Außerdem lugten aus einigen Rocktaschen Flaschenhälse mit lose aufgesetzten Korken hervor.

– Wohin soll's denn gehen, Wolf? Ins Puff? Hm, heut' hab' ich keine große Lust!

Schließlich ließ ich mich überreden.

Wäre es nicht mein brennender Wunsch gewesen, einmal dort hinzukommen, hätte ich mich wohl kaum dazu entschließen können. Was sollte ich in meiner trübseligen Stimmung bei diesen sinnlos lärmenden Gesellen tun?

Als sich die Bande in zwei Gruppen teilte, die hintereinander gingen, schloss ich mich mit Wolfmilch der vorderen an. Es waren ihrer fünfe. Sie marschierten in soldatisch gleichem Schritt in einer Reihe. Der «Nudel», ein kleiner, stämmiger Bursche mit rundem Gesicht und roten Backen, die allem Nahrungsmangel spotteten, fing zu singen an. Er war barhäuptig, hatte bürstenartig geschorene, rötlich-braune Haare. Er trug eine Windjacke mit schief über dem Bauch liegenden Taschen, in denen er – wie Frauen in ihrem Muff – die Hände vergraben hielt.

Schön sind die Mädchen

Von siebzehn, siebzig Jahr! knödelte er mit gerecktem Hals.

Und die drunter, und die drüber

Sind es auch, brüllten die anderen.

Einer, dem der Singsang zu zahm vorkam, gröhlte dazwischen:

Pipichen hat ein Röckchen an,

Das geht ihr bis an's Knie, worauf alle begeistert fortfuhren:

Und wenn Pipichen tanzen will,

Dann sieht man ihr –

Pipichen hat ein Röckchen an.

Das ging so in allen Tonlagen weiter, bis ein dritter, ein Gefühlvoll-Angehauchter, einen Rundgesang anstimmte, in dessen Kehrreim:

Dass du mich liebst, das weiß ich.

Auf deine Liebe – scheint der Mond! die Bande jubelnd einfiel.

Droben auf der rauhen Alp, – Jupeidie, jupeida!

Was machen da die Schuster all? schmetterte jetzt wieder der Nudel, der offenkundig eine Schwäche für Sologesang mit Chor hatte.

Das Lied, auf alle Handwerke abgewandelt, wollte kein Ende nehmen.

Just bei der Zunft der Zimmerleute und der Kesselflicker, die – mit besonderer Betonung – hobhobhobeln und flickflickflicken, ließ ich, mich bückend, als ob ich einen Schnürriemen festbinden wollte, den Wolfmilch mit den andern vorgehen.

Ich wartete auf die zweite Gruppe, sie marschierte etwa eine halbe Straße hinterher.

Man war gerade bei Witzen. Den glänzenden Augen und den geröteten Gesichtern nach zu schließen, mussten sie recht gepfeffert gewesen sein.

Ich schnappte gerade noch auf:

– Ja, Hochwürden! – sagte die Köchin – das ist ein Elefantenrüssel!

Schallendes Gelächter.

– Noch einen, Fred! – rief man fröhlich.

Der so Angeredete ließ sich, durch den Beifall geschmeichelt, nicht lange bitten.

– Aber mit dem größten Vergnügen, meine Herr'n! Wie ich bald erfahren sollte, war er Reisender in der Wäschebranche, in Reizwäsche, wie er fachmännisch bemerkte.

Mit eingedrückten Knien und rudernden Armbewegungen, schritt er, geräuschlos wie auf Gummisohlen, auf die nächste Laterne zu.

In ausgelassener Laune umringten ihn die andern.

Er zog aus der Tasche ein rotes Notizbüchlein.

– Mit was kann ich dienen?

– Den von der Madam' mit dem Bierwärmer!

– Nein, lieber 'nen Nonnenwitz!

Fred schlug das Büchlein auf. Bevor er das alphabetische Register durchblätterte, in dem er Witze nach Berufsständen geordnet und nach Stichworten notiert hatte, feuchtete er – wohl nach geschäftlicher Übung – den Zeigefinger an der Zungenspitze an.

– Jott – Jägerwitze, Jungfernwitze, Ka – Kasernenhofwitze, Kasinowitze, Ell – Ludenwitze, Emm – Moritzwitze, Enn – Nonnenwitze – halt!

Er fuhr mit dem Finger nach unten, aufmerksam wie ein Buchhalter, der im Hauptbuch eine Reihe nachrechnet und murmelte:

– Nonne und die Bettflasche, Nonne und der Dreschflegel, Nonne und der Klingelbeutel, Nonne und die Mausefalle –

– Und die Mausefalle!

Auch diese Zote wurde hinreichend belacht.

– Ja, so ein Witzbuch, – sagte Fred selbstzufrieden, und klappte das Büchlein zu – das ist ein halbes Orderbuch! Schon mehr als einmal hab' ich einen stachligen Abteilungschef oder eine sauertöpfische Einkäuferin erst nach ein paar «Gesalzenen» einseifen können.

– Na, und was für Witze erzählst du den Kaufmannsweibern? – fragte Oskar.

– Pah, da brauch' ich mir nicht die Schnauze franslig zu schwätzen, bei denen hab' ich sowieso eine gut eingeführte Tour!

– Eine gut eingeführte Tour? Hahaha!

– Ja, was soll man machen. Mit den Wölfen muss man heulen, und mit den Schweinen muss man grunzen, hat oft mein Rayonchef gesagt, bei dem ich in der Lehre war. Ach ja, die Weiber! – seufzte er mit einem komischen Augenaufschlag. – Auf meiner letzten Reise zum Beispiel, es war auf der Strecke zwischen Frankfurt und Kassel, habe ich fünfundvierzig Fotos – fünfundvierzig, meine Herrn! – in Schnipsel zerrissen und zum Zugfenster hinausgeschmissen. Mein Gott, wenn man die Bilder von jeder Tour aufheben wollte! Na ja, ihr braucht mich nicht zu beneiden, – lenkte er ein, als habe er die Gedanken der anderen erraten – manchmal kann's einem auch mies werden, wenn man bei so einer alten Schachtel auf Teufel komm raus Süßholz raspeln muss.

Er machte eine Pause.

– Erzählen! Erzählen!

– Denkt euch, auf meiner vorletzten Tour in Erfurt hat mich so eine Schranze tüchtig drangekriegt. «Ach, ich bin so schrecklich beschäftigt», stöhnte er, sie nachäffend, und straffte das Kinn an, «ach nein, bei Tag hab' ich beim besten Willen keine Zeit, Herr Hochdörfer! Seitdem mein Mann eingerückt ist, liegt alles auf meinen Schultern. Am Abend vielleicht, nach Geschäftsschluss, wenn es Ihnen nichts ausmacht, Herr Hochdörfer!» – »Aber ich bitte, durchaus nicht, ganz im Gegenteil, gnädige Frau.» Am liebsten hätt' ich ihr was anderes gesagt. Aber man weiß doch, wie man sich bei der Kundschaft zu benehmen hat. –«Ach ja, wenn Sie so freundlich sein wollen, da können wir ungestört die Kollektion durchsehen. Ich habe einen großen Bedarf», hat sie geflötet und mit den Wimpern geklimpert. Einen großen Bedarf – fragt mich nicht, in was für einem Artikel. Ich hab' ja gleich gerochen, aus welchem Loch der Wind pfeift. Aber, was will man machen, wenn man schon drei Tage lang keine anständige Order mehr auf die Beine gebracht hat und für den nächsten Tag todsicher mit einem brieflichen Anstaucher vom Chef rechnen muss. Wie ich abends mit meinem Musterköfferchen angerückt komme, denk' ich, mich laust der Affe. Im seidenen Pitschama hat sie mir die Tür geöffnet. «Das Mädchen hat Ausgang und meine Tochter ist im Theater», hat sie gewispert, als sie meine bedepperte Visage gesehen hat. Ich kann euch sagen, ein Kasten war das, die wahre Arche Noah! Alles an ihr hat nur so geschwabbelt, und Schützengräben um die Augen –

– Donnerwetter, die scheint's aber eilig gehabt zu haben!

– Und wie, sag' ich euch! Ihr könnt euch denken, warum einem die fette Ziege ein Nachtessen vorgesetzt hat, dass man zum Schluss nicht mehr hat «Papp» sagen können. Zwei Sorten Wein gab's und Likör und Gebäck hinterdrein. Na ja, das konnte man sich noch gefallen lassen. Wenn man die ganze Woche auf Reisen ist, verschmäht man nach dem Fraß in den Wirtschaften einen guten Happen nicht. Aber dann! Wild wie 'ne Achtzehnjährige ist das Aas gewesen. Nicht umsonst heißt es, je oller, je doller. Geschnauft hat sie und die Augen verdreht und ein rotes Gesicht bekommen wie'n – zum Kotzen, Herr Major! Und zu alledem hat sie nach Parfüm gestunken – mir wird noch jetzt schlecht, wenn ich daran denke. Nachher hab' ich in der Bahnhofswirtschaft ein paar Kümmel runtergespült. Ja, da stehst du machtlos vis à vis, da heißt es die Ohren steif halten und noch ganz was anderes, wenn's auch...

– Brr, eher 'n Mauseloch! – unterbrach ihn der Oskar.

– Das mein' ich auch! Lieber auf alle großen Aufträge scheißen!

– Ach was! – fuhr Fred dem Zweiten ins Wort – hat sich was mit großen Aufträgen. Lumpige zwei Dutzend halbseidene Damenschlüpfer und ein halbes Dutzend Hohlsaumhemden in Batist hat sie bestellt. Und das Schönste ist, dass die alte Schraube eine ausgewachsene Tochter hat.

– Da hätt' ich doch lieber mit der die Kollektion durchgesehen!

Fred machte ein missvergnügtes Gesicht.

– Ihr habt gut lachen! Natürlich wär' mir die lieber gewesen, aber das schlaue Biest hat sie doch vorher ins Theater abgeschoben. Ich sag' euch, da kann einem oft das große Kotzen kommen, aber ich denk' mir eben: Geschäft ist Geschäft. Überall muss Dreck geschluckt werden. Und im Puff gibt's ja genug Junge, da braucht man bloß mit dem Finger zu winken.

Diese Aussicht versöhnte ihn einigermaßen mit den harten Anforderungen seines Berufes.

Man war jetzt im besten Fahrwasser.

Einer namens Walter – er hatte einen Schillerkragen und trug Stulpenhosen mit feldgrauen Wickelgamaschen – schwärmte von einem Fräulein, das er am letzten Sonntag auf dem Tanzboden kennengelernt hatte.

– Eine flotte Puppe war das, eine Blondine, nicht so wie die andern, die man sonstwo kennenlernt oder auf der Straße anhaut. Offizier ist ihr Vater und Oberingenieur von Beruf. Eine Figur hat sie gehabt! Ein Herzchen zum Anbeißen, und zarte kleine Hände, und feine, weiße Wäsche, ach! – er gab einen weichen Zungenschnalzer von sich – da kann einem alle Lust nach den Schneppen von der Straße oder den dicken Dienstbolzen mit ihren rauhen Griffeln und den Barchentunterhosen vergehen, die sich die Backen mit rotem Zichorienpapier färben und bei denen man am liebsten den Rock über's Gesicht legt – blütenweiße Wäsche mit feinen Spitzen dran! – sagte Walter verklärt.

Er wurde richtig stimmungsvoll. – Am Ersten miet' ich mir eine sturmfreie Bude. Bei so einem feinen Püppchen kriegt man ordentlich Sehnsucht nach einem richtigen Bett. Da ist so'ne Stehliebe im Hausflur wie ein Kuss durch's Taschentuch.

Betroffen hatte ich zugehört. Wie, man sprach so von diesen Dingen? Allerdings, es war das erste Mal, dass ich in Gesellschaft Älterer ausging. Zwar betrug der Unterschied, den Wolfmilch ausgenommen, nur zwei, drei Jahre. Aber zählen nicht in dieser Zeit, und mehr noch, in diesen Zeiten, die Jahre doppelt, dreifach?

– Ich lass' es mir nicht nehmen, wenn man ein Weib gehabt hat, dann muss man nachher eine Zigarette rauchen. Sonst ist's nur ein halber Genuss – hörte ich jetzt den Oskar sagen.

Er fand laute Zustimmung.

Ich hatte mich noch nicht von meinem Erstaunen erholt, als schon einer, mit Namen Jule – er hatte große, leicht vorstehende Augen und eine zu kurz geratene Nase – die Frage anschnitt, was man tun müsse, wenn eine es nicht vorher gesagt habe, dass sie unwohl sei.

Die Lösung war schlagend einfach:

– Links und rechts auf die Backen hauen muss man ihr, damit sie's das nächste Mal oder bei einem andern nicht zu sagen vergisst – bemerkte das Bulldoggengesicht in lehrhaftem Ton.

Es regnete Widersprüche.

Der Jule, als Vorkämpfer für Frauenrecht, wie er es auffasste, verfocht seine Meinung mit großem Stimmaufwand.

– So? – verteidigte er sich zuletzt – was würdet ihr machen, wenn euch die Mutter am nächsten Morgen fragen würde, wo die Blutflecken auf eurem Hemd herkommen? Wahrscheinlich tätet ihr gacksen, dass ihr arg Nasenbluten gehabt habt. Und wenn die Mutter weiter wissen wollt', seit wann man dazu den Hemdzipfel benützt, was dann? Wie die Ochsen vor'm Berg würdet ihr dastehen!

Nach seiner eindrucksvollen Beweisführung entstand eine kurze Pause, bis Fred die strittige Frage mit den Worten eines jungen Mannes aus gutem Hause beschloss:

– Das mag sein, wie es will: ein Kavalier haut niemals seine Dame!

Bums! das war eine Abfuhr. Ein verfluchter Kerl war das, der kannte den feinen Schwatz aus dem Effeff. Fred gab auch noch gleich ein Erlebnis mit einer besseren, alleinstehenden Dame zum besten.

– In einer erstklassigen Tanzbar hab' ich sie kennengelernt. Beim Schwofen hat sie sich an mich geschmiegt und mir einen Zwanzigmarkschein in die Hand gedrückt. Und wisst ihr, was ich gemacht habe? Ich habe den zusammengefalteten Schein genommen und in ihren Busenausschnitt hineingeschoben. Das war in nullkommafünf erledigt. Ein Kavalier lässt sich auch nicht bezahlen – verdeutlichte er mit einer hochfahrenden Geste.

Mit schlammigem Lächeln fügte er hinzu: – Und später haben wir im Hotel «Bristol» ein paar Flaschen Moselwein auf's

Zimmer kommen lassen und den allerschönsten Budenzauber gemacht.

Man geriet bei der Unterhaltung, die jedem Herrenklub zur Ehre gereicht hätte, und wohl anknüpfend an «Kavalier», auf Kavalierskrankheiten. Einer mit einem pockigen Gesicht, er wurde Rolf gerufen, erzählte von einem Bekannten – vermutlich er selbst – der deswegen in Behandlung war. Jedesmal, wenn man ihm eine Spritze hineinjagte und er mörderisch aufschrie, habe ihn der Arzt getröstet: – Tja, wer süß liebt, muss bitter leiden!

Natürlich hatte Rolf für «lieben» einen volkstümlicheren Ausdruck gebraucht. Man kam bald von dem heiklen Thema ab.

Ein Schmaler, Blasser ergriff das Wort. Er hatte ein Gesicht, als ob er nächtelang durchgebummelt hätte. Auf seiner Wange brannte ein noch nicht ganz vernarbter Schmiss, durch den die linke Seite des Mundes etwas schief gezogen war. Am besten von allen gekleidet, trug er eine dunkelblaue Jacke, von der sich eine weiße Hemdbrust mit niedrigem, eckigen Umlegekragen und farbigem Propellerschleifchen abhob und eine hellgestreifte, tadellos gebügelte Hose, die nur bis an die Knöchel reichte. Seine gelben Schuhe waren durch graue Gamaschen geschützt. Auf seinem Arm lag zusammengefaltet, mit dem Seidenfutter nach außen, ein kurzer, brauner Sommerüberzieher.

Der Blasse war bisher auffallend zugeknöpft gewesen, wie einer, der sich in schlechte Gesellschaft verirrt hat. Von Zeit zu Zeit hatte er ein Auge zugekniffen, als ob er ein Monokel trage, und gelangweilt und umständlich, wie einem Filmschauspieler abgeguckt, ein großes Zigarettenetui hervorgeholt, es laut zugeklappt und eine Zigarette darauf abgeklopft. Dann wieder hatte er ein weißes Seidentaschentuch herausgezogen und sich die Stirn abgetupft, als ob ihm heiß sei; selbst als alle aus vollem Hals brüllten, hatte er nur den Mund zu einem peinlichen Auflachen verzogen.

In schnoddrigem Ton berichtete er, wie er sich in der Therapeutik-A.G. um eine Assistentenstelle beworben habe.

– Als ich ins Privatbüro geführt wurde, war mir sofort klar, dass der Direktor ein schwuler Bruder ist. Man kennt sich doch aus in solchen Fällen!

Der Blasse machte ein weltmännisch erfahrenes Gesicht, sprach mit gespitztem Mund weiter:

– Bitte setzen Sie sich! Wollen Sie rauchen? Bitte bedienen Sie sich! Der ausgeschriebene Assistentenposten ist leider schon besetzt, aber Sie machen mir einen sympathischen Eindruck. Ich suche momentan gerade einen Privatsekretär. Mein voriger ist vor kurzem eingerückt. Oh, bei mir brauchen Sie vor'm Einrücken keine Bange zu haben», sagte er freundlich, als er hörte, dass ich bald neunzehn werde. «Meinen früheren Sekretär habe ich seit Kriegsausbruch frei bekommen. Der könnte noch hier sein, wenn er nicht eine große Eselei gemacht hätte. Also, wenn Sie wollen, zweihundertfünfzig Mark per Monat» – der Blasse sagte zweihundertfumpfzig – «und freie Verpflegung in meiner Villa, überdies haben Sie noch die Chance, mich auf meinen Reisen zu begleiten, sozusagen Familienanschluss. Was die Arbeit anlangt, so ist das kaum der Rede wert: höchstens drei bis vier Stunden täglich». Soweit war alles ganz recht und gut. Aber aus seinen geilen Augen war zu sehen, was es mit dem Familienanschluss auf sich hat. Da bin ich gleich getürmt. Am liebsten hätt' ich ihm eins an die Backe geschmissen, dem alten Schweinigel.

Mit gepresster Stimme fügte er hinzu: – Nein, ich danke, nicht in die Lamäng! – Er machte eine ausholende Handbewegung, als wollte er das vor ihm aufgehäufte Sündengeld weit von sich schieben.

Es trat eine verlegene Stille ein.

– Immerhin – meinte schließlich der Jule – zweihundertfünfzig Emmchen, freie Kost und Logis in einer Villa, wenig arbeiten, viel reisen und dazu noch unabkömmlich – ihr könnt von mir denken, was ihr wollt, das hätt' ich mir reiflich überlegt. Nicht oft bietet sich einem die Gelegenheit, sein Geld so im Rumdrehen zu verdienen.

Der Jule grinste; niemand ging darauf ein.

Schweigsam ging man nebeneinander her.

Nach einer Weile sagte der, der vorhin auf alle Aufträge Freds hatte verzichten wollen, in einem bäurisch gefärbten Dialekt:

– Nee! solche Sachen halt' ich mir drei Schritt vom Leib. Lieber mach' ich meinen Handel weiter, wenn auch dabei kaum noch was rausspringt.

Mit was er handle? erkundigte sich der Rolf. Allem Anschein nach hatte er, wie ich, die andern erst an diesem Abend kennengelernt.

– Genau genommen ist's kein Handel. Ich fahre schon seit dem Krieg mit meinem zukünftigen Schwiegervater in den Dörfern herum; der hat nämlich ein Reisegeschäft. Verstehscht? Anfangs ist an schwarzweißroten Postkarten: Serbien muss sterbien! Jeder Tritt ein Britt!, Jeder Stoß, ein Franzos!, Jeder Schuss ein Russ!, Jeder Klaps ein Japs! etceterapepe, happig verdient worden. Dutzendweise haben die Bauernweiber die Karten abgenommen. Das war noch eine Zeit! Massig Geld, oft bis zu fünfzig Klotz im Tag hat man sich damals machen können. Aber schon im nächsten Jahr hat keiner mehr was von dem Klamauk wissen wollen. Nur noch farbige Feldpostkarten sind gekauft worden, aber lang nicht mehr so viel. Hauptsächlich waren Verse drauf «Stürmisch die Nacht und die See geht hoch!» und «Ist Friede da, dann kehr ich heim, nach Stolzenfels am Rhein»; aber auch «Einer Mutter Gebet» und «Wie der Hirsch nach seiner Quelle, so lechzt meine Seele nach dir» und noch ganz anderer Zimmt hat draufgestanden. Im vorigen Jahr haben wir eine Zeitlang ganz anständig mit Granatsplittern zu tun gehabt. Die haben wir selbst fabriziert – erklärte er lachend. – Bei einem Lumpensammler haben wir alte Sektflaschen aufgekauft und sie gold- und silberbronziert, nachdem wir ihnen die Hälse abgeschlagen haben. Anstatt der Weinschilder haben wir Bilder vom Kaiser, vom Hindenburg oder Fotos und Ansichtskarten etceterapepe in einen Rahmen von Siegellack gefasst. Leider ist auch das bald abgeflaut. Zum Schluss haben wir fast den ganzen Vorrat mit dem Kaiserbild drauf in den Dreckkasten schmeißen müssen.

– Warum denn? – fragte ich unwillkürlich.

– Kein Mensch hat den Mist mehr kaufen wollen – sagte der zukünftige Schwiegersohn trocken.

– Und heute – gab er dem Rolf zu verstehen – hat niemand mehr Geld für den ganzen Klimbim. Gegenwärtig arbeiten wir in Vergrößerungen von Kriegsgefallenen. Tagaus, tagein Leute aufsuchen, die Trauer haben, und von denen man die Adresse auf dem Rathaus erfahren hat, ihnen im schwarzen Anzug mit einer Leichenbittermiene sein Beileid aussprechen, ihr Geheul mitanhören und zuletzt noch mit gerührter Stimme fragen, ob sie nicht vielleicht ein kleines Bild haben, nach dem man den teuren Verstorbenen lebensgroß und farbig vergrößern kann, womöglich noch mit Scheitel statt Stellhaaren oder mit einem schöneren Kragen und Schlips, wenn nicht gar ein paar Jahre älter gemacht – zum Teufel, da vergeht einem 's Lachen, verstehscht?

– Ja, das ist alles andere als ein Vergnügen! – bestätigte der Rolf.

– Von Jahr zu Jahr – fuhr der andere missmutig fort – ist es schlimmer geworden. Der Teufel weiß, mit was mein Schwiegervater nächstes Jahr hausieren geht. Na, mir kann's wurstegal sein. Bis dahin werden sie mich längst geholt haben. Für jetzt bin ich noch einmal zurückgestellt worden.

Er hatte kaum ausgesprochen, als uns von der nächsten Straßenecke die schmalzige Kopfstimme des Nudel entgegenschallte:

Lissele, hast dein Bette gemacht?
Nein, ich hab's vergesse!
Wo bist du die ganze Nacht,
So lange denn gesesse?

Seine Bande, mit dem Wolfmilch an der Spitze, empfing uns mit Hallo und Anzüglichkeiten, eine gröber als die andere. Man war um saftige Antworten nicht verlegen. Wie es sich herausstellte, hatte Hartmann – der vorhin «dass du mich liebst, das weiß ich» sang – dem Nudel eine Wette um fünf Flaschen Rheinwein angetragen, dass er nicht fünf Nummern hintereinander schieben könne.

Man war sich nur noch nicht über die Art der Nachprüfung einig.

Hartmann wollte durchaus «dabei» sein. Der Nudel fand das übertrieben.

– Der ist so misstrauisch, dass er seinem eigenen Arsch nicht traut! – schrie er erbost.

Der Oskar fällte einen löblichen Schiedsspruch. Der Nudel musste sich auf Kavaliersehrenwort – anscheinend gab es mehrere Ehrenworte – geschlagen bekennen, wenn er vor der fünften Nummer schlapp gemacht hatte.

– Und bei einem halben Dutzend einen Gratisrutsch! Diese Bemerkung Freds, dem das Zugabewesen in Fleisch und Blut übergegangen zu sein schien, rief Gejohle hervor.

– Auf in den Kampf! – schmetterte der Nudel. Er blähte die Nüstern und trippelte vor Ungeduld wie ein junger Gaul, der auf den Rennplatz geführt wird.

Die Male, die Male,
die lässt sich gut bezahle,

krähte nun auch Walter, der Minnesänger von der sturmfreien Bude.

Endlich ging es los.

Unglaublich einfach war das. Ein Kinderspiel. Man hatte lediglich zu tun, was die andern taten.

Oskar, der Gastgeber, entwarf als angehender Soldat den Aufmarschplan. Zuerst sollten die linken Häuser durchgemacht werden. Dann, wenn die Zeit ausreichen würde, die rechte Seite.

Grinsend fügte er hinzu: – Bis morgen früh werden wir sie alle hinter uns haben!

Sein Vorschlag wurde mit Jubel aufgenommen.

– Heute am Samstag kann man gut die Nacht durch bummeln und den langweiligen Sonntag verschlafen – klärte mich Wolfmilch auf.

Dem Vorschlag Oskars entsprechend, wurde jetzt bei Nummer eins geklingelt. Kaum hatte sich die Tür einen Spalt weit geöffnet, als die Bande stürmisch in den Hausflur drängte.

An dem vergitterten Guckfensterchen der inneren Abschlusstür tauchte ein grauhaariger Frauenkopf auf.

– Alles besetzt! – unkte die Alte, nachdem sie uns scharf ins Auge genommen hatte.

Ihre misstönende Stimme, die zu ihrem verwüsteten Gesicht mit der Kartoffelnase und den Tränensäcken unter den listigen Augen passte, erregte unbändige Heiterkeit.

– Hochbetrieb oder Dauersitzung? – rief Fred. Neues Gebrüll. Schließlich, man war doch hergekommen, um sich zu vergnügen.

Also, nichts zu machen! Da musste man eben eine Tür weiter gehen.

Jetzt schien mir die Minute gekommen, wo ich zeigen konnte, dass ich kein Grünhorn war. Hatte nicht der Waldemar geprotzt, er sei in Nummer fünf gewesen. Man brauchte also nur beiläufig einzuwerfen, dass es in Nummer drei nichts Besonderes gäbe. «Altes Gemüse!» fügte ich geringschätzig hinzu – aber in Nummer fünf sind schöne, frische Weiber.

Au! In der Aufregung hatte ich mich versprochen, hatte «frische», statt «frisch angekommene» gesagt.

– Schöne frische Weiber! – ulkte sogleich der Hartmann – der hat sie wohl alle der Reihe nach ausprobiert.

– Hahaha!

Das war ein Reinfall. Ich hatte mich unauffällig als Stammgast ausweisen wollen, statt dessen bekam ich einen hochroten Kopf und brachte kein Wort heraus.

– Na schön, besichtigen wir die schönen frischen Weiber! – äffte mich der Stinkfeine nach.

Ich hätte dem pomadigen Kerl stundenlang in die beschmisste Fresse hauen können. Wie ich später von Wolfmilch erfuhr, der in seiner Gegend wohnte und den geleckten Windbeutel, den Tütü, wie er ihn nannte, nicht verknusen konnte, hatte er nie ein Studium unterbrochen, um als Chemiker zu volontieren, noch je die Universität besucht. Er war Lehrling im Laboratorium «Sanatol» gewesen, dann Gehilfe in der «Storchen-Drogerie». Dort war er bald herausgeflogen. Er sollte einen Gönner haben, einen reichen Rechtsanwalt, der ihn manchmal auf Autotouren mitnahm; nebenher ein Verhältnis mit einer Büffetdame von der Atlantik-Bar. – Alles an ihm, von den wattierten Schultern bis zu den unterlegten Absätzen ist fauler Zauber. Selbst der Schmiss ist – wie mir Wolfmilch weiter erzählte – kein Schmiss, sondern eine Schramme, die er sich mit dem Rasiermesser beigebracht hat, um als Korpsstudent großtun zu können. Mit einem Wort: große Sprüche im Kopf und nichts dahinter. Sein Vater, den er «Mein alter Herr!» tituliert, ist Zuschneider in einem besseren Maßgeschäft; daher die feine Kluft. Und auf seinen Visitenkarten steht: Hanns Theodor Wollschläger, Sekretär; ganz vornehm, mit zwei Vornamen und

Hanns mit zwei n. – Nachdem ich diese Einzelheiten erfahren hatte, wurde es mir klar: so geckenhaft kleiden und so stinkfein tun kann nur ein Sohn kleiner Leute, der für einen Herrn Doktor oder gar einen Leutnant in Zivil gehalten werden will.

Zum Glück machte Oskars «Auf, nach Nummer fünf!» meiner Verlegenheit ein Ende.

Wieder wurde heftig geklingelt. Wieder erschien am Ausguck ein wenig einladendes Gesicht. Unverhohlen und mit kundigem Blick schätzte die Alte, wohl eine grau gewordene Veteranin, unsere Zahlungsfähigkeit ab.

Während sie aufschloss und uns mit einem honigsüßen «Guten Abend, die Herren!» begrüßte, hörte man eine andere Frauenstimme: «Kundschaft, Kundschaft!» kreischen.

Die Beschließerin, in ihren roten Pantoffeln schlürfend, führte uns durch einen langen, dunklen Gang in einen halberleuchteten Raum.

Es war früh, etwas nach neun Uhr. Wir schienen die ersten Gäste zu sein. Nachdem die Alte die Lichter angedreht hatte, verschwand sie hinter einem Vorhang neben der Tür. – Die Damen kommen gleich! – sagte sie im Weggehen.

– Der Saftladen ist noch nicht geöffnet! – rief Fred.

Der Nudel hatte sich auf der Türschwelle postiert. Einen Kreis in der Luft beschreibend, als ob er die Kurbel einer Drehorgel leiere, rief er wie ein Marktschreier:

– Herreinspaziert, meine Herrschaften! Heute Abend große Gala-Vorstellung! In der ersten Abteilung sehen Sie: Graziella, die Dame ohne Unterleib, und Numa, das Löwenweib. Löwin bis zum Nabel, Weib bis zum Schnabel! Nur immer hereinspaziert, meine Herren! Heute pro Kopf zehn deutsche Reichspfennige! Kinder und Soldaten zahlen die Hälfte. Wer keinen hat, dem zahlt die Direktion tausend Mark!

Endlich waren alle versammelt.

War es jähes Abflauen nach dem Ausgelassensein, war es der Wein, der sich jetzt bemerkbar machte, oder der hell erleuchtete, menschenleere Raum – alle waren plötzlich ernüchtert. Es hatte wohl jeder das Gleiche erwartet: eine zum Schneiden dicke, verräucherte Luft, Lärm, Musik und lachende, schwatzende, tanzende Menschen.

Man nahm um den großen, ovalen Tisch Platz. Auf der roten Plüschdecke lagen einige Zeitschriftenbände.

Alle fühlten sich sichtlich unbehaglich, hockten linkisch auf den Rohrstühlen mit hohen, gedrechselten Lehnen. Keiner wusste etwas mit Händen und Füßen anzufangen.

Auch ich versuchte, meine Befangenheit zu verbergen.

Während im oberen Stockwerk ein eiliges Hin und Her und, nebenan, Flüstern und Türgehen zu hören war, warf ich einen Blick um mich.

Das also war einer der Salons, von denen einem soviel zugeflüstert worden war. Ich hatte ihn mir anders vorgestellt. Ich weiß nicht wie, aber anders. Nicht diesen großen, rechteckigen Raum mit dem in der Mitte abgewalzten Linoleumbelag und mit der langweiligen, rötlichen Blumentapete, deren Gerank eine Zickzackborte einfasste; nicht diese angerußte Stuckdecke, von der ein runder, fünfflammiger Leuchter mit aufwärts geschweiften Armen – die Birnen lagen auf hellgrünen Glastellern – herabhing. Nahe dem Fenster stand schrägüber ein großes, schwarzes Klavier mit zwei unbesteckten, messingnen Armleuchtern; in der tiefen Ecke dahinter verlor sich ein hochbeiniges Tischchen mit einer großen Fächerpalme. Links war ein mächtiger, brauner Glasschrank in altdeutschem Stil, mit einem aufgestockten Muschelaufsatz, der in wulstigen Schnörkeln bis zu den Holzurnen an den Ecken einwucherte. Durch die grünroten Butzenscheiben des Schrankes schimmerten, nach Gasthausart geordnet, abwechselnd ein Weinkelch und ein Likörglas; dahinter, hochkant gestellt, einige bemalte Zierteller. Auf der Büffetplatte, in einer durch gedrehte Säulen abgegrenzten Nische, befand sich eine Obstschale aus Porzellan mit vergoldeten Henkeln; die darauf gehäuften pausbäckigen Äpfel und blauroten Trauben waren zu schön, um echt zu sein. In einer Ecke neben dem Ofen war ein kleiner Serviertisch aufgestellt. Die Wand gegenüber nahm außer einem breiten Spiegel, schiefwinkelig aufgehängt und von zwei faustgroßen Messingrosetten getragen, zum großen Teil ein rotes Plüschsofa von riesigem Ausmaße ein. Quer über die dreifach abgeteilte Rückenlehne lief ein weißer, gehäkelter Schoner; messingne Löwenköpfe mit Ringen im aufgerissenen Rachen zierten die vorderen Kanten der runden Armrollen. Das Sofa wurde von einem unförmig großen Umbaugestell mit entsprechendem, geschweiften Aufsatz umrahmt. Hoch oben thronte ein Sektkühler mit der Aufschrift: «Burgeff grün», aus dem ein vermutlich für immer verkapselter Flaschenhals hervorragte. Eine Etage tiefer, in der Mitte der breiten, mit einem niederen Gittersteg versehenen Nische, entdeckte ich eine Großausgabe in Gips von «Amor und Psyche». Von einem Witzbold mit einem wilhelminisch in die Höhe gezwirbelten Bärtchen verschönt, stellte der geflügelte Eros einen merkwürdig strammen, sozusagen königlich preußischen Liebesgott dar. In den Hohlräumen der angebauten Seitenschränke sah man durch die ovalen Glasfüllungen, gleich Vogelnestern in einem Felsspalt verstreut, weiße Nippesfiguren. Die vordere Wand des Raumes, zwischen den beiden Fenstern mit den schweren roten Vorhängen, schmückte ein ausgebreiteter Papierfächer, eine verblasste Ansicht: Neapel und der Vesuv. Zu beiden Seiten des rauchenden Berges waren in stufenförmiger Anordnung schwarzgerahmte, farbige Bildchen zu sehen. Sie zeigten Mädchen: mit kurzen, vom Wind hochgewehten Röckchen und mit Hutschachteln am Arm; beim Obstpflücken auf schlüpfrig hoher Leiter sich unvorsichtig weit vorbeugend; nackt auf dem Bauch liegend und mit verschleierten Augen eine sichtlich aufregende Lektüre verschlingend. Über diesen Bildchen hingen in dick verschnörkelten Goldrahmen, zwei Öldrucke. Der erste stellte eine nebelige Waldlichtung dar: schleiertanzende Nymphen und eine Gruppe von unverhüllten, dicken Grazien, die, eng umschlungen, in anmutig wuchtiger Rückenstellung posierten. Auf dem anderen Bild prunkte eine vollbusige Venus mit langen, den rosigen Körper überflutenden Haaren; träumerisch auf einem Pfühl hingelagert, lauschte sie den Tönen, die im Hintergrund ein Faun, auf einem Baumstumpf hockend, seiner Bocksflöte entlockte – halt! erinnerten nicht beide Bilder an die «Elfenreigen» zu Hause in der guten Stube – zu Hause in der guten Stube? Ja, das war es! Die ganze Zeit hatte ich angestrengt gesucht, woran mich das Innere dieses Raumes denken ließ. Es fehlten nur das nie benutzte, siebzehnteilige «türkische» Kaffeeservice auf der Büffetplatte, der auf ein weißes

Seidenherz aufgebahrte Hochzeitskranz unterm Glassturz, und die den Weg verstellenden, roten Plüschsessel mit den Handarbeitskissen. Dann die verschiedenen Bilder: das vergrößerte Familienbild, der «Schutzengel», der seine schirmende Hand über das am Abhang blumenpflückende Kind hält, und das Gegenstück dazu, der bärtige Mann auf der steinernen Bank, der würdig ernst und mit mahnend erhobener Hand einen Knaben über wichtige Dinge belehrt, wie aus dem darunterstehenden «Wenn du noch einen Vater hast, so danke Gott und sei zufrieden» hervorgeht. Ja, dann wäre es, bis auf die Glasplatten mit dem Trompeter von Säckingen und den Windschützern an den Fenstern, die gute Stube von zu Hause gewesen, die man nur durch's Schlüsselloch zu sehen bekam, ausgenommen an Feiertagen und wenn Besuch da war. Was einen befremdete, so bekannt, ja heimisch auch immer es wirkte, waren einzig die veränderten Größenmaße. Alles hier kam mir überlebensgroß vor. So müsste es sein, dachte ich, wenn man sich den Spaß machen würde, sich daheim im guten Zimmer mit dem Operngucker umzusehen.

Ich hörte Gemurmel und Geräusche von Schritten. Durch den Vorhang, hinter dem kurz vorher die Alte verschwunden war, traten im Gänsemarsch etwa zehn Frauen ein. In glänzenden Lackschuhen mit hohen Absätzen und seidenen Schleifen oder blitzenden Schnallen, stelzten sie am Tisch vorbei, wünschten fast zu gleicher Zeit: «Guten Abend!» und setzten sich der Reihe nach auf das Sofa. Einige blieben mit verschränkten Armen daneben stehen.

Donnerwetter! Der Waldemar hatte nicht geflunkert.

Die Bekleidung der Frauen stimmte einigermaßen mit seiner Schilderung überein. Freilich, keine war mit dem bewussten Schleier bedeckt. Sie trugen teils lange, durchsichtige Morgenröcke, teils bunte Jäckchen, eine Art Frisierkutten, die ihnen über die Knie reichten. Mit einiger Übertreibung hätte man die schwarzseidenen Strümpfe mit den farbigen und schleifenbesetzten Strumpfbändern, die die Schenkel bis hoch hinauf bedeckten, das einzige nennen können, was die Bezeichnung Kleidungsstück verdiente.

Das also waren die leichtgeschürzten Wesen, von denen man

geträumt hatte, von denen man beunruhigt worden war. Wohl waren sie unter den dünnen Hüllen bis auf den durchbrochenen Büstenhalter und ein kleines Schamhöschen nackt, splitternackt. Wie hatte ich diesen Augenblick herbeigewünscht. Ich hatte befürchtet, der Anblick von soviel Nacktheit würde mich in Verwirrung bringen; statt dessen, so stellte ich verwundert fest, war ich nie so ruhig gewesen.

Als ich mir darüber klar zu werden versuchte, was mich an diesen Frauen kalt ließ, entsann ich mich: Im Traum hatte ich stets nur Teile gesehen, Rundungen und Schwellungen, die sich selten zu einem lebenatmenden Ganzen zusammengefügt hatten, und nie hatte ich von den Gesichtern mehr als schemenhafte Züge wahrnehmen können. Die Masken dieser Frauen mit den rot bemalten Wangen, das geschminkte Lächeln und der gläserne Glanz der Augen, die ich, träumend, nie erblickt hatte, gaben den Gestalten vor mir etwas von der Starrheit der Gliederpuppen. Einen Augenblick, da alles vor meinen Augen verschwamm, glaubte ich entkleidete Wachsfiguren zu sehen, wie man sie als Kind hinter zugehängten Schaufenstern erspäht.

Stumm und eindringlich musterten wir, um den Tisch gruppiert, die Frauen auf dem Sofa, das an ein überladenes Boot erinnerte.

Über der Decke wurde der dumpfe Laut eines umfallenden Gegenstandes hörbar. Die Frauen blickten nach oben. Sekundenlang blieben ihre Mienen starr. Wie ein stehengebliebener Film, musste ich denken, als ich sie sogleich wieder ihr gefälliges Lächeln aufsetzen sah. Es war mir, als empfänden sie letzte Scham vor unseren Blicken, die sie ihrer Nacktheit zu entkleiden schienen.

Dem Jule kam der gute Gedanke, einen Zehner in den Musikautomaten zu werfen.

Mit einem Quietschlaut setzte sich die Maschine in Gang. Schon nach den ersten Tönen des: «Ja, das haben die Mädchen so gerne!» begann die frostige Stimmung aufzutauen. Nachdem der Fred mit einer hinreißenden Verbeugung eine der Damen zum Tanz aufgefordert hatte, wählte einer nach dem andern seine Partnerin.

Bald walzte alles durch den Raum.

Nur eine kleine, ältlich Aussehende, war sitzengeblieben.

Ich saß, als einziger, verloren an dem großen Tisch. Unaufmerksam blätterte ich in einem Band «Meggendorfer Blätter» Jahrgang 1898/99. Wie beim Zahnarzt Niedecker, dachte ich. Auch dort liegen im Wartezimmer Zeitschriften von Anno dazumal auf; allerdings sind es «Gartenlauben». Wie wohl dieses Witzbuch von der Plüschdecke einer Bürgerstube in dieses Haus gekommen sein mag? Ob es jemanden hier nach uralten Witzen gelüstet? Wahrscheinlich noch weniger als beim Zahnziehen.

Ich musste in mich hineinlachen.

Als ich aufblickte, sah ich die Ältliche auf dem Sofa gegenüber mein Lächeln erwidern, sich erheben und zwischen den Tanzenden hindurch auf mich zukommen.

Ich geriet in Verwirrung. Was tun? Aufstürzen und davonstürmen? Ich entsann mich, dass die Alte die Tür hinter uns abgeschlossen hatte. Es blieb mir nichts übrig, als sitzen zu bleiben und abzuwarten.

Tiefer beugte ich mich über das Buch. Bilder und Buchstaben begannen mir vor den Augen zu tanzen. Nach Sekunden fiebrigen Wartens bemerkte ich, ohne aufzuschauen, dass sie vor mir stand. Ein Schauder überlief mich, ich spürte ihre warme Hand an meinem Hals.

Eine tiefe Stimme schreckte mich auf:

– Na und du, tanzt du nicht, Kleiner?

Voll Staunen blickte ich auf. Wie, diese Stimme sollte der kleinen, schmächtigen Frau gehören?

Die Kindheitserinnerung an die mit Federn geschmückte Indianerin auf der Messe wurde in mir wach. Unmöglich konnte ich damals über das Wunder einer kaffeeschlürfenden und schwäbelnden Rothaut – sie hatte mir, als ich durch einen Spalt ihres Zeltes spitzte, zugerufen: Willscht au' ei' Tässel, Bubel? – baffer gewesen sein.

Meine Verblüffung schien sie zu belustigen.

– Ist es gestattet, Platz zu nehmen?

Übertrieben höflich hatte das geklungen. Wollte sie sich über meine Unbeholfenheit lustig machen? Da konnte ich von Glück sagen, dass die Bande sich noch eifrig im Kreise drehte.

– Also, du tanzt nicht?
– Nein, ich tanze nicht!
– Aber du gestattest doch, dass ich Platz nehme?
– Natürlich! Wenn es Ihnen Freude macht.
Sie schien meinen unfreundlichen Ton überhören zu wollen, setzte sich dicht neben mich.
Wie heiß es mit einem Mal war. Man musste schwer Atem holen.
– Warum tanzt du denn nicht?
– Ganz einfach, weil ich nicht tanzen kann!
– Wieso, hast du denn kein Tanzkränzchen besucht? Schrecklich, diese Hartnäckigkeit! Ich musste lachen, ohne zu wissen, warum. Tanzkränzchen! Wie das aus diesem Munde und in diesem Hause klang. Als würde ein Kaminfeger in die Höfe rufen: «Morgen weiße Wäsche!»
– Ein Tanzkränzchen besuchen? Nein, ich mache diese Schweinerei nicht mit!
– Wieso Schweinerei? Es geh'n doch alle tanzen!
– Das ist es ja gerade! Dass es üblich und erlaubt ist, ändert nichts daran. Jawohl, es ist und bleibt eine Schweinerei, eine Frau vor allen Menschen in den Arm zu nehmen, sie an sich zu drücken und sich mit ihr im Kreis herumzudrehen.
Je mehr Einwände sie machte, desto mehr redete ich mich in Hitze.
Sie lachte plötzlich laut auf.
Verwirrt verstummte ich mitten im Satz.
Ich hatte vermieden, sie anzusehen. Nun erst wagte ich einen scheuen Blick. Nein, schön war sie nicht. Sie hatte dunkles, welliges Haar. Die starken Backenknochen ließen, trotz des grell aufgetragenen Rot, ihre Wangen eingefallen erscheinen; das gab ihrem Gesicht mit den schmalen Lippen und dem länglichen Kinn etwas Freudloses, Verblühtes. Wenn sie lächelte, blitzte in ihren grauen, umschatteten Augen ein warmer Schimmer auf. Möglicherweise war es etwas anderes, was dann ihr Gesicht verschönte. Wie hätte man es genau wissen sollen.
Vor lauter Befangenheit fing ich an von dem Hugo zu erzählen. Das war der Sohn des Fahrradhändlers Zinkgräf aus unserer Straße. Er war immer pikfein angezogen und trug ei-

nen Zwicker mit einem goldenen Kettchen über'm Ohr. Seine Eltern, namentlich seine ehrgeizige Mutter, redeten ihm zu, er solle, wie jeder gut erzogene Sohn, einen Tanzkurs mitmachen. Widerstrebend ließ er sich in einem besseren Tanzinstitut einschreiben, das von einer ehemaligen Ballettmeisterin geleitet wurde. Einhundertundzwanzig Mark ließ es sich die Mutter kosten. Als sie aber einmal unerwartet hinkam, gab es einen Riesenkrach. Ihr Augenstolz, der Hugo, saß, anstatt zu tanzen, wie ein bezahlter Klavierspieler am Klimperkasten und spielte den andern auf.

Ihr Gesicht hellte sich auf; es bekam, da sie herzlich zu lachen begann, etwas Anziehendes.

– Aber du hast doch sicher eine kleine Freundin?

– Wie soll man eine Freundin haben, wenn man nicht einmal die Gelegenheit hat, ein Mädchen kennenzulernen. – Ich zog über die unsinnige Sitte her, die es verbietet, sich Mädchen auf der Straße zu nähern. Mehrere Male war ich eine halbe Stunde mit Herzklopfen hinter so einer Gans hergelaufen, ehe ich gewagt hatte, sie anzusprechen. Sie hatte nichts erwidert, oder mir über die Schulter hinweg «Frechdachs!», «Scheren Sie sich zum Teufel!» und ähnliche Aufmunterungen an den Kopf geworfen. Wohl ging aus dem, was die Kameraden erzählten, hervor, dass alle Mädchen zuerst mehr oder weniger ungnädig ablehnten. Man musste es eben in der Nase haben, welche von ihnen «Ja» meinte, wenn sie «Nein» sagte. Eine hatte schnippisch zurückgegeben, dass sie nicht «eine von denen sei». Nachdem ich wissen wollte, was sie denn für eine sei, hatte sie mich nur bitterböse angeblickt. Eine andere hatte mich angefaucht, sie kenne «den Schlich mit dem Spaziergang ins Grüne». Als ich ihr erklärte, dieser Schlich sei mir unbekannt, und sie frug, was das zu bedeuten habe, hat sie mich zuerst blöd angeschaut.

– Das könnte Ihnen so passen, Sie Ferkel! hatte sie dann erbost ausgerufen und war weitergegangen.

Ich hielt verlegen inne. Wider meinen Willen hatte ich mir meinen Unmut vom Herzen geredet.

Sie hatte mir mit undeutbarer Miene zugehört. Mit einem hinhaltenden Lächeln bemerkte sie:

–Vielleicht haben die Mädels doch nicht ganz unrecht gehabt?
Ich schüttelte heftig den Kopf.
– Aber, sie haben dir doch nicht ansehen können, ob du ein anständiger Kerl bist. Und sie können sich doch nicht mit jedem einlassen, der sie auf der Straße anspricht.
– Aber auf dem Tanzboden? Lassen sie sich da nicht von jedem Hergelaufenen vor aller Augen abtasten und an sich pressen? Und das soll man mitmachen? Nein, lieber verzichte ich auf alle Bekanntschaften.
Sie warf einen neugierig erstaunten Blick auf mich.
– Ein einziges Mal – erwähnte ich noch – habe ich das Glück gehabt, eine schlanke Brünette bis vor die Haustür begleiten zu dürfen. «Darf ich Sie wiedersehen?» hab' ich sie gefragt. Sie lächelte mich lieb an. «Wie heißen Sie mit Vornamen?» «Friedrich!» «Friedrich? Nie mehr!» hat sie geschrien und mir die Tür vor der Nase zugeknallt.
Sie begann laut herauszulachen.
– Das nächste Mal musst du eben einen ausgefallenen Namen angeben; vielleicht: Schlafittchen oder Fidibus.
Sie lachte von neuem.
– Ich kann nicht verstehen, was an der Geschichte so spaßig ist – sagte ich verärgert.
– Na, du red'st ja ganz gut für dein Alter! Wie alt bist du eigentlich?
– Achtzehn, lange vorbei! – Laut, doch ohne sie anzusehen, hatte ich geantwortet, aus Furcht, sie könne mir das hinzugelogene Jahr von den Augen ablesen.
– Hm, bist ja schon ein ganzer Mann!
Argwöhnend schaute ich sie von der Seite an. Der Teufel mochte sich da auskennen. In ihren Augen wetterleuchtete es verdächtig.
– Ist mein Ernst, nicht mein August! – beteuerte sie. Als sie meine zweiflerische Miene wahrnahm, zog sie die Stirn kraus. Sie befleißigte sich, ernsthaft auszusehen.
– Also Friedrich heißt du? Ein schöner Name! Ob man ihren Namen wissen dürfe.
– Anna Maria Rumpelkasten! – gab sie lustig zur Antwort.
Warum sie mit mir so kindische Scherze macht? dachte ich verletzt. Ob sie mich für einen dummen Jungen nimmt?

Meine Verstimmung schien ihr nicht entgangen zu sein. Vertraulich lenkte sie ein.

– Mit Taufnamen heiße ich Anna Maria, aber hier nennt man mich Lu, weil das interessanter klingt.

Das war so herausgekommen, dass sich mir der absonderliche Gedanke aufdrängte, wir seien alte Bekannte, die sich aus Spaß einander vorstellten.

– Und da wo du arbeitest, gibt's da keine Mädels?

– Doch, im Büro sind mehrere, aber die wollen von einem Lehrling nichts wissen und machen sich nur über einen lustig. Dann sind noch zwei Lehrmädchen da. Auf die eine, die im dritten Lehrjahr ist, wartet jeden Abend nach Geschäftsschluss ein Herr. Er ist etwas dick und hat eine Glatze, aber er soll ein reicher Architekt sein. Und die andere ist im zweiten Lehrjahr. Sie heißt Paula und spielt sich schon als Dame auf, weil ihr Vater Postsekretär ist, das heißt Schalterbeamter.

– Du bist ein drolliger Kerl! Ich glaube, dass wir gute Freunde werden – sagte sie lachend.

Ich hatte die andern während unserer leise geführten Unterhaltung ganz außer acht gelassen.

Mit abgespannten, vom Tanzen verschwitzten Gesichtern standen und saßen sie schwatzend herum. Zu meiner Verwunderung war ich nicht sehr erstaunt, den Fred und den Oskar mit Frauen auf dem Schoß auf dem Sofa sitzen zu sehen. Ebensowenig, dass Hartmann und der Nudel, die beiden Wettenden, die, jeder ein Bierglas in der Hand, vor dem Büffet saßen, mit sachkundigen Griffen und mit Gutachtermiene die Brüste ihrer Damen befingerten. In der Ecke neben dem Klavier belustigte sich eine Blondine damit, ihrem Kavalier, dem Wolfmilch, beim Küssen den Rauch der Zigarette in den Mund zu blasen. Als er, sich verschluckend, zu husten anfing, kreischte sie vor Übermut und klatschte sich auf die Schenkel.

All das schien mir jetzt natürlich. Vielleicht hätte ich es in diesem Augenblick als unschicklich empfunden, wenn eine Frau angekleidet zur Tür hereingekommen wäre. Mein Gott, wie einfach war das: im Geschäft arbeitete man, zu Hause aß und schlief man, und hier lachte und vergnügte man sich eben.

Eine Zeit lang war es um uns stiller gewesen.

Einer nach dem andern war mit seiner Erwählten verschwunden.

Nach gewisser Zeit hatten sie sich, sichtlich verwandelt, wieder eingefunden. Sie blinzelten, als ob die Helligkeit sie blendete. Ihre schleppende Unterhaltung mit den Frauen versickerte in einem einsilbigen Frage- und Antwortspiel.

Gelangweilt und unterdrückt gähnend, saugten sie an ihren Zigaretten.

Als Lu mit einem Blick nach dem Büffet zu lächeln anfing, drehte ich mich unwillkürlich zur Seite. Ich sah «Tütü» der Frau, mit der er kurz zuvor hereingekommen war, herablassend antworten und zu gleicher Zeit mit einem schmalen Taschenbürstchen sorgfältig seine Rockaufschläge abbürsten.

Wie auf Verabredung hatten es nun alle mit dem Fortgehen eilig.

Besonders der Oskar drängte zum Aufbruch. Er war als erster zurückgekommen und hatte allem Anschein nach noch viel vor.

Es zeigte sich, dass der Nudel fehlte.

– Der macht sein halbes Dutzend im Akkord ab! – witzelte der Jule, der eben zurückgekommen war. – Du kannst einstweilen die fünf Flaschen bestellen, Hartmann!

Man begann ungeduldig zu werden.

Es schien, als fürchteten sie die ansteckende Müdigkeit, die fühlbar in der Luft und merklich auf allen Gesichtern lag.

Gerade, als der Walter vorschlug, «die Maus am Speck» zu lassen, kam der Nachzügler, den Arm um den Hals seiner Brünetten gelegt, zur Tür herein. Er sah ziemlich übernommen aus. Er verzog, da er alle Blicke auf sich gerichtet fühlte, sein Gesicht zu einem verlegenen Grinsen. Seine Begleiterin nahm seinen Arm von ihren Schultern. Mit einer vielsagenden Geste und beredtem Augenspiel griff sie an seine Muskeln.

Auch dieser Scherz vermochte die lustlose Stimmung nur für einen Augenblick zu heben.

Der Einfall des Fachmanns für Heldenvergrößerungen, sich mit einem letzten Zehner für einen Rausschmeißer einen guten Abgang zu verschaffen, rief lauten Beifall hervor, besonders, als er, der Zehner, nicht in den Ritz, in den Schlitz, hineinwollte. Als endlich das schwarze Musiktier: «Die Männer sind alle Verbrecher!» zu quietschen anfing, johlte der sangesfreudige Walter, wie um ihm zuvorzukommen, schon den zweiten Vers:

Ihr Herz ist ein finsteres Loch!

Das eine Auge zukneifend, hielt er ein Monokel, aus Daumen und Zeigefinger gebildet, vor das andere.

«Ein finsteres Loch!» überbrüllten alle, schon im Abgehen, den heiseren Radau des Automaten.

Es war, als ob eine innere Leere übertäubt werden solle. Sie schienen verärgert, waren ausfällig, wie um sich für etwas zu rächen, was keiner dem anderen eingestehen wollte. Fühlten sie, ernüchtert, von den Frauen wie lästiger Besuch in den Vorzimmern der Seele abgefertigt, sich entwürdigt, in ihrer Mannesehre herabgesetzt?

Als ich Anna, nein, Lu, die Hand drückte, kam eine Anwandlung über mich. Mochte es immer in dieser Umgebung unangebracht, sinnlos sein, ich musste ihnen zeigen, dass man auch mit diesen Frauen menschlich umgehen kann.

Eine Frau ist soviel wert, als man sie ehrt, hatte ich irgendwo gelesen. Ich zögerte kurz. Ihre Hand lag in der meinen. Entschlossen führte ich sie an meine Lippen, bat, am nächsten Abend wiederkommen zu dürfen.

– Natürlich darfst du, Friedrich! – erwiderte sie freundlich.

Oh, wieder dieses ungewisse Lächeln...

Ich trat als letzter auf die Straße. Ich kam gerade dazu, wie Nudel, der angebliche Wettsieger, der kaum noch aus den Augen schauen konnte, von den andern umringt, vor Wonne schmelzend die Reize der Carmen, «des rassigen Weibes», ausposaunte.

Ich hatte mich zu früh gefreut, unbeachtet zu bleiben.

Der Rolf mit dem Pockengesicht gab, kaum dass er mich bemerkte, den Auftakt.

– Bumm! Tschinnderadada! Schon wieder eine Seele für die Heilsarmee gerettetet! – rief er. Zu mir hinschielend, schmatzte er mit gespitzten Lippen seine Hand.

– Das sind mir die richtigen Herzabdrücker! – stichelte er. – Die hab' ich gefressen, die feinen Pinkel! Mit Handküssen fangen sie an, und mit Arschtritten hören sie auf.

Es war, als hätten alle darauf gewartet, ihrer Misslaune durch faule Witze Luft zu machen.

Der Jule zeigte mit einem hässlichen Lächeln seine kleinen, spitzen Zähne. Er spielte auf die «Louis» an, «die einem die Sens' mit Schwung ins Kreuz hacken». Auch Fred riet mir, mit der Stimme eines, der seine Erfahrungen hinter sich hat, «die Finger von den Bildern zu lassen».

– Bei dem Duo gibt's nur 'nen Trio zu erben! – feixte er.

Die Bande blökte vor Vergnügen.

Es war mir klar, ohne sogleich den Sinn seiner Worte zu erfassen, dass es eine schmutzige Anspielung sein musste. Eine scharfe Erwiderung lag mir auf der Zunge. Ich bezwang mich. Um keinen Preis hätte ich mich jetzt streiten mögen. Selbst der Wolfmilch glaubte mich warnen zu müssen.

– Und überhaupt – ereiferte er sich, – mit so einem Nudelbrett, wo vorn und hinten nichts dran ist, pah!

– Wo geht der Verein jetzt hin? – drängte Oskar, der Rekrut. Er schien darauf versessen, sein Liebesbedürfnis für lange Zeit im voraus zu stillen.

– Versuchen wir es doch mal bei Nummer neun. Dort gibt's schicke Berlinerinnen, raffinierte Luderchen – regte der Tütü mit der Miene eines altgewohnten Rennplatzbesuchers an, der sich herablässt, Uneingeweihten einen guten Tipp zu geben.

Oskar war sogleich Feuer und Flamme. Hoch das Bein! Der Kaiser braucht Soldaten, schrie er. Er machte eine leichte Kniebeuge und zog unternehmungslustig die Hosen hoch.

Der durchschlagende Lacherfolg, den seine unerwartete Bewegung erzielte, stellte mit einem Schlag die übermütige Laune wieder her.

– Auf, nach Nummer neun! – brüllten alle und zogen, wie er in die Knie gehend, die Hosen stramm.

– Nein, ich kann leider nicht mitkommen. Es ist schon spät. Ich muss nach Hause – sagte ich zu Wolfmilch.

Er bestand nicht weiter darauf, dass ich bliebe. Ohnedies hatte ich nicht zur Belustigung beigetragen.

Der Abschied war kurz und frostig. Kaum dass man sich die Hand reichte.

Auf dem Heimweg reute es mich, dass ich nicht geblieben

war. Aber wozu auch, dachte ich voll Bitterkeit. Eine buntgewürfelte Gesellschaft war das. Der Teufel mag wissen, wie sie sich zusammengefunden hat. Ach, warum konnte man nicht wie die andern unbeschwert sein, sei es nur für Stunden? War es bei ihnen zu Hause nicht so trostlos? Litten sie weniger darunter? Doch nein, auch ihnen musste, wie hätte es anders sein können, dieses Leben mit jedem Tag mehr zur Qual werden. War ihr Toben Flucht ins Vergessen? Wohl ihnen, wenn sie sich betäuben konnten.

Einmal, vor Wochen, hatte ich es versucht. In einer Gartenwirtschaft vor der Stadt war es gewesen. Lärmige Lustigkeit hatte dort geherrscht, man hatte getanzt, gespielt, getrunken, als ob – Ich war wie erschlagen. Hatte nicht von diesen Menschen jeder einen Vater, Bruder, Freund draußen? Und sie sollten sich vergnügt im Kreise drehen können, ohne dass ihnen der Boden unter den Füßen brannte, indessen, im gleichen Augenblick vielleicht, draußen im Schützengraben... nein, es war nicht auszudenken.

Zum ersten Mal war ich von dem Wunsch befallen worden, mich sinnlos zu betrinken. Ich hatte eine Flasche Wein geleert. Tagelang war ich vom Katzenjammer geplagt worden. Nie wieder! hatte ich mir geschworen. Ach, wie waren die zu beneiden, die dem Druck, der Bleidecke, die auf allen lastete, zu entfliehen vermochten und – halt! war nicht die Abneigung, die ich der Bande gegenüber gezeigt hatte, letzten Grundes nur purer, unterdrückter Neid?

Zerquält und beschämt blieb ich stehen.

Die Stimme eines Betrunkenen schreckte mich auf.

Ich beschleunigte meine Schritte.

Plötzlich stand mir wieder alles vor Augen. Sonderbar, ein Betrunkener hatte mich daran erinnern müssen.

War ich wirklich im Bordell gewesen? Hatte ich wirklich halbnackte Frauen gesehen? Wie ein Traum war es. Und doch, wie anders, als ich es gedacht, geträumt hatte. War nicht auch Lu, wie die andern Frauen, halbbekleidet gewesen? Merkwürdig, nicht einen Augenblick war ich mir dessen bewusst geworden. Lu! – Der Gedanke an sie verwehte alle innere Unruhe. Wieder spürte ich den Blick ihrer großen, grauen Augen. Froh, nein, befreit fühlte ich mich. Dort, wo ich es nie erwartet, hatte ich einen Menschen gefunden, eine Seele, der man sich anvertrauen konnte.

Zu Hause wusste ich keine Antwort auf die Frage, wo ich mich wieder solang herumgetrieben hätte.

Schweigend ging ich zu Bett.

Zum ersten Mal seit Wochen sank ich in einen tiefen, traumlosen Schlaf.

Zweites Buch

BÜRGER, HUREN UND SOLDATEN

Aufzeichnungen Herbst 1917

Anmerkung des Verfassers:
Diese Tagebuchblätter wurden im Jahre 1936 überarbeitet.

Den 2. August 1917

Heute Abend saß ich in der Ecke des Salons neben dem Klavier. Ich konnte durch den Spiegel an der Wand die Besucher beobachten, wie sie sich mit den Frauen unterhielten, mit ihnen scherzten, tanzten und schließlich durch die Tür abgingen. Nach kurzer oder längerer Zeit kamen sie mit glänzenden Augen und schlaffen, geröteten Gesichtern zurück, um bald darauf mehr oder weniger geräuschvoll wegzugehen.

All das spielte sich vor meinen Augen ab, ohne dass ich mir darüber Gedanken gemacht hätte. Wozu denken, wenn man in der Ecke, selbstvergessen, unbehelligt und unbeteiligt, dem Kommen und Gehen zuschauen kann.

Lu kam ab und zu «auf einen Sprung» zu mir herüber.

Sobald sie gerufen wurde, flüsterte sie:

– Ich bin gleich wieder da!

Geduldig wartete ich, bis sie sich wieder, «für ein paar Minuten nur», zu mir setzte.

Den 3. August 1917

Lu hat, als eine von den Älteren, weniger zu tun. Sie dient gewissermaßen zur Aushilfe, wenn die Jüngeren, sie nennt sie die Backfische, beschäftigt sind.

Heute setzte sie sich für kurze Zeit zu mir in die Ecke.

Sie sprach mit mir wie eine alte Bekannte. Sie wollte, dass ich «Du» zu ihr sage, aber es ging mir beim besten Willen nicht über die Lippen. Hier, wo jeder sie duzen darf, scheint mir das «Sie» ein Zeichen naher Vertraulichkeit zu sein.

Ich erzählte ihr vom Geschäft, dass von den Angestellten einer nach dem andern einrücken muss, und dass die, die übrig bleiben, die Arbeit fast nicht bewältigen können.

Sie wollte auch wissen, wie es bei uns zu Hause zuginge.

Was hätte ich ihr sagen sollen? Dass es eine Familie ist wie Millionen andere: die Mutter kränklich und aufgerieben von Sorgen, eine Schwester, deren Bräutigam gefallen ist, und zwei Geschwister, die noch zur Schule gehen?

Dass die Luft daheim – ein Schwamm, der alle Unruhe einsaugt – kaum noch zu atmen ist, und dass es immer mehr nach ruinierter Armut riecht? Von Mutters Kramladen mit den Regalen, die immer größere Lücken aufweisen, von den paar Mark Einnahmen, die kaum noch für Miete und das Notwendigste reichen, und dass Mutter die beneidet, die Kriegsunterstützung bekommen, weil sie mit ihrem festen Geld besser dran sind, als die kleinen Gewerbetreibenden, denen es umso schlechter geht, je mehr sie sich einschränken? In den ersten Monaten des Krieges konnte sie sich wenigstens durch Einquartierung von Landsturmmännern eine Nebeneinnahme verschaffen – in das ausgeräumte gute Zimmer wurden in zwei Reihen je vier Strohsäcke nebeneinandergelegt. Später hatte sie durch Nähen von Brotbeuteln etwas dazuverdient.

Was hätte ich noch berichten können? Von dem endlosen Schlange stehen um jeden Bissen? Oder von dem, was auf allen lastet und was niemand auszusprechen wagt: die ewige Furcht vor einer schlimmen Nachricht von draußen, wo jetzt die beiden älteren Brüder sind?

Nichts von alledem ist mir über die Lippen gekommen. Wohl hat es mir auf der Zunge gebrannt, aber es ist besser, nicht davon zu sprechen.

Lu schien es gefühlt zu haben. Sie fragte nicht weiter und redete von anderen Dingen.

Den 4. August 1917

Heute geriet eine von den Frauen mit ihrem Gast in Streit. Ein entschiedenes Wort der Hausmutter genügte, um Ruhe zu schaffen.

Sie mag an die Fünfundvierzig zählen, ist klein und untersetzt. Etwas an ihr erweckt den Eindruck des Verwachsenseins. Liegt es an dem Missverhältnis des kurzen Halses zum Kopf, den ein Wuschel dunkler Kraushaare, von einem Einsteckkamm zusammengehalten, übergroß erscheinen lässt? Oder sind es ihre runden, wie eingezogenen Schultern, durch die der speckige Nacken in Falten liegt?

Ihr großes, unregelmäßiges Gesicht wirkt, trotz der vom Leben eingezeichneten Spuren, nicht abstoßend. Ihre Stirn ist hoch und rundlich. Die hellen, graugrünen Augen haben, obgleich in Tränenpolster gebettet, ihr jugendliches Feuer nicht völlig eingebüßt. Eine leicht gebogene Nase und die Falten um den schmalen Mund geben ihrem Gesicht – im Gegensatz zu dem vollen Kinn – etwas Strenges, Selbstbewusstes. Alles lässt darauf schließen, dass sie zu ihrer Zeit eher interessant als schön gewesen sein muss.

Sie trägt eine enganliegende Bluse aus dunkelblauem Samt mit tiefem, von einer feinen, gelblichen Spitze umsäumten Halsausschnitt und weiten, herabhängenden Ärmeln, in der Art der Wahrsagerinnen auf Jahrmärkten. Ihre Brust, unvorstellbar groß und durch einen Panzer, von Korsett zusammengehalten, wogt mächtig, wenn sie Atem holt; sobald sie sich vornüberbeugt, bildet sich dazwischen eine fingerdicke Rinne.

Diese würdige Dame zwischen zwei Altern mit der stark gepuderten Nase trägt ein schwarzes Ripsbändchen um den Hals und eine geschnitzte Brosche auf der Bluse. Will sie durch diesen altmodischen Anstrich ihre gediegene Herkunft nachweisen? Auf der Straße könnte man sie, ihrem Äußeren und ihrem betulichen Gehabe nach, gut für die schrullige Inhaberin einer bürgerlichen Privatpension halten. Eine von denen, die es eigentlich nicht nötig haben, Geld zu verdienen, die schon bessere Tage gesehen haben, damals, als noch ihr Seliger, und so weiter.

Den 5. August 1917

So oft Lu mit einem Gast nach oben geht, was bis jetzt nicht häufig vorgekommen ist, lächelt sie freundlich, wie sich entschuldigend, zu mir herüber.

Wenn ich dann auf sie warte, komme ich mir vor wie ein junger Bruder, der seine Schwester auf ihrer nächtlichen Arbeitsstelle besucht und der natürlich einsieht, dass das Geschäft vorgeht.

Für gewöhnlich vertreibe ich mir die Zeit, indem ich mich nützlich mache und die abgelaufenen Rollen im Musikautomaten auswechsle.

Außer dem Brautmarsch aus «Lohengrin» – gewiss ein Missgriff, an dem der Titel Schuld trägt – sind es Operettenschlager: «Puppchen, du bist mein Augenstern», «Vilja, du Waldmägdelein», «Ja, das sind die Dollarprinzessen», «Das war zu Schöneberg, im Monat Mai» und andere Gassenhauer aus der versunkenen Zeit vor dem Krieg. Sie zaubern halb vergessene Bilder, Erinnerungen an Lachen und helle Fröhlichkeit herauf, die mich traurig stimmen.

Was wohl die Gäste von dem denken mögen, der in der Ecke sitzt, der alles mit anhört und zusammenfährt, sobald man nur eine Frage an ihn richtet? Ob sie meinen, ich sei ein zum Bau Gehöriger? Oder gar einer, der sich damit vergnügen darf, die Wimmerkommode zu bedienen?

Merkwürdig, ich weiß, dass es lächerlich ist, und doch treibt es mich jeden Abend dorthin.

Den 6. August 1917

Die Hausmutter lässt sich selten im Salon sehen. Sie tritt jedoch in gegebenen Fällen so prompt hinterm Vorhang hervor, dass sich einem der Gedanke aufdrängt, sie leite, von ihrem Platz dahinter, an unsichtbaren Fäden den Betrieb.

Heute blieb sie kurze Zeit vor dem Vorhang stehen. Sie ließ ihren Blick rund gehen; dabei sah sie auch mich scharf an.

Ich erschrak und versuchte mich in meiner Ecke so unscheinbar wie möglich zu machen.

Sie sprach mit mehreren Frauen, zuletzt auch mit Lu, wobei sie auf mich einen Seitenblick warf.

Später fragte ich Lu:

– Was hat denn die Madam' über mich gesagt?

– Nichts Besonderes!

– Sie sieht es wohl nicht gern, dass ich jeden Abend komme?

– Na ja, entzückt davon ist sie gerade nicht – sagte Lu mit einem verunglückten Lächeln. – Ich hab' ihr halt einen Wauwau vorgemacht: dass du ein Verwandter vom Land bist und hier in die Lehre gehst und zu mir kommst, weil du fremd bist; dass du dein Bier wie jeder andere bezahlst und Kollegen herbringst und alles mögliche noch. Meinetwegen, hat sie schließlich gesagt, wenn er keinen Muckser von sich gibt, und wenn's ihm Spaß macht, soll es mir recht sein.

Spöttisch fügte Lu hinzu:

– Das arme Kerlchen! hat sie zuletzt gemeint. – Hm, ein gutes Herz hat sie ja, die Mutter Wackerli, besonders wenn es sie nichts kostet.

Den 7. August 1917

Ich bin nicht drüben gewesen, Lu hat heute Ausgang.

Den 8. August 1917

Als Lu heute Abend länger oben war, setzte sich eine von den Frauen zu mir in die Ecke. Sie war sehr freundlich, als ob sie sich verpflichtet hielte, ihre abwesende Kollegin zu vertreten.

Anfangs fand ich nicht immer gleich die rechte Antwort. Als ich sicherer wurde, bot ich ihr eine Zigarette an.

Sie heißt Carla. Lebhafte blaue Augen und eine Stupsnase geben ihrem Gesicht ein gutmütiges, bäurisch-pfiffiges Aussehen. An ihrer hellroten, miederartigen Jacke, tief ausgeschnitten und mit abgesteppten Ärmelaufschlägen, fehlen, außer der Spitzenkrause, nur noch Achselklappen mit Tressen und Goldverschnürungen. Mit glänzenden Schaftstiefeln und einer Reitgerte in der Hand würde sie dann aussehen wie die Kaiserin Maria Theresia, so, wie sie jüngst im Thalia-Operettentheater auftrat, natürlich in Hosen, das heißt, in einer Husarenuniform.

Die Carla strotzt vor Gesundheit. Sie hält sich kerzengerade, sodass man ständig fürchten muss, die Nähte ihres Jaketts könnten platzen. Beim Gehen streckt sie ihre Brust heraus und zieht den Bauch ein, wobei sich ihr Hinterteil nach außen wölbt. Sie stößt leicht mit der Zunge an und trägt eine mattblaue Schleife im blonden Haar.

Wie sie mir erzählte, hat sie ein festes Verhältnis mit einem Obsthändler, der in Scheidung lebt. Sobald er seinen Prozess gewonnen hat, will er sie herausholen. Leider zieht sich die Sache in die Länge. Es ist schwer vorauszusehen, wann sie beendet sein wird, weil die Ehefrau erklärt hat, dass sie bis vor's Reichsgericht zu gehen gewillt ist. Einstweilen besucht der Obsthändler seine Freundin jeden Dienstag und Freitag.

– Das sind halt so liebe Angewohnheiten von früher her. Die gehen mit der Zeit in Fleisch und Blut über – scherzte die Carla.

Sie sprach auch von den anderen Frauen. Sie nannte mir ihre Namen: Carmen, Ella, Asta und so weiter.

Die Frieda, der Benjamin des Hauses, trägt das dichte, kastanienbraune Haar in der Mitte gescheitelt und über die Ohren gelegt, sodass davon kaum mehr als die Läppchen mit den runden Korallenohrringen zu sehen sind. Ein Samtbändchen über dem Scheitel betont das weiche, kindhafte ihres blassen Gesichtes. Sie hat eine dickliche Nase, einen runden, halb offenen Mund und wird «dicke Berta» genannt, obwohl sie schmalschultrig und von kleiner Figur ist.

Da ist auch die Vera. Sie kommt aus dem Oberschlesischen. Sie behauptet steif und fest, ihr leiblicher Vater sei der polnische Graf Pystorsky. Womöglich glaubt sie selber daran. Ihrem Dünkel nach könnte sie von einem spanischen Fürsten abstammen.

Ihr ausdruckslos schönes Gesicht wird durch einen großen, schmalen Mund beeinträchtigt, der die Nase spitzer erscheinen lässt. Ihre tiefliegenden Augen schimmern bläulich, sie sind von feinen Brauen umschattet. Das rötlich gefärbte Haar ist glatt zurückgekämmt zu einem Knoten, den eine mit glitzernden Steinchen besetzte Spange ziert. Auf der Stirn liegen, wie aufgeklebt, einige glänzende Sechserlocken. Gleich Frau Wackerli trägt sie ein Zierbändchen um den Hals. Ihr breiter Körper wirkt geschmeidig durch ihren wiegenden Gang, besonders, wenn sie die eine Hand in die Hüfte legt, den andern Arm halb ausgestreckt pendeln lässt, wobei ihre silbernen Armreife leicht

aufklirren; auch eine kleine Schlange mit grünen Augen ringelt sich um den Arm.

Die Vera bedient Straßenkundschaft nur in Ausnahmefällen. Das hat sie Gottseidank nicht nötig. Sie empfängt ihre besseren Gäste direkt auf dem Zimmer.

Mit ihren Schicksalsgenossinnen spricht die Gräfin von oben herab. Sie hat wohl Grund, die Aufgeblasene zu spielen. Jeden Montag besucht sie ihr «Eingucker», nachdem er auf dem Viehmarkt seine Geschäfte erledigt hat. Das ist ein ehemaliger Metzgermeister, der als Viehhändler durch Heereslieferungen reich geworden ist. Er hat ein Auto und soll in Hohenhausen eine Villa besitzen.

Die Vera behandelt den Heereslieferanten recht dreckig, obwohl er ihr gegenüber großzügig ist, wenigstens was die Geschenke anlangt. Er spendiert ihr öfters Pakete mit Wurst und Schinken; selbst Eier bringt er mit. Da fällt natürlich immer etwas für die andern ab. Sie wissen das zu schätzen. Schon deswegen verzeihen sie der Vera ihre Hochnäsigkeit, wenn sie auch hinter ihrem Rücken auf die «lausige Polackin» schimpfen. Sie wissen, dass ohne sie das Haus fünf hungern müsste, wie die andern Häuser in der Straße, wie alle Häuser in allen Straßen, ausgenommen die wenigen, die gute Beziehungen haben oder für die der Preis Nebensache ist.

Den 9. August 1917

Über das innere Getriebe des Hauses erfahre ich täglich mehr. An Samstagen und Sonntagen und bei Hochbetrieb wird die Zeit streng eingehalten. Gruppenbesuche sind ungern gesehen. Die machen viel Lärm um Nichts, wollen nur tanzen und Klamauk treiben. Neben der besseren Stammkundschaft, die meist geradewegs nach oben geführt wird, sind Einzelgänger bevorzugt. Die schwatzen und tanzen nicht viel, fackeln nicht erst lange, zahlen, ohne zu feilschen und gehen, wie sie gekommen sind, ruhig und ohne sich weiter herumzudrücken.

Erst heute habe ich beim Weggehen über der Eingangstür ein verblasstes Schild entdeckt: «Bitte den Anstand wahren». Darunter ein zweites, kleineres: «Herrentanz ist nicht gestattet».

Unbegreiflich, dass ich das bis jetzt übersehen habe. Dass vor der Tür ein tellergroßes Emailschild «Salon» angebracht ist, kann ich eher noch verstehen, obschon auch ohnehin niemand hier einen Versammlungssaal der Heilsarmee vermuten wird.

Ich wäre nicht erstaunt, wenn ich morgen auf andere Aufschriften stoßen würde. Etwa die in Badeanstalten üblichen: «Dauer dreißig Minuten. Jede angebrochene halbe Stunde muss voll nachbezahlt werden». Oder den Anschlag, wie er öfters in Wirtschaften zu lesen ist:

Ich borge nicht,
denn ich hab' empfunden,
dass ich mein Geld loswerd'
mitsamt den Kunden.

Den 10. August 1917

Als ich heute aus dem Salon herauskam, sah ich die Vera mit einem Mann die Treppe hinaufgehen. Ich konnte sein Gesicht nur von der Seite sehen, aber ich erkannte ihn sogleich an seinem roten Specknacken und an seinem Schnaufen; es war der dicke Wickenhäuser, der bei uns um die Ecke eine Weinhandlung hat.

Oft, wenn ich morgens auf dem Weg ins Geschäft an seinem Laden vorbeigehe, sehe ich seine Tochter Lili aus dem Haus herauskommen, mit der Schulmappe unterm Arm und der blauen Mütze, die sie schief aufgesetzt hat. Sie ist schlank und zierlich, hat ein schmales Gesicht und einen kleinen, roten Mund, der wie eine verdrückte Kirsche aussieht. Ihre Augen sind braun wie das Haar, das in zwei dicken Zöpfen über die Schultern fällt.

Das «Kaninchen» – so heißt sie wegen ihres stumpfen Näschens – wird daheim arg verhätschelt. Sie ist immer schön angezogen, trägt die Röcke damenhaft lang. Wenn sie sonntags früh auf ihrem Rad spazieren fährt, schwirren meist einige Gymnasiasten um sie herum. Seit sie in der höheren Töchterschule ist, will sie von uns Jungens in der Straße keinen mehr kennen.

Den 11. August 1917

Die Carmen, das «rassige Weib», von der «Nudel» schwärmte, ist unzweifelhaft die geschickteste von Allen. Stets ist sie die erste, die den Gästen auf den Schoß hüpft, wenn es sich darum handelt, zahlungsfähige Kunden auszuschnüffeln.

Unlängst machte sie sich an einen Betrunkenen heran, mit dem sich keine abgeben wollte, weil er so verlumpt und verdreckt war. Alle lachten über ihn, als er sie küssen wollte. «Hast du mich lieb, hast du mich lieb?», lallte er. «Warum soll ich dich nicht lieb haben», lachte die Carmen, «wenn du mir Wein und Zigaretten spendierst.» «Und als er seine Brieftasche aufgemacht hat, ist sie ihm um den Hals gefallen und hat ihn abgeschmatzt „nach Noten“, dass er beinahe vom Stuhl gerutscht wär'. Zum Schluss hat das durchtriebene Luder einen blauen Schein in der Hand gehabt, ein blanker Hunderter!», giftete sich die Ella. «Dabei hat der Kerl ausgesehen, als ob ihm kein Taler aus der Tasche hätte fallen können, wenn er einen Kopfstand gemacht hätt'. Ja, einen guten Riecher hat sie, die Carmen, das muss ihr der Neid lassen! Und da jammert das habgierige Weibsbild noch über die schlechten Zeiten!»

Natürlich hat die Carmen nicht immer Glück. Heute Abend, zum Beispiel, stritt sie sich mit einem filzigen Kerl herum, der von den bei Mutter Wimmer, der Beschließerin, gekauften zwei Tafeln Schokolade unbedingt eine «für die Kleinen daheim» mitnehmen wollte. Er wurde bockbeinig; sie schalt ihn «schofler Kerl», «Kavalier mit Schweißfüßen» und Schlimmeres. Ich weiß nicht, wie die Sache ausging, weil mich Lu – wie immer nach einer gewissen Zeit – nach Hause schickte.

– Jetzt musst du gehen, Friedrich, sonst kriegst du Krach mit deinen Leuten.

Sie sagt das immer in einem bestimmten, mütterlich besorgten Ton, aus dem man eine leise Zärtlichkeit herauszuhören glaubt, sodass man keine Widerrede wagt.

Den 12. August 1917

– Die Vera hat nicht unrecht, wenn sie mit ihrem «Einäugigen» hundeschnäuzig umgeht. Das ist ein roher Geselle. Man muss schon ein polnisches Fell haben, um die Liebe, das heißt, die Hiebe dieses bärenstarken Kerls auszuhalten. Das vorletzte Mal hat er sie gefesselt und mit einer Riemenpeitsche derart bearbeitet, dass sie drei Tage lang nicht mehr auf ihrem Hintern hat sitzen können. Er hat zwar ein anständiges Schmerzensgeld bezahlt und zur Versöhnung eine halbe Sau gestiftet, aber was zu viel ist, ist zu viel! – erklärte die Carla empört.

Wie ich noch zu hören bekam, ist dieser Viehhändler verheiratet.

– Ich hab' ihn am Sonntag mit seiner Familie im Auto gesehen – berichtete die «Sektlissel».

Das ist ein hochbusiges Weib mit großen, leeren Augen und hellen, wie gemalten Brauen. Sie trägt das strohblonde Haar aufgetürmt zu einer Hahnenkammfrisur. In ihrer falschen Majestät könnte sie – mit Harnisch und Helm, ein Schwert in der Rechten, einen Schild in der Linken – das vorbildliche Modell für die Germania eines Kriegerdenkmals abgeben.

– Hat eine bildhübsche junge Frau mit einem teuren Pelz um den Hals – erklärte die Sektlissel weiter – und zwei herzige Kinderchen, wie aus Milch und Blut, und macht solche Zicken.

In diesem Augenblick kam die Gräfin mit ihrem rosenbestickten Seidenschal angerauscht. Sie ließ sich, ihren «angeborenen» Hochmut außer Acht lassend, bewegen, ihre Oberschenkel zu zeigen; sie waren voll brauner Striemen.

– Wie ein Zebra! – rief ein Gast aus und fuhr mit zitternden Fingern die breiten Spuren nach.

Den 14. August 1937

An Abwechslung fehlt es nicht. Immer gibt es Neues zu sehen und zu hören. Leider war ich gestern nicht dort, ich musste für Mutter eine Besorgung machen.

Diesen Abend war es ein Feldgrauer, der eben erst aus dem Lazarett entlassen worden ist und den nächsten Sammeltransport an die Front abwartet. Er brachte drei Flaschen Wein mit. «Selbstgekelterter», erklärte er stolz, von seiner Frau aus dem Schwäbischen geschickt, damit er in fröhlicher Gesellschaft – gewiss nicht in dieser – die Einsegnung seiner Ältesten feiern könne.

Als er das Kommunionbild aus einer dreifachen Zeitungsumhüllung auszuwickeln begann, scharten sich mehrere Frauen um ihn. Behutsam lüftete er mit zwei angefeuchteten Fingern die am Papprand angeklebte Schutzdecke aus Seidenpapier.

Auch ich warf einen Blick auf das Bild: ein ganz in weiß gekleidetes Mädchen mit dem Kränzchen auf dem Kopf und lose über die Schultern fallenden Haaren. Aus dem kleinen Gesicht starrten zwei dunkle, glänzende Kinderaugen wie verzaubert auf die Weihkerze in der Hand. Alle brachen in begeisterte Rufe aus: «Himmlisch!», «Wie ein Pfingströschen!», «Wunderschön!»

Mit selbstzufriedenem Sich-über-den-Bart-Streichen nahm der Erzeuger dieses lichten Wesens den Beifall entgegen.

– Aber – fragte er nach einer Weile in einem geschraubt klingenden Hochdeutsch – fällt den Damen weiter nichts auf?

Er stellte sich in Positur, räusperte sich und machte ein verschmitztes Gesicht.

Neugierig blickten alle auf das Bild in seiner vorgestreckten Hand.

Niemand fand etwas Auffälliges.

– Die Schuhe! Die Schuhe! – platzte er heraus. – Das sind doch die von ihrer Mutter, weil es keine zu kaufen gegeben hat, hohoho!

– Wahrhaftig, dass einem das nicht sofort aufgefallen ist. Richtige Überfahrtbootchen sind das ja, hahaha!

– Ach ja! – seufzte die Carla mit der Himmelfahrtsnase – das erinnert mich an meine erste Kommunion.

Sie machte einen Augenaufschlag, wie die büßende Magdalena – Wie ein Engel hab' ich ausgesehen. Die Leut' auf der Straße haben hinter mir hergeschaut und –

– Meine Schuhe sind auch immer zwei Nummern zu groß gewesen! – funkte die Sektlissel dazwischen. – Die reinsten Kindersärgchen! Nicht, weil es damals keine Schuhe gegeben hat, sondern weil die Füße wachsen, die Stiefel aber nicht, wie meine Mutter beim Einkaufen immer gesagt hat. Da wollte sie weiß Gott was sparen, aber so schnell haben die Füße gar nicht wachsen können, wie wir die Latschen kaputt gemacht haben.

Allgemeines Gelächter.

– Wie heißt denn das Seelchen? – wollte die Asta wissen.

– Trudel, nein, Gertrude!

– Was? Trudel, genau wie ich mit Taufnamen! – rief die Carmen treuherzig aus. – Nein, welch ein Zufall. Das muss begossen werden!

Es wurde so weidlich getan, dass der wackere Bauer und Soldat bedenklich wankte, als er endlich mit der angeblichen Namensschwester seiner Ältesten durch die bewusste Tür abging.

Den 15. August 1917

Die Carmen scheint in der Tat wenig Anlass zu haben, sich zu beklagen. Wenn das die Ella, die Stubenälteste, tut, so hat sie eher Grund dazu.

Sie mag Ende der Dreißig sein. Ihr schmales Gesicht mit dem spitzen Kinn und den stechend hellen Augen bekommt durch das nervöse Zucken der fast wimpernlosen Lider etwas Vogelhaft-Unruhiges. Das dünne, braune Haar ist vornüber klein aufgelockt; es sieht, wohl vom ständigen Brennen, versengt aus. Unter der rund zulaufenden Nase, an deren verdächtigen Röte ein Frost, oft von weitem riechbar, schuld sein soll, dunkelt ein feiner, gegen die Mundwinkel zu stärker werdender Flaum. Für ihr körperliches Aussehen wäre wohl schwerlich eine zutreffendere Bezeichnung zu finden als die der Mia, die sie heute im Streit «so ein Gestell!» nannte. Man hätte höchstens hinzuzufügen, dass etwas an ihrem «Untergestell» nicht passt, ohne sagen zu können, was. Von hinten gesehen lässt sie mit ihren flachen Schultern, den knochigen Ellbogen und den Wadenmuskeln an einen schlecht verkleideten Mann denken.

Sie trägt als einzige, angeblich weil sie selbst an warmen

Sommerabenden fröstelt, eine dünne, blassblaue Strickbluse mit kurzen Ärmeln, die wie vom Waschen eingegangen aussieht.

Kein Wunder, dass sie froh sein muss, wenn ab und zu ein Freier für sie abfällt; aber das geschieht nur, wenn die Frauen ihr gelegentlich einen Kunden zuschanzen, «das rückwärts hufende Opferlamm mit Hängen und Würgen und viel Geschrei in ihren Stall drängen», wie die boshafte Carmen es nannte.

Ohne den Beistand der andern hätte die Ella gewiss längst schon gehen müssen. Die Frauen helfen ihr, obwohl sie nicht sehr verträglich ist. Warum wohl? Weil sie, die Erfahrene, ihnen dann und wann mit Ratschlägen dient? Oder weil die Frauen, wenn auch unbewusst, in diesem Gesicht des Zerfalls ein Zerrbild ihrer selbst erblicken? So oder so: es muss die Schicksalsgemeinschaft sein, die sie alle, trotz steten Reibereien, verbindet.

Die Ella scheint nicht daran zu denken, ihren Misserfolg auf ihr reizloses Äußeres zurückzuführen. Ihrer Meinung nach ist daran das Benehmen, um nicht zu sagen die «Schmutzkonkurrenz» der anderen Weiber schuld.

Sie sieht die berufliche Zukunft düster.

– Die Männer werden alle Tage rarer, und die, wo noch übrig bleiben, haben uns alle Tage weniger nötig, habichnichtrecht? – krächzte sie mit ihrer Papageienstimme.

Niemand erwiderte etwas.

– Die wären auch schön dumm! – gab sich die Ella zur Antwort – ihr gutes Geld hinzulegen, wo sie jetzt in jedem Haus Weibsbilder haben können, die ganz ausgehungert sind. Wenn's sein muss, tun die den Kerls sogar noch was draufzahlen.

Was willst du? Die schwitzen's halt auch nicht durch die Rippen! – sagte die Carmen trocken.

– Dann sollen sie wenigstens auf der Gass' ihre Schlappergosche halten und nicht vor unsereinem die Rotznase rümpfen oder hinterher ketzern, habichnichtrecht?

Leider scheint sie recht zu haben. Aber sie hat unrecht, immer recht haben zu wollen.

Den 16. August 1917

Neben der Vera, der Gräfin, ist unstreitig die Asta der Stern des Hauses.

Diese kalte Schönheit soll der Nielsen ähnlich sehen. Von weitem besteht eine gewisse Ähnlichkeit durch die tief dunkle, wie gelackt glänzende Pagenfrisur und die langen Simpelsfransen. Ihr breites, flächiges Gesicht mit einer formschönen Nase und regelmäßigen, leicht vorstehenden Zähnen, die durch den geschminkten Mund hindurchblitzen, wirkt maskenhaft. Es ist schwer zu sagen, von welcher Farbe die länglich geschnittenen Augen sind; sie scheinen dunkelblau zu sein, schimmern schwärzlich und sind stark umschattet.

Sie hat einen schlanken, fast mageren Körper. «Gut gewachsen, aber spindeldürr», sagt die Ella.

Obwohl verhältnismäßig jung, etwa sechsundzwanzig Jahre, hat die Asta ziemlich abgelebte Gesichtszüge; das vermag selbst der dick aufgetragene Puder nicht ganz zu überdecken. Sie hält es für vornehm, zu näseln und die Sätze gedehnt zu sprechen, sodass man oft am Ende kaum noch weiß, was sie anfangs gesagt hat.

Sie ist ein richtiges Nervenbündel. Als die feine Dame, die sie sein will, pafft sie eine Zigarette nach der andern; den Rauch stößt sie durch die geblähten Nasenflügel oder in Ringeln durch die gespitzten Lippen.

Sie liebt schreiende Farben. Trotz sommerlicher Schwüle lässt sie sich nie ohne ihre schwarzweiße Federnboa sehen, die sie malerisch um den Hals legt. Ihr Morgenrock aus gelber Glanzseide, durchsichtig und mit grellen Blumen bestickt, reicht bis an die Knöchel. Sie trägt Ohrringe mit langen Gehängen – grüne, spitz geschliffene Glastropfen – die bei jeder Bewegung an den Hals baumeln. Ihre schwarzen, seidenen Strümpfe zieren, hoch an den Schenkeln, rosafarbene, mit Schleifchen besetzte Strumpfbänder. Ein Streifen weißes Fleisch schimmert zwischen Strumpfsaum und Höschen. Das ist keines von den halb durchsichtigen, farbigen Schlupfhöschen, wie die andern sie tragen. Es ist ein besonderes Stück seiner Art; genauer gesagt, sind es zwei Teile aus blassrosa Spitzenstoff, seitlich kreuzartig verschnürt, mit einem Falter bestickt und ringsum mit schwarzem Spitzenbesatz. Man könnte beinahe sagen: ein Wunder von einem Höschen. Wohl kaum schwerer als ein Taschentuch, wäre es gewiss ein Paradestück der Musterkollektion von Fred, dem Reisenden in Reizwäsche.

Das vielbeneidete Kleinod – der Büstenhalter ist aus gleichem Stoff – soll noch aus der Zeit stammen, da die Asta beim Theater war. Sie hat etliche Jahre in einem Wanderzirkus – sie sagt: bei einer Künstlertruppe – die lächelnde Dame im Flitterhöschen gemacht, die dem Zauberkünstler die zu verschwindenden Gegenstände reicht und den Seiltänzern, Hopp!, das Taschentuch zuwirft.

Natürlich ist man auf diese vom Erfolg Begünstigte nicht gut zu sprechen.

– Das ist eine ganz Gerissene. Lange Wimpern hat sie wie Spinnenfüße, aber den Dreh mit den hohen Absätzen hat sie richtig raus: je höher, je lieber, desto mehr wackelt der Popo! – hörte ich die Sektlissel tuscheln, als die Asta mit katzenhaftem Gang am Arm ihres augenblicklichen Liebhabers davontänzelte.

Den 17. August 1917

Es ist mir aufgefallen, dass an Werktagen fast nur Feldgraue kommen. Als ich das heute Lu gegenüber erwähnte, sagte sie:

– Ja, der Sommer ist für uns die flaue Zeit.

Ich blickte sie fragend an.

– Na, kannst dir nicht denken, warum? Wenn's warm und trocken ist, dann gehen die Burschen doch lieber mit den Mädels ins Grüne. Winters ist das Gottseidank anders, da müssen sie in die Häuser, wenn sie nicht auf den Bänken Stein und Bein zusammenfrieren wollen, verstehst du?

Ich nickte.

Gewiss, es ging mir ein, dass sich im Winter nicht jedes Liebespaar unter die Haustür stellen oder sich an die Wand anlehnen will, wie wir es früher oft in der Sackgasse, der «kalten Sophie», beobachtet haben. Umsoweniger wenn es, wie dort, ewig nach Katzendreck stinkt und nach Pferdemist von der Güterbestätterei Pfannkuch und Söhne, die da ihre Stallungen hat.

Missgelaunt fuhr Lu fort:

– Jetzt kommen eben nur die Urlauber und die Durchfahrer, und auch da meist die älteren. Die Jungen lassen sich nur sehen, wenn sie es eilig haben oder wenn irgendeine nicht gleich mit ihnen in die Anlagen gehen will. Sind ja alles brave Kerle, aber dauernd wollen sie von ihren Mädels, ihren Frauen und ihren Kindern erzählen, na ja, leid tun können sie einem, aber davon kann man nicht leben.

– Ach ja, die Soldaten! – warf die Carla mit einem unnachahmlichen Seufzer ein, sie hatte im Vorbeigehen die letzten Worte aufgeschnappt. – Die haben wenig Geld im Beutel und viel Lieb' im Sack.

Frech lachend schob sie weiter.

– So'n Flederwisch! Hat nichts wie Hundsgedanken im Kopf! – sagte Lu und musste lachen, obwohl sie sich ernst zu bleiben bemühte.

Den 18. August 1917

Auch die Asta zeigt sich den gewöhnlichen Besuchern seltener. Wie die Gräfin, hat sie ihre Stammkundschaft. Soviel ich aus Andeutungen erfahren habe, lag sie vor einiger Zeit im Spital. Das war der Abschluss einer Geschichte, die ums Haar bös verlaufen wäre.

Zwei bessere Gäste, die angetrunken ins Haus kamen, legten ihr zwei Hunderter auf den Tisch. Der eine hatte mit dem anderen am Stammtisch gewettet, sein Hund könne, ebenso wie ein Mann, eine Frau beschlafen. Eine dänische Dogge war es, groß wie ein ausgewachsener Ziegenbock. Erst wollte die Asta nicht recht, aber die zwei blauen Scheine stachen ihr in die Augen. Bei dem Spektakel wurde die neue Leda von ihrem vierfüßigen Schwan gebissen. Es hätte schlimme Folgen haben können, wenn nicht das Vieh, durch ihr mörderisches Geschrei aufgescheucht, von ihr gelassen hätte. Es gab ein großes Durcheinander. Die Asta wurde sogleich mit einer Autodroschke ins Krankenhaus gebracht. Es stellte sich heraus, dass sie noch glimpflich davongekommen war; das Tier hatte ihr nur unbedeutende Bisswunden beigebracht.

Die Sache wurde rasch vertuscht. Das hätte einen schönen Stunk gegeben, wenn etwa die «Blaue Laterne», das von allen anständigen Leuten gefürchtete Wochenblättchen, ganz zufällig etwas berichtet haben würde von dem «nächtlichen Liebesabenteuer zweier unserer hochgeachteten Mitbürger, von denen der eine Inhaber eines bekannten Schuhwarengeschäftes mit mehreren Schaufenstern in der Parkstraße ist und überdies Stadtrat und Vater von zwei erwachsenen Töchtern.» Dann: Adieu! du schöner Stadtrattitel und ihr anderen Ehrenämter.

So war die Wette von den beiden Biedermännern verloren worden. Als Veranstalter und Zuschauer dieses Schauspiels, (beinahe hätte ich geschrieben: Sauspiel), mussten sie froh sein, mit einem braunen Lappen, außer der Doktorrechnung, davonzukommen.

Den 19. August 1917

Ich bin todmüde, werde mich bald schlafen legen.

Gestern Nacht hatte ich grässliche Träume, und noch den ganzen Tag verfolgte mich die Geschichte mit dem Hund.

Auf dem Weg ins Geschäft sah ich heute den dicken Wickenhäuser mit seinem roten, schwammigen Gesicht vor der Ladentür stehen. Er paffte an einer Zigarre. Als ich an ihm vorbeikam, schielte er mit seinen fischigen Augen zu mir her. Plötzlich hustete er laut und rieb sich ein Lid, als sei ihm Rauch in die Augen gekommen.

Ob der Schmerbauch weiß, dass ich ihn vorige Woche drüben gesehen habe?

Ich beginne zu begreifen: Das, was man schönfärberisch «Freudenhaus» nennt, ist ein Geschäftsbetrieb wie jeder andere, mit Lauf- und Vorzugskundschaft, mit festen Preisen, Trinkgeldern bei sorgfältiger Bedienung und Zuschlägen für Sonderdienste.

Wahrhaftig, eine weise Einrichtung.

Wie anders könnte man sein Fräulein Tochter bis zur Ehe vor Schimpf, seinen Herrn Sohn vor kostspieligen Alimenten, vor vorzeitiger oder gar unstandesgemäßer Heirat bewahren, wären nicht diese Häuser da.

Die bürgerliche Gesellschaft, die sich aus solchen ehrenwerten Wickenhäusers zusammensetzt, drückt willig ein Auge zu. Jugend hat keine Tugend, wie sie sagen, und: Wer hat die seine beim Rosenkranzbeten verbracht? Und dann, sie selbst brauchen von Zeit zu Zeit etwas für's Gemüt. Würden sie nicht ihre eigenen Weiber peitschen, die Mütter ihrer Kinder schänden, gäbe es nicht öffentliche Bedürfnisanstalten wie diese, und arme käufliche Mädchen für alle und für alles, Mülleimer der Liebe.

Auf diesen Schlammgruben der Wollust also ruhen die Grundpfeiler unserer Ordnung und unserer Sitte.

Feine Ordnung, feine Sitte.

Den 20. August 1917

Heute gab es ein mächtiges Hallo.

Es kam eine Gruppe bärtiger Landsturmmänner. Sie waren reichlich angeheitert. Etliche konnten sich kaum noch gerade halten. Wie einer in einem schwer verständlichen Platt berichtete, gehören sie zu einem schlesischen Fußartillerie-Regiment. Sie sind «auf dem Schub» von der Ostfront an die Westfront und sollen morgen weiterbefördert werden.

Sie kamen mit ihren eisenbeschlagenen Schaftstiefeln hereingestapft, lärmten, polterten, stürzten sich auf die leerstehenden Stühle und jagten die wenigen Gäste – zufällig nur einige junge Burschen, die kurz vorher gekommen waren – von ihren Sitzen. Mit einem Wort: sie wüteten, als ob sie Befehl hätten, das Haus mit militärischer Gewalt von Zivilisten zu säubern. Drei von ihnen stürmten mit Feldgeschrei das vollbesetzte Sofa, das in allen Federn krachte, obwohl es, wie es in dem alten Soldatenlied heißt, schon «manchen Sturm erlebt» haben muss.

Die feindliche Besatzung räumte fluchtartig die Stellung. Sie gab, durch den Handstreich überrumpelt, kampflos ihre Frauen preis, die von den Eindringlingen mit Siegergeheul in Beschlag genommen wurden.

Als einer von den Landstürmern, der dem Wein kräftig zugesprochen zu haben schien, ein hünenhafter Kerl mit niedriger Stirn, lustigen Äuglein, einer dicken, geröteten Nase und einem bis an die Brust reichenden, rötlich-braunen Vollbart, seine sich an ihn schmiegende Kriegsbeute, die Mia, mit einem lauten «Hoppla!» auf den Schoß bugsierte, richteten sich auch die beiden andern, jeder auf seine Weise, häuslich ein.

Im gegnerischen Lager, das sich hinter den Tisch verschanzt hatte, fing man an, sich von der ersten Überraschung zu erholen. Die Erregung stieg auf den Siedepunkt, als der Vollbärtige, den linken Arm um die Hüfte seiner geraubten Sabinerin gelegt, mit dem anderen den Verjagten drohte. Er brüllte:

– Haut ab, ihr Scheißkerle, macht eurer Mutter ins Bett!

Seine Kameraden schlugen ein dröhnendes Lachen an.

– So grüne Rotzbuben! Haben noch die Eierschalen hinter den Ohren und wollen ihre Väter lehren, wie man Kinder macht, hohoho!

Der Bärtige schüttelte sich vor Lachen, dass das lebende Spielzeug auf seinem Schoß hoch und nieder tanzte, wie ein Kind, das auf Vaters Knie «Hoppe, hoppe, Reiter!» macht.

Das brachte das Fass zum Überlaufen.

Einer der Jungen rief, sich mit der Hand auf die Muskeln schlagend:

– Halt's Maul, du alter Scheesengaul! Wir haben mehr Gips in den Knochen wie ihr. Wir schaffen im «Armaturenwerk», kriegen alle Woche Schwerarbeiterzulage, hundert Gramm Fleisch und Wurst pro Nase.

– Immer feste druff! Gib ihm Saures! – hetzten die andern, mutiger werdend.

– Petrus, lass' dir erst mal die Rosshaarmatratze stutzen!

– Der Weihnachtsonkel soll wiederkommen, wenn's schneit!

Das Gelächter war jetzt auf Seiten der Jungen.

Es ging eine wüste Schimpferei los.

Einer der Soldaten, in dem der Rausch und wohl auch die Erinnerung an seine Jungens daheim lang unterdrückte Vatergefühle zu erwecken schien, brummte bärbeißig:

– Marsch, hinaus, ihr Bankerte! Das Puff ist kein Kindergarten und –

– Und kein Altersheim, Großvater!

Das beifällige Lachen der wieder sicher gewordenen Jungen hätte die Alten, wären sie nüchterner gewesen, belehren müssen, dass sie ihren jäh erwachten erzieherischen Eifer am falschen Ort und an ungeeignete Personen verschwendeten.

Es ging so eine Weile hin und her. Beinahe wäre es zu einer regelrechten Keilerei gekommen, bei der wohl die Zivilisten schnell und ruhmlos das Feld geräumt haben würden, hätten sie nicht in letzter Minute in der Person der Hausmutter Verstärkung erhalten.

– Nur die Ruhe, meine Herren! Nur nicht drängeln, es kommt jeder dran! – flötete sie.

Der Wortführer glaubte es seiner Ehre als Mann und Soldat schuldig zu sein, «den frechen Hosenscheißern allesamt das Fell zu gerben, und zwar so, dass sie acht Tage lang nicht mehr auf ihrem Hinterquartier sitzen können.»

Er machte Anstalten, aufzustehen.

– So, aus dem Schlesischen seid ihr? – erkundigte sich Frau Wackerli.

– Jawohl, aus Gleiwitz! – meldete der mit der Rosshaarmatratze, sichtlich verblüfft und misstrauisch über diese Frage.

– Schade, dass unsere Vera gerade oben ist. Die ist nämlich eine Landsmännin von euch, aus Kattowitz! – sagte die Madame.

Ein öliges Lächeln verklärte ihr Gesicht.

Als auch das keinen Eindruck machte, meinte sie:

– Lasst doch den Jungen das bisschen Vergnügen, wo sie so schwer schaffen müssen und so wenig zu fressen haben.

Das klang einleuchtend, wenn es auch nicht stichhaltig war.

Der Vollbart, auf das Recht des Eroberers pochend, wollte von einem faulen Verständigungsfrieden nichts wissen.

Frau Wackerli setzte eine Duldermiene auf und schickte verzweifelte, gleichsam höheren Beistand erflehende Blicke nach oben.

Ihr erneuter Vermittlungsversuch scheiterte an der Unnachgiebigkeit des Siegers, der jetzt, wie um sich gegen Angriffe von der Flanke zu sichern, seinen Arm krampfhaft um die Sofarolle geklemmt hielt.

Die Hausmutter seufzte über soviel Unduldsamkeit und rang die Hände, wobei die beiden Brillantringe an ihren Wurstfingern aufblitzten, «blaue Steine, jeder anderthalb Karat», wie kürzlich die Carmen sachverständig und voll Neid erklärte.

Endlich riss Frau Wackerli die Geduld.

– Jetzt schlägt's aber dreizehn! – kreischte sie. Sie bekam vor Wut einen kleinen Buckel. Das Blut stieg ihr in den Kopf. Ihre Halsader schwoll an. Selbst die fleischige Warze in ihrem Nacken schien sich mit Blut zu füllen. Sie fuchtelte mit den Armen, fächelte sich Luft zu, als ob sie zu ersticken befürchtete.

– Bei uns herrscht Ruhe und Ordnung. Wir sind hier nicht bei den Etappenschweinen und nicht bei den Polacken – keifte sie. – Und überhaupt kommt man nicht hereingetappt, ohne vorher am Abtreter vor der Tür die Schuhe abzuputzen, wie jeder anständige Mensch!

Ihre gequetschte Stimme überschlug sich. In dem Ton eines heiseren Unteroffiziers schnarrte sie weiter:

– Hier hat keiner was zu melden, hier bin ich Herr im Haus! – Sie klatschte sich mit der flachen Hand auf die Brust. – Und wem's nicht passt, der soll sich zum Teufel scheren!

Unerschrocken wie ein Marketenderweib, und mit einer Behendigkeit, die man ihrem massigen Körper keinesfalls zugetraut hatte, überschritt sie die neutrale Zone zwischen Tisch und Sofa. Breitbeinig pflanzte sie sich vor den verdutzten Unruhestiftern auf. Sie stemmte kampfbrüstig ihre kurzen, festen Arme in die Hüften, wobei sich die Ärmel ihrer Bluse wie Flügel weiteten.

– Wir können ja, wenn's sein muss, unsern Gast, den Herrn Vizefeldwebel, herunterrufen!

Sie hatte diese Worte zwischen den aufeinandergepressten Zähnen hervorgestoßen. Ihre Lippen wurden scharf wie gebogene Messerspitzen. Mit einem fürchterlichen Blick musterte sie den Rädelsführer von oben bis unten.

Die Drohung wirkte. Der streitsüchtige Vaterlandsverteidiger machte ein bekleckertes Gesicht. Er versuchte die Sache ins Harmlose umzubiegen.

– Na, was denn, Mutter! So ist's doch nicht gemeint gewesen. Ich hab' ja nur –

– So? Na, dann ist ja alles in Ordnung! – schnitt Frau Wackerli ihm das Wort ab – ich hab' ja auch nur – . Sie lächelte ihn listig an, wobei sich um ihre Augen ein Ring von feinen Fältchen bildete.

Mit einem Mal klärte sich ihr Gesicht auf. Ihr verkniffener Mund verzog sich zu einem breiigen Grinsen, das zwei goldene Backenzähne freilegte. Sie brach in ein Lachen aus; raketenartig zündete es nach allen Seiten.

Die Krieger auf dem Sofa wieherten vor Vergnügen. Der mit dem Vollbart brüllte um die Wette mit seinem Nebenmann, einem kleinen kahlköpfigen Dicken, dem die Tränen nur so über die Backen kullerten. Plötzlich hielten sie, wie abgekartet, inne. Sie glotzten sich fröhlich an.

– Hohoho! das hätten wir auch nicht gedacht, dass wir alte Esel noch 'n mal zu die jungen Mädels geh'n, nicht wahr, Hannes? – schrie der Dicke mit einem Augenzwinkern dem Bärtigen neben ihm ins Gesicht, als säße er fünfzig Schritte von ihm getrennt.

Sie schmetterten von neuem los. Die andern wurden unwiderstehlich mitgerissen.

Der Dickwanst hielt sich die Seiten vor Lachen. Plötzlich bekam er Stielaugen. Er gluckste, begann zu röcheln und nach Luft zu japsen. Schweiß trat ihm auf die Stirn. Sein hochrotes Gesicht färbte sich bläulich. Er riss den Kragen des Uniformrocks auf, öffnete eilig und mit zitternden Händen das Koppel, als befürchtete er, sein Bauch würde den Riemen sprengen, wie gärender Wein den Fassreifen.

Sein Kumpan patschte ihm mehrmals derb auf den Rücken, bis er wieder zu Atem kam. Tränenblind und fremd, wie aus einer anderen Welt, blickte er um sich.

– Verschluck' dich nicht, Andreas! – rief ihm der Vollbärtige zu. Er hustete geräuschvoll, riss den Mund auf und gähnte so unverschämt laut, dass seine Kinnbacken krachten. Dann räkelte er sich und döste mit schlaffem Mund vor sich hin.

Frau Wackerli zog sich mit einem überlegenen Lächeln hinter den Vorhang zurück.

Auch bei den Jungen war durch das gemeinsame Gelächter fortgeschwemmt worden, was einer Annäherung im Weg gestanden hatte.

Es folgte eine feuchtfröhliche Verbrüderung der beiden Parteien und Generationen.

Die Stimmung erreichte ihren Höhepunkt nach einigen Tanzrunden, als der Dicke, «für die ganze Kompanie eine Batterie Lagerbier auffahren» ließ. Beim Anstoßen johlte jung wie alt «Von der Wiege bis zur Bahre, Ist der Suff das einzig Wahre!» und «So leben wir alle Tage. In der allerschönsten Saufkompanie!» Lärmend wurde auf das Wohl aller, des Spenders im besonderen, getrunken.

Der regte und rührte sich nicht mehr. Mit langgestreckten Beinen, den Kopf an den Busen der Sektlissel angelehnt, lächelte er, stillvergnügt wie ein Kind an der Mutterbrust. Sein Vollmondgesicht glänzte, gleichsam an der wohligen Wärme ihres Körpers entzündet, in verdächtiger Röte.

– Mein Dickerchen strahlt wie'n geputzter Dreckeimer! – schäkerte die Sektlissel, die knallige Vergleiche liebt. Als sie ihm, «Killekille!» das füllige Kinn kraulte, schielte er, träge wie ein Kater auf der Ofenbank, durch die schweren, angelaufenen Lider.

Dann kam der blonden Walküre, die ihn um Kopfeslänge überragte, die Kateridee, ihrem «Moppelchen, mit dem Bauch wie'n Fußball» einen und noch einen Schmatz auf den kahlen Schädel zu drücken. Als sie: «O, du mein Sauertrautsnauzer!» miaute, zeigte er nur noch, müde und ohne die Augen zu öffnen, seine großen gelblichen Zähne.

In der Ecke begann eine verschlafene Stimme zu gröhlen «Das war im Böhmerwald, wo meine Wiege stand», ohne jedoch über die zweite Strophe zu kommen.

Jemand brummte leise: «Schön ist die Juhugend!»

Wie ein trauriger Jodler klang das.

Der Brummbass verstummte gähnend. Es war derselbe der vorhin «Marsch hinaus! Ihr Bankerte» gerufen hatte. Er schob mit einem «Pfui Deibel!» seinen Stuhl beiseite, reckte sich mit hochgestreckten Händen in seiner ganzen Größe und ging, leicht gebückt, den Arm um den Hals der viel kleineren Frieda gelegt, zur Tür hinaus.

Dann erhob sich der, der bei Carmen saß, mit einem Ruck, wie um die bleierne Schlaffheit von sich abzuschütteln. Er leerte in einem Zug sein halbvolles Glas, das er krampfhaft in der Hand gehalten hatte, stellte es auf den Boden neben seinen Stuhl, schnaufte hörbar befriedigt, strich sich mit der äußeren Handfläche die Schaumperlen vom Bart, räusperte sich und sang mit schmalziger Stimme, die an die des Nudel erinnerte, ein Lied, wahrscheinlich aus seiner Kasernenhofzeit:

Wenn da 'ne Schüssel voll Bohnen steht,
und dort 'ne Schüssel voll Brüh',
dann lass' ich die Schüssel voll Bohnen steh'n,
und geh' zu meiner Marie.

Das «Marie, Marie, Marie, so schön warst du noch nie!» kam so laut heraus, dass sich sein Adamsapfel sichtbar auf und ab bewegte. Steif und mit gipsernem Lächeln schwenkte er den Zeigefinger hin und her, wie eine taktschlagende Figur auf einer Messe-Orgel. Seine Stimme kippte plötzlich um, da er sich zu hoch verstieg und ihm die Puste ausging.

– Der August muss halt immer seine dummen Faxen machen! – rief einer.

Der August setzte sich stumm und gekränkt wieder auf seinen Stuhl.

Nach einer Weile hörte man abermals ein Lied. Der Sänger, ein Grauhaariger mit einem bartlosen, zerfurchten Gesicht, saß neben Lu rittlings auf dem Stuhl. Er hielt mit angezogenen Armen den steifen Zügel des Stuhlrückens zwischen den Händen, als wollte er wie ein Junge Galopp reiten.

Der Grauhaarige schien die Gemütsstimmung seiner Kameraden erfasst zu haben. Nacheinander fielen sie in seinen Gesang ein.

Es war eine jener Volksweisen vom zerbrochenen Ringlein und vom gebrochenen Herzen, von «Drei Rosen auf's Grab, einem treulosen Mädchen geweiht, das sein Leben hat verlassen vor der Zeit», wie man sie gegen Ende des vorigen Jahrhunderts in ihrer schlesischen Heimat gesungen haben mag.

Von den Jungen summten mehrere die Melodie, ohne sie zu kennen, mit.

Sie schwiegen bald. Fühlten sie, dass der rührselige Sang in den Männern Erinnerungen weckte, die diese schummerig stimmten?

Sahen die schlesischen Soldaten in dem rauchigen Dunst verschwommene Bilder aus ihrer Jugend? Oder hatten sie ihre

Jungens vor Augen, die daheim genau so verwildern, den Müttern über den Kopf wachsen, wie die hier, wie wir alle?

Ihre dunklen, verschwitzten Gesichter waren, ohne die Grimasse des Frohseins, erschreckend alt.

Und die Jungen? Auch ihre überwachten Mienen schienen grau, nachdenklich. Dachten sie, angesichts der zermürbten Gesichter dieser fremden Grauköpfe, an ihre Väter draußen? Ob die wohl auch, wenn sie nicht im Schützengraben liegen, im Bordell...

Das Lied versandete in der allgemeinen Müdigkeit.

Kalter Rauch lagerte wie grauer Morgennebel über den Köpfen. Es roch nach sauer gewordenem Bier, verbrauchtem Atem und abgestandener Fröhlichkeit.

Die Soldaten auf dem Sofa waren halb eingeduselt. Der Vollbärtige schnarchte mit offenem Mund, wobei ihm ein Faden Geifer in den Bart troff, der Dicke blies mit pfeifendem Atem die roten Bäckchen wie ein Posaunenengel auf.

Nur mit Mühe gelang es der Mia und der Sektlissel, die beiden wachzurütteln und sie aus dem Salon zu schleppen.

Auch Lu war, fast zu gleicher Zeit wie die Carmen, mit ihrem grauhaarigen Soldaten nach oben gegangen.

Früher als sonst und ohne von ihr Abschied zu nehmen, machte ich mich auf den Heimweg.

Den 21. August 1917

Diese Carla ist unbeständig wie eine Wetterfahne. Wenn sie lustig ist, kann man sicher sein, sie bald traurig zu sehen; ebenso schnell schlägt sie vom Weinen ins Lachen um.

Heute war sie ausgelassen wie ein Schulmädel. Sie wanderte von einem Schoß auf den andern, trällerte mit einer hohen unklaren Stimme «Ach, Gottchen, sprach's Lottchen, Sieben Kinder und kein Mann» und quietschte bei jeder Gelegenheit oder klatschte sich auf die Schenkel.

Als die Musikkommode ihr Lieblingsstück «O komm, du kleine Geisha, du!» zu spielen anfing, hüpfte sie vom Schoß ihres Gastes. Es war ein junger Soldat, der hinter ihrer süßen Last beinahe verschwunden war und sichtlich erleichtert aufatmete.

Die Carla machte «Schlitzäugin», indem sie mit den Fingern die Lider nach außen zog. Sie trippelte mit ihren dicken Beinen auf einem Fleck, knickste und wackelte mit dem Kopf. Bei «Tsching-tsching-tscheinemann» begann sie sich herumzudrehen, sodass sich der Schlupf in ihrem Haar löste und ein Träger des Büstenhalters, den eine hellblaue Schleife ziert, von der Achsel glitt. Mit vorgeschobener Unterlippe versuchte sie, eine ins Gesicht fallende Haarsträhne in die Höhe zu blasen. Dabei bewegte sie die Hände, zu Fäusten geballt, mit hochgestreckten Daumen auf und nieder.

Alles bog sich vor Lachen über das blonde, arg derbe Theemädchen.

Am meisten lachte sie selber. Sie verzog ihre vollen Lippen, sodass ihre Zähne, zwei blitzende Reihen, bis zum Zahnfleisch sichtbar wurden.

– Ein Gebiss wie ein Gaul! – neckte die Carmen.

– Der ganze Kerl ist 'n Gaul! – fiel ihr die Mia in ihrer rheinischen Mundart ins Wort. Sie sah dabei zur Ella in der Ecke hinüber, die eben am Serviertischchen mit einem älteren Soldaten anprostete.

Bei der Mia, die leicht zu schielen scheint, weiß man nie recht, wen sie anschaut. Sie muss über die Dreißig sein. Im Gegensatz zur Carla ist alles an ihr mager, wie abgezehrt. Ihre aschblonden, gewellten Haare, die seitlich über die runde, gegen die Schläfen stark abgeflachte Stirn gekämmt sind, lassen ihre auffallend kleinen Ohren völlig unbedeckt. Braune, glanzlose Augen und, mehr noch, ein harter, verbissener Mund unterstreichen das herbe, mürrische ihres Gesichtes. Ihre dunkle Hautfarbe und wohl auch das ewige Verstummtsein haben ihr den Spitznamen «die Grüngelbe» eingetragen.

Die Carla ließ sich nicht aus ihrer Stimmung bringen. Sie findet große Zähne wie die ihren schön, weil sie selten sind.

– Bitte sehr, nur kein Neid, wer hat, der hat! – gab sie der Mia patzig zurück.

Als sich diese und die Carmen mit einem überlegen-verächtlichen Blick verständigten, berief sich die Carla auf das Zeugnis ihres ersten Anbeters, eines Heidelberger Studenten:

– Der hat sogar meine Zähne in einem Gedicht mit elfenbeinernen Klaviertasten verglichen, ätsch!

Sie erzielte allseitige Heiterkeit.

– Leg' dich in die Klappe, du bist ja besoffen! – rief einer von den Gästen.

– Ich bin nicht besoffen, ich bin nur 'n bisschen angesäuselt! – lispelte die Carla.

Sie pendelte auf unsicheren Beinen hin und her, was neues Lachen entfachte.

Den 22. August 1917

Von den Stammgästen hat mich bisher nur ein einziger beachtet. Die Frauen rufen ihn «Knopploch», ich weiß nicht warum.

Er mag annähernd vierzig sein, ist von mittlerer Größe und hält die linke Schulter etwas schief. Sein vergrämtes Gesicht, die unruhig blickenden Augen und die starken Falten um den Mund lassen ihn jedoch älter erscheinen. Er hat ein kleines, dunkles Bärtchen und stark angegraute, nach hinten gebürstete Haare mit «Geheimratsecken». In seinem schwarzen Anzug mit den Ofenrohrhosen und den Glanzflecken an Knie und Ellbogen sieht er wie ein heruntergekommener Kellner aus, besonders durch die breiten Bartkoteletten, die ihm bis an die Ohrläppchen hinabreichen.

Er begrüßt mich immer freundlich und nennt mich «Herr Friedrich».

Er ist einer der wenigen Freunde von Lu.

– Das ist so 'n halber Narr und ein richtiger Pechvogel dazu. Wenn der heut' einen Sarghandel aufmacht, dann stirbt morgen kein Mensch mehr! – sagte sie mir vor einigen Tagen, als sie von ihm erzählte.

Vor dem Krieg hatte er in der Ringstraße, im besten Geschäftsviertel, ein gutgehendes Friseurgeschäft mit vier Gesellen.

In den ersten Tagen schon musste er einrücken. Als er im Herbst 15 auf Urlaub kam, traf er vor seiner Ladentür einen alten Kollegen im weißen Arbeitskittel an. Ein fremder Name stand auf dem Schild. Zuerst meinte er, sich in der Straße geirrt zu haben. Aber bald wurde er über die Wirklichkeit belehrt. Eine böse Überraschung war das, kein Geschäft, kein Heim, keine Frau und kein Kind – er hatte einen zwölfjährigen Jungen – nichts, rein nichts mehr war da.

Seine Frau, die ihm noch bis vierzehn Tage vorher regelmäßig liebe Briefe ins Feld geschickt hatte, war mit einem Gesellen, einem Holländer, der jahrelang bei ihm beschäftigt gewesen war, durchgebrannt.

Sie hatte alles, von der Ladeneinrichtung bis auf den letzten Küchentopf, zu Geld gemacht. Dabei hatte Knopploch, kaum ein Jahr vor Kriegsausbruch, den Laden vollständig neu herrichten lassen. Seine ganzen Ersparnisse waren damals für die Anschaffung einer modernen Einrichtung mit echtem Marmor draufgegangen.

Das war ein harter Schlag. Noch kaum vier Wochen zuvor hatte sie ihm geschrieben, das Herrengeschäft gehe ständig zurück, sie wolle deshalb die Hälfte des Ladenraumes für einen Damensalon abteilen. Die notwendigen Geräte, darunter zwei elektrische Trockenapparate «Föhn», habe sie bereits ausgesucht. Die Anschaffungskosten könne sie leicht in kleinen Monatswechseln abtragen. Sie brauche lediglich seine schriftliche Vollmacht. Freudig überrascht und stolz auf die ungeahnte Geschäftstüchtigkeit seiner Frau, hatte er seinen Namen unter das beigelegte Papier gesetzt. Keine Sekunde hatte er gezögert. Für sie hätte er die Hand ins Feuer gelegt.

Wie hätte er auch nur ahnen sollen, dass seine Frau ihm das würde antun können. Er hatte sie, die arme Verkäuferin, gegen den Willen seiner Mutter geheiratet, nachdem er mit der kleinen Erbschaft von seinem Vater einen Friseurladen aufgemacht hatte. Ihm so etwas anzutun, nach dreizehnjähriger Ehe und ohne sich vor ihrem großen Buben in Grund und Boden zu schämen – nein, nie würde er das geglaubt haben, hätte er es nicht mit eigenen Augen gesehen. Mit dem Seitengewehr wäre er draußen auf den losgegangen, der gewagt hätte, ihm das ins Gesicht zu sagen.

Sogar den Warnungen in den Briefen seiner Mutter, mit der er seiner Frau wegen verkracht war, hatte er keinen Glauben schenken wollen und es als Weibergeschwätz abgetan.

Lu lernte ihn damals kennen, als er Nacht für Nacht zu den Frauen ging, um seinen Kummer zu betäuben. Nach seiner Urlaubszeit hatte er, wie versprochen, einige Feldpostkarten geschickt, dann nichts mehr von sich hören lassen.

Mehr als ein Jahr danach, im Winter 16, da alle ihn bereits vergessen hatten, war er wieder aufgetaucht, diesmal nicht mehr in Uniform. Schwerverletzt war er in die Heimat transportiert und als «dauernd untauglich» entlassen worden, nachdem er Monate im Spital gelegen hatte. Jetzt bezieht er eine Kriegsrente. Er wohnt in Walddorf bei seiner Mutter, die einen Gemüsehandel betreibt, und hilft ihr im Geschäft und an ihrem Marktstand.

Die alte Frau liegt ihm ständig in den Ohren, das Leben, das er führe, sei kein Leben für einen Mann. Sie versucht ihn zu überreden, sich wieder zu verheiraten; brachte selbst verschiedentlich Frauen ins Haus, unter anderen eine Kriegswitwe, Inhaberin eines gutgehenden Spenglergeschäfts, die sich auf den ersten Blick in ihn vergaffte. Er ließ sich aber nicht einfangen. Er hat sich geschworen, nie wieder auf's Standesamt zu gehen, hat sich in den Kopf gesetzt, seine Frau und vor allem seinen Jungen wiederzufinden. Einem Gerücht nach halten sie sich in Holland auf. Wenigstens sollen sie an Bekannte eine Ansichtskarte, «mit dem Hafen von Rotterdam drauf», geschickt haben.

Seit langem führt er einen regen Briefwechsel «per Einschreiben» mit dem dortigen deutschen Konsulat, dem Meldeamt, der Fremdenpolizei und verschiedenen holländischen Auskunftsbüros. Auch überhäuft er die inländischen amtlichen Stellen, von der hiesigen Fahndungspolizei bis zum Auswärtigen Amt in Berlin, mit langen, sorgfältig abgefassten Schriftsätzen, in denen er, «der Endunterzeichnete», immer wieder neue «zweckdienliche Angaben, den vermutlich derzeitigen Aufenthalt meiner Ehefrau Katharina Luise, geborene Wipf, und meines minderjährigen Sohnes Gustav Heinrich betreffend», beibringt. Er hat sich in die Idee verrannt, sämtliche Behörden hätten ihm bei der Ausfindigmachung seiner Familie, für deren Verlust er sie verantwortlich hält, behilflich zu sein.

– Wenn mich die von oben runter nicht im August 14 aus

meinem Geschäft herausgeholt und in die Zwangsjacke gesteckt hätten, dann könnt' ich jetzt noch mein Geschäft betreiben und wär' ein glücklicher Familienvater – setzte er heute der Mia auseinander.

Den 23. August 1917

Wenn bekannte Gesichter aus der Stadt auftauchen, gehe ich so unauffällig wie möglich weg.

Heute kam der Kinzig vom Geschäft. Schon von draußen erkannte ich ihn an seiner hellen Stimme. Zuerst war ich nicht wenig erschrocken, aber zum Glück hatten er und seine beiden Freunde ziemlich «geladen», sodass ich mich unbemerkt aus dem Staub machen konnte.

Merkwürdig, fast alle Kunden dieses «Kaufhauses für Liebe» haben die Abneigung gemein, es nüchtern zu betreten. Meistens schauen sie aneinander vorbei, zumal die, die einzeln kommen, als schämte sich einer vor dem andern, hier zu sein, als müssten sie sich, wenn auch unbewusst, Mut antrinken.

Den 24. August 1917

Knopploch hat heute wieder der Carmen von seinen Bemühungen erzählt. Bis jetzt konnte er den Aufenthaltsort seiner Frau und des Jungen noch nicht ermitteln. Er gibt jedoch die Hoffnung nicht auf. Er hat ein Gesuch um einmalige Abfindung für seine Rente eingereicht und wartet nun den Bescheid ab. Mit den paar tausend Mark, die er voraussichtlich erhalten wird, will er die Sache selbst in die Hand nehmen. Er beabsichtigt nach Holland zu fahren.

– Du wirst schon sehen, die find' ich. Und wenn ich meine letzte Hose versetze, und wenn ich ihnen zu Fuß bis an's Ende der Welt nachtippeln muss! – sagte er zu der Carla.

Er saß bei ihr und der Carmen auf dem Sofa.

– Na, und wenn, was hast du schon davon? – meinte die Carmen.

– Was ich davon habe, nichts habe ich davon. Aber der wird auch nichts mehr davon haben, das schwör' ich euch.

– Alles, bis auf's letzte Rasiermesser hat er mir genommen, der Hundsfott. –

– Na, beruhig' dich schon. Anderen ist's noch lausiger gegangen – fiel ihm die Carmen ins Wort. – Ich kenn' einen, der ist mit seiner Alten erst Gott weiß wie lang vor Gericht herumgezogen, bis er endlich die Scheidung durchgesetzt hat. Auf Teilung des Hausrats, genau die Hälfte, hat das Urteil gelautet. Und was hat das Biest und der Kerl, mit dem sie zusammen in seiner Wohnung gehaust hat, gemacht? Noch eh' der Büttel mit dem Wagen angerückt gekommen ist, haben sie den ganzen Krempel buchstäblich geteilt. Mit Säg' und Scher' haben sie alles, von Schrank und Bett bis auf's letzte Rotztuch, genau in der Mitte durchgesägt und entzweigeschnitten.

Herausfordernd blickte sie Knopploch an: – Und was hat er dann gehabt? Gerade soviel wie du und obendrein das Gespött von der ganzen Nachbarschaft!

Knopploch schien nichts von der tröstlichen Geschichte gehört zu haben.

– Alles hat er mir genommen – wiederholte er abwesend – alles, bis auf's letzte Rasiermesser.

Er stierte vor sich hin.

Plötzlich verzerrte sich sein Gesicht.

– Aber für das Bürschchen hab' ich mir extra ein Rasiermesser angeschafft, eines mit einer Doppelklinge!

Hass schärfte seine Stimme.

– Den Hund, den krätzigen, murks' ich zuerst ab! Rrtsch, mitten durch die Gurgel!

Seine Augen blitzten unheimlich, als er mit einem kurzen Ruck der Hand an seinem Hals entlangstrich.

– Prr, mach' die Gäul' nicht scheu! Mir läuft's schon eiskalt über den Buckel – versuchte die Carla zu scherzen.

– Blödsinn! – vernünftelte die Carmen – sich wegen so 'nem Mensch ins Unglück zu stürzen.

Knopploch winkte überlegen ab:

– Habt nur keine Angst, Mädels. Mir können sie nix machen! Ich weiß Bescheid. Ich hab' 'nen Kopfschuss, bin verschüttet worden und hochgradig nervös. Das hab' ich schwarz auf weiß. Mir müssen sie den Paragraph einundfünfzig geben.

Er lächelte irrsinnig.

Die beiden Frauen wollten ihn trösten.

– Ach was, futsch ist futsch, und hin ist hin!

– Ganz recht, mach' dir nichts draus: Frau verloffen, Geld versoffen!

– Umgekehrt wär's natürlich besser gewesen –, spaßte die Carmen.

– Lasst doch den Knopploch mit eurem Gewäsch in Ruh'! – sagte Lu, die eben dazu gekommen war.

– Erzähl' uns lieber was vom Krieg, Knopploch! – forderte sie ihn in gemacht leichtem Ton auf.

Sie kennt seine Schwäche. Wahrscheinlich wusste sie, dass er bereitwillig die Geschichte erzählen würde, die alle anderen Felderlebnisse in seinem Gedächtnis verwischt haben muss.

Er fing auch sogleich an:

– Voriges Jahr war's, im Juli 16, auf einer Höhe am Hartmannsweilerkopf. Erst ein paar Tage vorher hatten wir sie unter schweren Opfern erstürmt. Die Stellung muss gehalten werden, hat der Befehl gelautet. Volle achtundvierzig Stunden haben wir im Granatengewitter ausgehalten. Wir hätten noch länger standgehalten, trotz den großen Verlusten, wenn sich nicht am nächsten Morgen der verdammte Wind gedreht hätte. Der hat uns den Gestank von den Leichen in die Nase getrieben, die wegen dem Sperrfeuer seit Tagen unbeerdigt im Tal und am Abhang herumgelegen haben. Bei der Bruthitze hat das gestunken, dass man glattweg hätte umfallen können. Zudem haben unsere Horchposten gemeldet, dass die Franzosen einen Gegenangriff vorbereiten. Daraufhin hat unser Hauptmann die Räumung der Stellung befohlen.

Ein Zucken lief über sein Gesicht.

– Wie wir gerade im Abmarsch gewesen sind, hat's plötzlich über uns feuerrot aufgeflammt und mit furchtbarem Gekrach ein Loch in den Himmel gerissen. Die halbe Kompanie ist durch den Volltreffer verschüttet oder verwundet worden, eine Mine war's. Dass ich mit einer Schramme am Kopf davongekommen bin, war ein reines Wunder. Zwar hat mich ein Granatsplitter gestreift gehabt, zum Glück aber ist er schräg an meinem Stahlhelm abgeprallt. Durch die Explosion bin ich im Graben fortgeschleudert worden, dass ich alle Engel im Himmel hab' pfeifen hören. Wie ich wieder zu mir gekommen bin, war's beinah' finster. Zu meinem Schreck hab' ich gemerkt, dass sie mich bei der überstürzten Räumung für tot liegen gelassen haben. Was tun, mutterseelenallein im Graben? Angst hab' ich ja keine gehabt, aber unheimlich war's doch, wie sich in der Stille der Kanonendonner von drüben hinterm Berg angehört hat. Vom Osten her war's, bald schwächer, bald lauter, das Tacktack von den Maschinengewehren und abgerissenes Gewehrfeuer, das der Wind hergetragen hat. Plötzlich hab' ich aus nächster Nähe einen Schrei gehört. Der ist mir so durch Mark und Bein gegangen, dass ich im ersten Schreck noch halb betäubt über Körper und Sachen hinweg den Graben entlanggestolpert bin. Gerade wie ich über einen Stapel Kisten hab' klettern wollen, hat mich ein Geräusch aufgeschreckt. Ich lug' über die Schulterwehr und mein', mich trifft der Schlag: ein paar hundert Meter bergabwärts seh' ich Gestalten stumm wie 'ne lebende Mauer den Berg heraufkommen. Wie ich die Bajonette aufblitzen gesehen hab', war ich zuerst halber gelähmt. Nur in meinem Hirnkasten hat's mächtig geschafft. Die vorderste Reih' war kaum noch einen Steinwurf vom Postenloch, da ist's mir durch den Kopf geschossen, dass in den Kisten, über die ich eben klettern wollte, Eierhandgranaten sein müssen. Ich hab' mich auf den Schützenauftritt gestellt. Mit aller Gewalt hab' ich die oberste Kiste auf die Brustwehr hinauf gelüpft und sie den Abhang runtergekippt. Dann bin ich wieder lang hingeschlagen.

Er schwieg einen Augenblick und kniff die Augen zusammen.

– In einem Feldlazarett bin ich aufgewacht. Wie sie mir gesagt haben, haben die explodierenden Handgranaten eine Bresche in die Vorhut gerissen; die ist zurückgewichen und hat 'n großes Durcheinander in die nachrückenden Linien gebracht. Dadurch ist der ganze Ansturm ins Stocken gekommen. Die Franzosen haben sich zurückgezogen, wahrscheinlich haben sie einen Hinterhalt befürchtet und den Morgen abgewartet. In der Nacht, als die Höhe wieder von den Unsern besetzt worden ist, haben sie mich mit 'ner Kopfwunde und einem Steckschuss in der Lunge aufgefunden. Vom Feldlazarett bin ich als Schwerverwundeter in die Heimat gebracht worden. Erst haben sie monatelang an mir herumgeflickt, dann bin ich entlassen worden. Was, zum Teufel, hätten sie mit einem Krüppel anders anfangen sollen.

Er begann auf die gottverdammte Schweinerei zu wettern, die kein Ende mehr nehmen will, bevor nicht der letzte Mann verreckt ist.

– Für nix und wieder nix hat man sich die Knochen kaputtschlagen lassen!

Die Carmen legte den Finger an den Mund:

– Pscht! Wenn das die Wackerli hört – flüsterte sie. Sie schaute nach dem Vorhang. – Die sind arg patriotisch. Am End' zeigen sie dich noch als Flaumacher an.

– Ach was, Flaumacher! – brauste er auf. – Als ob da noch was flau zu machen wär'. Ich werd' mich noch genieren, die Schnauze aufzumachen;

Er bekam einen roten Kopf.

– Ich sag's frei heraus – schrie er – zum Unteroffizier befördern können sie einen. Und das «Eiserne» geben sie einem, wenn's sein muss sogar erster Klasse. Aber begraben wird man letzter Klasse, ins Massengrab verscharrt, schlimmer wie'n krepierter Hund – das ist der Dank des Vaterlandes!

Er mäßigte sich sogleich wieder. – Daheim in der Schublade liegt's, das Blechzeug. Für ein Rippchen mit Kraut könnt ihr's haben. Und der Stahlhelm steht in der Eck', als Spucknapf! – sagte er mit galligem Humor. Dann, mit einem Blick auf den Vorhang: – Andere sollen meinetwegen arsch-patriotisch sein – die Carla lachte laut heraus – mir für mein Teil langt's bis obenauf. Und überhaupt – er machte eine Geste wie einer, den die ganze Sache kaum noch etwas angeht – die sollen mir erst mal meine Familie und mein Geschäft wiedergeben, und meine gesunde Lunge, die sie mir draußen kaputt geschossen haben.

Lu wollte wissen, wohl um dem brenzlichen Gespräch eine andere Wendung zu geben, ob es wahr sei, dass er noch eine Kugel im Körper habe.

Er nickte wie mit Stolz. – Jawohl, eine wandernde Kugel.

– Eine wandernde Kugel? Ist das denn menschenmöglich?

– fragte die Carmen mit gutgespielter Ungläubigkeit. – Lass' doch mal sehen!

Knopploch ließ sich nicht zweimal bitten. Er knöpfte das Hemd auf und zeigte die Stelle auf der Brust, wo die Kugel eingedrungen war. Man sah eine breite, rot angelaufene Narbe.

– Schrecklich! – flüsterte die Carla.

– Ja, das war ein Heimatschuss, leider ein unglücklicher. So'n Heimatschuss, das ist halt kein Weihnachtsgeschenk, der fällt nicht immer so aus, wie man ihn sich wünscht. Den muss man hinnehmen, wie's trifft. Am End' kann man noch froh und glücklich sein, dass es nicht schlimmer gekommen ist, ein Schubs in die ewige Heimat, zum Beispiel.

– Und die wandernde Kugel, kann man die nie herausholen? – forschte die Carla.

Die Vorstellung von einer im Körper wandernden Kugel schien sie lebhaft zu beschäftigen.

– Nein, die kann man nicht herausholen. Die wandert dauernd im Körper herum – sagte er, wie ein Vater zu seinem neugierigen Kind.

– Die wandert dauernd im Körper herum? wiederholte nachdenklich die Carla.

– Ja, die wandert und wandert, bis sie eines schönen Tages ans Herz kommt. Dann macht es: Tack!, und aus ist es!

Knopploch tippte mit dem Zeigefinger gegen Carlas Brust.

Sie zuckte zusammen und schrie auf, als sei sie verwundet worden. – Na, dann ist's auch nicht schade! – fuhr er fort – wenn es nur noch solang' hält, bis ich meine Frau und meinen Gustav wiedergefunden habe.

Den 25. August 1917

Ich muss immerzu an die rote Wunde denken.

Wie ein verstümmelter Mund, der vernäht ist, sah sie aus.

Es ist entsetzlich.

Wird es, wenn je einmal der Krieg aus sein wird, einen Soldaten geben, einen von den Millionen im Schützengraben, der nicht gezeichnet ist? Werden sie nicht alle wandernde Kugeln im Körper, in der Seele haben? Kugeln, die man nicht entfernen kann, die wandern und wandern, bis sie eines schönen Tages an's Herz kommen. Dann macht es: Tack! – und aus ist es.

Den 26. August 1917

Wie es scheint, finden sich die Frauen ohne Auflehnung in ihr Los, betrachten sich als Opfer einer Verstrickung, eines Strudels. Hätte nicht ebensogut eine Welle sie nach oben, auf die Höhen des Lebens schleudern können?

Gewiss brennt in jeder von ihnen der Wunsch, aus dem Schlamm, in den sie tiefer sinken, herauszukommen, die Hoffnung, «dass einer käme und mich mitnähme», wie es im Volkslied so schön heißt. Einstweilen rächen sie sich für ihr Missgeschick auf ihre Weise: den Körper möglichst günstig, für möglichst kurze Zeit zu vermieten.

– Donnerwetter, die Carmen frisst mal wieder die Männer! – rief heute Abend die Carla voll neidischer Anerkennung aus, als diese, nach kaum ein paar Minuten, ihren Laufgast abgefertigt und zur Tür begleitet hatte. Statt Männer nannte sie jenen Körperteil, der diese zu solchen macht.

– Na, was denn! Soll ich vielleicht noch Kratzfüße machen oder gar einen Schleiertanz vor ihnen aufführen? – sagte die Carmen. – Für die drei Mark, wo er hingelegt hat, ist er noch zu gut bedient worden. Da müsst' es von Rechts wegen im Stehen abgemacht werden!

– Recht hat sie! – meinte die Mia – man zerschmilzt doch nicht vor jedem hergelaufenen Kerl wie'n Butterkloß auf dem Ofen. Unsereins hat doch schließlich auch seinen Charakter.

Den 27. August 1917

– Heut' hat die Ella mal wieder ihre närrischen fünf Minuten! – hörte ich beim Eintreten die Carmen sagen.

Die Frauen, die die giftigen Anfälle der Ella kennen, gingen ihr aus dem Weg. Sie setzte sich zu der blassen Frieda auf das Sofa und stierte ihnen nach. An jeder hatte sie etwas zu bekritteln.

Besonders die Asta, «der aufgeputzte Affe, mit dem gescheckten Rattenschwanz, den sie umhängen hat» scheint es ihr angetan zu haben.

– Wie läufige Hunde sind sie hinter ihr her, wenn sie Ausgang hat. Hinter so einem dürren Stecken. Hat die Haare mit dem Rechen gekämmt, und was für 'nen holzigen Gang sie hat! Nein, die Mannsleut' von heutzutag' taugen nichts mehr! – stellte sie kopfschüttelnd fest. – Zu meiner Zeit, da hätten sie sich vor so 'ner Knochenrapplerin wie vor Rizinusöl geschüttelt, hab ich nicht recht?

Fragend blickte sie die Frieda an, die, schweigsam wie immer, nicht zugehört zu haben schien.

– Damals hat man von vorn und hinten nicht genug unter's Korsett stopfen können – fuhr die Ella fort. – Na, ich hab' das Gottseidank nicht nötig gehabt. Bei mir war da was daheim.

Stolz deutete sie auf ihre Brüste, magere Zeugen einstiger Fülle.

– Die sollen nur herumschwänzeln und die Nase so hoch tragen, wie wenn sie sich die Zigarette am Mond anstecken wollten, hm, Jugend vergeht!

Böse Schadenfreude sprach aus ihr. Das sagte eine, die die Zeit nicht mehr zu fürchten hat. Die Zeit, welche die Jüngeren, eine nach der andern, zeichnen, verwüsten wird.

Die Ella liebt dunkles Bier. Leider bekommt es ihr nicht. Auch heute hatte sie schon nach den ersten Zügen den Schluckauf. Bald war sie beduselt. Sie plapperte vor sich hin.

Die Frauen, die die alte Leier kennen, hörten nicht mehr zu.

– Eigentlich können sie einem leid tun, die Mädels von heute – überlegte die Ella. – Arme Luder sind's. Was habt ihr schon von eurem Leben? – fragte sie die Frieda, die neben ihr saß.

Diese schaute abwesend zur Decke und gab keine Antwort.

Die Ella setzte unbeirrt ihr Gespräch mit sich selbst fort:

– Wir haben wenigstens unsere Jugend genossen. Ach ja, 'n richtiger Schmetterling bin ich gewesen!

Sie wurde weich, als sie anfing, von ihrem Leben zu sprechen.

Sie ist in der Freiburger Gegend beheimatet. Einen ganzen Roman hat sie hinter sich, dessen Höhepunkt um 1900 eine Lustreise mit einem baltischen Baron zur Pariser Weltausstellung war. Auch an die Riviera – Riffjera, wie sie sagt – führte sie diese Hochzeitsreise. Leider dauerte die Herrlichkeit nicht lange. In Nizza, wo sie im «Palast-Hotel» abstiegen, wurde, schon in den ersten Flitterwochen, der vornehme Herr eines Morgens aus dem Bett heraus verhaftet. Er war zwar ein Baron, aber ein internationaler, steckbrieflich gesuchter Hochstapler.

– So ist's nun mal in der Welt – klügelte die Ella – da meint man Wunder, was man hat, wenn man schon mal so 'nen echten Baron mit einem Namen, lang wie 'ne Ziehharmonika, auffischt, und am End' stellt sich heraus, dass es nur ein Titel ohne Mittel ist, ein Scheißkerl wie alle andern. Aber schön war's doch! Ach, Paris! Der Eiffelturm! Und erst Nizza! Ein Leben wie Gott in Frankreich war das. Ein Schlafzimmer mit einem breiten Himmelbett und seidenen Decken, und einen Salon mit Marmorkamin, dick mit Teppichen ausgelegt, dass man seine eigenen Schritte nicht mehr gehört hat. Gleich morgens der Diener mit der Schokolade ans Bett, dann im Zweispänner auf Gummireifen die Strandpromenade auf und ab gescheest. Wie eine richtige Baronin ist man sich vorgekommen mit dem weißen Pelzumhang, groß wie'n Bettvorleger, den er mir verehrt hat. Und zu essen hat es gegeben! Mittags und abends hat eine ganze Kompanie von Kellnern im Frack soviel herangeschleppt, dass man am End' kaum noch vom Tisch hat aufstehen können. Danach hat's erst richtig angefangen. Beim Mondschein im Ruderboot auf dem Meer herumgondeln, stundenlang an der Spielbank hocken und bis in den grauen Morgen hinein im Kasino oder in einem feinen Gartenrestaurant mit Lampions und Zigeunerkapelle bei Sekt und Austern sitzen – ach! Aus dem glitschigen Zeug in der Schale hab' ich mir nichts gemacht. Wie Spucke hat es ausgesehen und auch so geschmeckt. Aber der Champagner – tsa!

Sie schnalzte mit der Zunge und verdrehte die Augen, als prickelte er ihr eben wieder in der Nase.

– Hach! das war halt noch eine Zeit. Ich sag's ja immer: wer die Jahre vorm Krieg nicht miterlebt hat, der weiß nicht, was Leben heißt, habichnichtrecht?

Sie verstummte. Wehmütig blickte sie vor sich hin.

– Was die schon von Schampus weiß! – hänselte, vom Tisch

herüber, die Sektlissel. Sie saß bei einem kleinen Dickbäuchigen mit kahlem, birnenförmigen Kopf, den sie «Mein Direktorchen» titulierte. Er hatte Hängebacken, eine stachelige Fliege auf der Oberlippe und ein rötliches Knebelbärtchen. Auf die breite, wie zerquetschte Nase war ein goldumränderter Zwicker geklemmt. Vor den beiden stand eine leere Weinflasche. Mit glasigen Augen und unsicherer Hand füllte der Bezwickerte eben aus einer zweiten Flasche die Gläser auf, Mit der andern Hand, die er um die breite Hüfte der neben ihm sitzenden Sektlissel geschlungen hielt, versuchte das «Direktorchen» ihre großen Brüste zu packen. Da er sie nicht zu umfassen vermochte, wurde er es nicht müde, immer wieder und mit stieren Augen nach ihnen zu grapschen, wobei der Zwicker auf seine breite Nasenspitze rutschte.

Die blonde Germania ließ es geschehen, nachsichtig wie eine Mutter zu ihrem eigensinnigen Jungen, der nach Luftballons hascht. Abschätzig schaute sie zur Ella hinüber. Sie deutete mit ihrem fleischigen Arm auf sie, wobei sich in ihrem Ellbogen Grübchen bildeten:

– Wetten möcht' ich, dass die noch nie im Leben 'nen richtigen Sektschwips gehabt hat, die mit ihrem ordinären Bierrausch'.

Die Ella, ganz in Erinnerungen schwelgend, schien den Anwurf der Sektlissel überhört zu haben. An die Rückwand des Sofas gelehnt, das halbleere Bierglas auf dem Schoß, ließ sie den linken Arm über die runde Seitenlehne baumeln, ein Bild gespreizter Gelassenheit, an dem alle Sticheleien abprallen mussten.

Die Sektlissel ließ nicht locker. Der Wein schien sie in gereizte Stimmung versetzt zu haben.

– Wenn die soviel Sekt gesoffen hätt' wie ich, dann könnt' sie das Zeug nicht mehr riechen! Oft sind wir so beschwipst gewesen, dass wir in den Sekteimer hineingepisst haben.

Das war wohl übertrieben. Aber etwas daran muss wahr sein. Gewiss hat sie ihren Namen nicht von ungefähr.

Die Ella seufzte schwer, tat einen kräftigen Zug, strich sich wie ein Mann über die flaumige Oberlippe, stieß unterdrückt auf und begann fortzurattern wie 'n Maschinengewehr, um mit Carmens Worten zu sprechen.

Seit ihrem Abenteuer mit dem Baron, traute sie «den Vonundzu, die große Töne spucken und hinten nicht mehr hoch können», nicht über den Weg. Als sie, nach unfreiwillig langem Aufenthalt in Marseille, zurückkam – «sag' doch gleich: per Schub an die Grenze gebracht», stänkerte die Lissel – knüpfte sie nur noch solide Bekanntschaften an. Lange Zeit war ihr Freund ein hoher Justizbeamter, der in einer zwei Schnellzugstunden entfernten Kleinstadt wohnte, ein hochanständiger Mann und Vater von mehreren erwachsenen Kindern. Er richtete ihr im Neustadt-Viertel eine Dreizimmerwohnung ein, Küche und Bad mit weißgekachelten Wänden und eingelegten Steinfliesen. Samstags auf sonntags besuchte er sie; manchmal, wenn er zu Hause nicht loskam, dauerte es zwei, oft drei Wochen. Die übrige Zeit gehörte ihr. Sie lebte wie eine Rentnersfrau, aß reichlich, trank viel und ließ unseren Herrgott einen guten Mann sein. Kastenweise brachte man ihr das Bier ins Haus, «echt Münchner Salvator, nicht so'n Gesöff wie hier, wo's einem schon nach der zweiten Flasche kotzübel wird.»

Und närrische Liebesbriefe schrieb er, der alte Knacker. In Gesellschaft von Willy, ihrem damaligen Busenfreund, lachte sie sich oft halb tot darüber. Gewöhnlich setzte man gemeinsam nach dem Abendessen die Antwort auf. Wenn sie diese allein schrieb, benutzte sie dazu den Liebesbriefsteller. So recht verschmust musste das Geschreibsel sein. Sie hat deren so viele verfasst, dass sie sie noch jetzt auswendig weiß. Briefe, die immer mit: «Mein liebes, goldiges Teddybärchen!» anfingen, und in denen meist von «schrecklicher Langeweile, mutterseelenalleine, heißer Sehnsucht» die Rede war, sowie von einer verflossenen, wunderschönen Nacht, «wo das süße Brummbärchen seinem Zuckermäulchen blaue Flecken am Arm und anderswo gemacht hat.» Unterschrieben waren die Ergüsse mit: «Tausend heiße Küsse, Dein einsames und trauriges Ellimäuschen.»

Der alte Narr schickte ihr am Monatsersten zweihundertundfünfzig Mark, außer der Miete, die er vierteljährlich im voraus bezahlte. Und wie pünktlich am Zweiten oder Dritten die Postanweisung kam. War es einmal der fünfte oder sechste im Monat, so wurde der Willy gleich unruhig: «Dein Alter scheint krank zu sein. Dem wird man mal anstandshalber ein paar Worte schreiben müssen». Da setzte man sich eben hin und schrieb, an seine Adresse natürlich, nicht postlagernd, eine schöne Ansichtskarte: «Herzliche Grüße sendet Dir Dein alter Freund Ernst. P. S. Lass doch bald wieder einmal etwas von Dir hören!» Am übernächsten Morgen stand der Geldbriefträger vor der Tür.

Mehr als zwei Jahre dauerte das sorgenfreie Leben, bis «der Alte plötzlich abgeschnappt ist».

Dann ging es mit ihr bergab. Zuletzt fiel sie auf einen Tapezierer namens Emil. Ein strammer, verteufelt schöner Mann war das, mit einem flott gewichsten Kaiserbärtchen und einem dunklen Lockenwuschel von Haaren. Und ein paar Augen hat er im Kopf gehabt. Er war, wenn er nicht getrunken hatte, recht lieb zu ihr. Leider kam das selten vor. Er war sozusagen ein Opfer seines Berufes. Sein «blauer Montag» dauerte meist die ganze Woche hindurch. «Mach dir nichts draus, Ellichen! Ein Tapezier, der nicht säuft, das ist kein Tapezier!», lallte er, wenn sie zu zetern anfing. «Daran ist nur der verflixte Staub vom Seegras und von der Zupfwolle schuld. Der setzt einem den Brand in die Kehle.»

Dieser Emil scheint Ellas späte, einzige Liebe gewesen zu sein.

– Sonst war er ja ein herzensguter Mann, aber sein Lieblingsspruch war halt: Saufst, sterbst, saufst net, sterbst a, also saufst!

Ergeben und ohne Bitterkeit sprach sie es aus. Sie hob bedauernd die Achseln hoch, wodurch sich ihre Schulterhöhlen noch mehr vertieften.

Wie zwei Vogelnäpfchen! musste ich denken. Ich konnte kaum das Lachen unterdrücken, obwohl sie mir leid tat.

Trotzdem sie von ihrem Tapezierer «mehr Schläge als Brot zu fressen» bekam, hielt sie es mehrere Jahre bei ihm aus. Einmal, im Winter, prügelte er sie, im Rausch natürlich, zur Wohnung hinaus. Die ganze Nacht hindurch musste sie auf der Schwelle vor der Tür hocken.

– So'n Stück Malör! – warf die Carmen ein, die sich eben zu ihr gesetzt hatte. – Das hätt' er bei mir versuchen sollen. Ich hätt' den versoffenen Kerl bei Kopf und Arsch gepackt und ihn zum Tempel hinausgeschmissen. Oder ich hätt' lieber gleich mein Bündel geschnürt.

– Ich hab' halt den Emil gern gehabt – sagte die Ella kleinlaut.

Mit merkwürdig veränderter Stimme fügte sie hinzu:

– Für den hätt' ich mich lebend in Stücke schneiden lassen!

– Und zum Schluss ist er dir doch, mit einer Kellnerin, so 'ner jungen Rotznase, davongelaufen. Recht geschieht's einem – schmähte die Carmen – wenn man so eine alte Kuh ist und nicht mal mit Männern umzugehen weiß.

– Ach ja – seufzte die Ella – wenn man noch mal achtzehn war' und wüsst', was man heut' weiß...

– dann wärst du genau so'n dummes Luder, wie du's heut' noch bist! – sagte die Carmen trocken.

Den 28. August 1917

Heute war der Vizefeldwebel da. Es ist der, den Madame Wackerli unlängst rufen wollte, um den händelsüchtigen Vollbart einzuschüchtern.

Er heißt Berger. Allem Anschein nach ist er ein alter Freund des Hauses. Er muss schon Mitte der Vierzig sein, ist groß und breit, hat einen runden Rücken und einen zur Fülle neigenden Leib. Er trug Zivilkleidung. Wahrscheinlich macht er in Uniform einen stattlichen Eindruck. Seine breite, gewölbte Stirn, die Nase mit den schmalen Nüstern, die dicke Unterlippe und das rundlich glänzende Kinn – alles in seinem scharf rasierten Gesicht atmet rosige Frische, wirkt jungenhaft unbekümmert, trotz Lebemannsfalten und Krähenfüßen. Seine wässerigen Augen, die in helles Blau spielen, zeugen von der unverwüstlich guten Laune eines, der mit sich und der Welt restlos zufrieden ist.

Beim Eintreten vergnügte er sich damit, der Sektlissel mit zwei aufeinandergelegten Fingern plump vertraulich auf das Gesäß zu klatschen. Der Carla pfetzte er im Vorbeigehen leichthin und mit dem kundigen Griff des Stammtischbruders ins Sitzfleisch, dass sie aufquietschte. Die Mia begrüßte er, indem er ihr eilfertig die ausgestreckte Hand mit gesteiftem Daumen entgegenhielt. Es belustigte ihn, als sie gedankenlos seinen Gruß erwidern wollte, die Hand schnell zurückzuziehen und sie mit in der Luft hängendem Arm stehenzulassen.

Er nennt die Frauen «Glühwürmchen», «Herrgottskäferchen» und, weniger niedlich: «Ziege», «Gerupftes Huhn».

Anscheinend machten ihm seine Plattheiten Freude.

Dass sich nicht immer jemand zum Mitlachen fand, hinderte ihn nicht, sie ausgiebig zu begrinsen. Vielleicht merkte er selbst nicht, dass er der einzige war

Er scheint nicht wählerisch zu sein. «Betthase ist Betthase, und kalte Füße haben sie alle!» sagte er.

Einzig die Ella fand keine Gnade vor seinen Augen. Er hieß sie «Achtundneunziger Modell» und belegte sie mit Ausdrücken, von denen «Alte Schatulle, wo's Schloss nicht mehr schnappt» und «Gulaschkanone, viel Knochen und wenig Fleisch dran», die schmeichelhaftesten waren. Sobald sie ihn nur anzusehen wagte, verzog er sein volles Gesicht zu einem sauersüßen Lächeln. Er konnte sich nicht genug tun, mit ihr seine Zoten zu reißen:

«Wo hast du deine Zitzen?», «Eulchen, du hast ja Falten in der Stimme!», «Nee, Evchen, in deinen sauren Apfel beiß' ich nicht!»

Erstaunlicherweise schwieg die Ella. Sie schaute zur Seite. Von Zeit zu Zeit warf sie ihm einen tief verächtlichen Blick zu, den er mit Feixen und einer neuen Unflätigkeit beantwortete.

Er hat einen Abscheu vor Bürgermädchen.

– Bei denen weiß man nie recht, woran man ist – hörte ich ihn später zu der Carmen sagen.

Er unterhält sich gern mit ihr, «weil sie ein gescheites Mädel ist, und nicht wie das andere Bettzeug, mit dem man kein vernünftiges Wort reden kann».

– Nee, die Gänse sind mir zu schmalzig – fuhr er fort. – die hängen sich an einen wie Kletten, machen ach! und och!, noch eh' man sie recht angerührt hat. Und bei jedem ungeschickten Wort pissen sie mit den Augen. Dabei wollen sie immer dasselbe Geflunker hören, schwafeln gleich von ewiger Treue, von Heim und Herd und Gott weiß was für Unsinn.

Als die Carmen ihn fragte, warum er eigentlich nicht heirate, wehrte er ab:

– Ich, heiraten? Ich bin ja ein Gemütsmensch. Aber jeden Tag das gleiche Weib im Bett? Gott bewahre! So was ist nichts für einen alten Knaben. Das ist langweiliger wie alle Tag' Lagerbier!

Angewidert wies er auf das vor ihm stehende, halbvolle Glas mit der schalen bernsteingelben Flüssigkeit.

– Heiraten? Mensch sei helle, bleib' Junggeselle! Brr, alles, bloß kein Kinderwagen! Lieber 'n Fahrrad mit Holzreifen!

Seine komisch entsetzte Miene ließ die Carmen laut auflachen.

Bald darauf ging er mit ihr nach oben.

Den 29. August 1917

Die Carmen berichtete heute zum Gaudi aller, wie sie Einen nasführte, der unbedingt wissen wollte, wieso sie hierhergekommen ist.

Pfarrerstochter sei sie, in einem Kloster erzogen, mit fünfzehn Jahren von einem Opernsänger entführt. Ihretwegen hätten sich ein Leutnant duelliert, ein reicher Kaufmann bettelarm gemacht und eine Anzahl andere Männer ins Unglück gestürzt.

Wie es scheint, besteht eine stillschweigende Abmachung, die Gäste zu belügen. Die Frauen kennen ihre Kunden. Sie wissen, was man von ihnen hören will: alles, nur nicht die Wahrheit. Die ist immer nackt. Und die nackte Wahrheit ist selten schön, zumal diese nicht.

Warum auch sollen sie den Besuchern ihr Schicksal erzählen? Kennen die nicht zur Genüge das Elend des Alltags? Tritt es ihnen nicht draußen überall entgegen, wenn es nicht gar bei ihnen selber hockt? Die harte Wirklichkeit ist es doch wohl, der alle die entrinnen wollen, denen das Bordell Flucht aus Enge und Einerlei bedeutet, ein Streifzug in die Niederungen des billigen Abenteuers und des Lasters.

Nur zu gern geben diese Besucher sich dem Trug hin, mit der Schwelle eines solchen Hauses fremden Boden zu betreten, sozusagen Grenzgebiet, mit anderen Sitten, anderen Gesetzen. Sie brauchen die Selbstlüge von einer in sich abgeschlossenen

Welt, gerade weil sie wissen, dass diese «andere» Welt die Kehrseite der unseren ist, von ihr nicht weiter als zwei Rinnsteine voneinander getrennt; dass diese Frauen hier Töchter und Schwestern von Müttern und Brüdern sind; und endlich, dass eine Verirrung, oft nur eine Unbedachtsamkeit genügen, ihre eigenen Töchter, ihre eigenen Schwestern für immer in diese «andere», untere Welt zu stoßen.

Den 30. August 1917

Heute waren es zwei Urlauber, die «Stimmung in die Bude brachten».

Sie machten in ihren braunen Lederjacken und den Stulpenhosen mit glänzenden Ledergamaschen gute Figur und hatten ein sicheres Auftreten.

Als sie mit den Frauen auf dem Sofa saßen, auf dessen zusammengedrückten Sprungfedern sie sichtlich nach hinten rutschten, hatte ich plötzlich das Empfinden, der merkwürdige Geruch hier, über den ich mir bis jetzt nie klar werden konnte, käme von dem Sofa; als strömte es, verbraucht wie eine alte Kupplerin, durch seinen gepressten, speckig glänzenden Plüsch alle mit der Zeit aufgesaugten menschlichen Gerüche aus.

Zuerst taten die beiden Soldaten gewichtig. Sie wollten nicht recht mit der Sprache heraus, doch unter der wohligen Wärme der weiblichen Körper auf ihrem Schoß tauten sie bald auf.

Es stellte sich heraus, dass sie Chauffeure im besetzten Gebiet in Belgien sind. Ihre Herren, hohe Offiziere, gehören zum Stab des Kronprinzen in Charleroy.

– Beim Kronprinz' seid ihr? – forschte die blasse Frieda.

Obwohl über zwanzig, sah sie auf dem Schoß des einen Soldaten mit dem breiten Bart wie eine Sechzehnjährige aus. Sie blickte ihn mit ihren großen dunklen Augen ungläubig an. Sie überlegte einen Augenblick.

– Wenn ihr beim Kronprinz' seid – platzte sie heraus – dann müsst ihr doch wissen, wann's Friede gibt?

Die beiden, überrascht durch diese kühne Schlussfolgerung, warfen fast gleichzeitig einen Blick auf die Fragerin. Nachdem sie sich vergewissert hatten, dass die Frage ernst gemeint war, schwoll ihnen der Kamm. Es schmeichelte sie sichtlich, dass man ihnen zu wissen zutraute, was ohne Zweifel selbst die Allgewaltigen im Generalstab in Verlegenheit gebracht hätte.

Der eine räusperte sich geräuschvoll.

– Friede? – er schnitt ein Gesicht und schüttelte seinen grauen Kopf – nee, Mädel, schlag' dir bloß mal das aus dem Kopp! Solange unsere Herrn Offissiere dahinten in der Etappe noch so gut zu fressen und zu saufen haben, ist an Frieden gar nicht zu denken. Das kann noch der Teufel weiß wie lange dauern, fünf oder zehn Jahr'.

– Oh, das ist aber starker Tobak! Glaub's ihm nur nicht, der bindet dir 'nen Bären auf – beruhigte der andere die Blasse, deren Gesicht einen erschrockenen Ausdruck bekommen hatte.

Der erste wollte widersprechen, ging aber, da er die bestürzte Miene der Frieda bemerkte, sogleich auf den scherzhaften Ton seines Kameraden ein.

Na, was denn, Mädel! Mach' doch nicht so'n Gesicht wie drei Tag' Regenwetter. Kannst denn keinen Spaß nicht vertragen?

Die Frieda antwortete nicht. Ihr Blick war zu Boden gerichtet.

Der Grauhaarige kratzte sich verlegen am Bart. Ratlos schaute er den andern an. Plötzlich kam es wie eine Eingebung über ihn.

Er beugte sich an ihr Ohr vor: – Hast wohl 'nen Schatz draußen?

Die Frieda nickte stumm.

Er langte ihr sachte unters Kinn. – Aber, Mädel, wer wird denn deswegen den Kopf hängen lassen! – schalt er sie väterlich. – Meine Anna, die ist so in deinem Alter, die hat auch 'nen Bräutigam draußen, bei den Hundertsechsundvierzigern! – fügte er vertraulich hinzu, als ob diese Einzelheit besonders geeignet sei, sie über einen etwaigen Kummer zu trösten.

– Na, und Geschichten könnt' ich euch erzählen! – deutete er, wie um sie abzulenken, an.

– Geschichten, wie die's dahinten treiben. Kolossal sag' ich euch, nichts wie Sauereien. Maul und Nase würdet ihr aufreißen!

Er ließ die Stimme zu einem Flüstern herabfallen:

– Zum Beispiel: die Affenhochzeit –

– Ach was, Affenhochzeit! – ein Schimpanse war's! Extra von Hagenbeck aus Hamburg haben sie ihn kommen lassen. Ich hab' es selber im Käfig gesehen, das haarige Vieh.

– Meinetwegen 'n Schimpanse! – fiel ihm der erste ins Wort – aber das Affenweibchen haben sie schon da gehabt. Na also, die Schimpansenhochzeit bei Fackelbeleuchtung im Quartier beim Kronprinzen –

Er brach mitten im Satz ab und kniff erschrocken ein Auge zu, als hätte er eben ein Staatsgeheimnis ausgeplaudert.

Trotz Drängen der beiden Frauen blieb er standhaft.

– Erzähl' wenigstens mir, wie's mit der Affenhochzeit gewesen ist – gurrte die Carla, die auf dem Schoß seines Kameraden saß.

Ihre Augen glänzten, sie beugte sich zu ihm hinüber, flüsterte ihm etwas ins Ohr.

Er verzog das Gesicht zu einem wonnigen Grinsen, bezwang sich jedoch sogleich.

– Nein, nein! Ich werd' mich hüten, mir mein Maul zu verbrennen. Später mal! – versprach er der Carla, die Schmollmäulchen machte. – Und wenn wir's noch erleben! – fügte er wie für sich hinzu.

Sein Kamerad hatte schwärzliche Stellhaare und ein eckiges, derbes, doch gutartiges Gesicht. Er zog bedächtig an seiner Pfeife.

– Hast recht, Anton! – sagte er und drehte das eine Ende seines spitzgezwirbelten Schnurrbartes – unsereiner kann doch nichts dagegen machen. Wir müssen's halt fressen, wie's kommt!

– Wer weiß, Karl! Alles hat mal ein End'. Vielleicht kommt's auch anders. Hungriger Magen hat keine Ohren. Man braucht bloß daran zu denken, wie's die Russen jetzt drüben machen! Da hat's auch lang genug rumort. Aber jetzt bläst dort 'n anderer Wind, da geht manchem der Atem bei aus, und wenn's erst mal bei uns losgeht, dann rappelt's nicht schlecht...

Der mit der Pfeife schüttelte den Kopf.

– Setz' dir bloß keine Laus' ins Fell, Anton! Der deutsche Michel ist anders als der Russ', der hat schon immer die Zipfelmütz' aufgehabt und ist den Trott gewöhnt. Bei dem dämmert's immer erst, wenn's Haus abgebrannt ist. – Er zuckte die Achseln. – Na, mir soll's recht sein, wenn's mal anders kommt, je früher, je lieber!

Verdrießlich qualmte er seine Pfeife.

– Die Herren mögen recht haben, der deutsche Michel und seine Zipfelmütze sind von eh und jeh' das Gespött neidischer Nachbarn gewesen. Aber was das letztere anbetrifft, so können wir heute doch wohl getrost sagen: mit dem Schlendrian ist es vorbei, seitdem er den Stahlhelm trägt, und zwar ein für allemal, nicht wahr?

Die beiden Soldaten warfen wie auf Kommando den Kopf zur Seite. Neugierig betrachteten sie den unerwünschten Zwischenrufer, der drüben allein am Tisch saß.

Er war mir schon vorher aufgefallen, als er leise auf die Asta eingesprochen hatte. Sie war mit übereinandergeschlagenen, wippenden Beinen neben ihm gesessen, hatte nur mit halbem Ohr zugehört, vor sich hingesummt und den blauen Rauch ihrer Zigarette ringelig in die Luft gehaucht. Je beharrlicher er auf sie eingeredet, desto ungeduldiger hatte sie mit den Fingern auf den Tisch getrommelt. Schließlich hatte sie den Kopf geschüttelt, dass ihr die kurz geschnittenen Haare ins Gesicht gefallen waren, war aufgestanden und, ohne ein Wort zu sagen, davongetänzelt.

Wütend hatte er ihr nachgeschaut, dann unachtsam in den «Fliegenden» geblättert. Auf die beiden Soldaten aufmerksam geworden, war er mit gespitztem Ohr ihrem Gespräch gefolgt.

Er mochte etwa vierzig Jahre alt sein, war schmächtig und hager. Er trug einen blauen Anzug, der sauber gehalten, aber ziemlich abgetragen aussah. Sein bartloses, schmales Gesicht wurde durch eine spitze, etwas zur Seite gedrehte Nase verunschönt. In seinen grauen, froschigen Augen lag etwas Unterwürfiges, Versteckt-Hinterhältiges. Die dichten, glatt anliegenden Haare von brauner Färbung ließen durch den schnurgeraden Scheitel an eine Perücke denken. Buchhalter oder kleiner Beamter, schätzte ich, als mein Blick auf seinen steifen Kragen mit der vorbildlich geknoteten Krawatte fiel.

Nach einer Weile und nachdem er den Zivilisten von Kopf bis Fuß gemustert hatte, entgegnete der Soldat mit der Bürstenfrisur:

– Allemal hat er den Stahlhelm auf, der deutsche Michel! Aber die Schlafmütze steckt noch immer drunter, wie's Käppchen beim Pfaffen!

Er stieß heftig den Rauch durch die Nase.

Der bei der Asta Abgeblitzte gab sich nicht zufrieden.

– Und das mit dem großen Leben unserer Offiziere da draußen wird wohl auch nicht so ganz stimmen! – krittelte er weiter.

Ein dünnes Lachen tröpfelte von seinen Lippen.

– Hm, man lebt doch nicht auf dem Mond, und schließlich, wofür liest man seine Zeitungen.

– Ach was, Zeitungen! – griff jetzt Anton ein, der die Geschichte von der Schimpansenhochzeit schuldig geblieben war. – Ist doch alles nur Schwindel, was da reingeschmiert wird. Unsereiner zieht auch nicht die Hose mit der Beißzange an. Wir brauchen nicht in die Lügenblätter reinzugucken, um zu sehen, wie wir beschissen werden. Wir sehen's mit eigenen Augen, was los ist. Mir soll bloß keiner was vorquasseln!

Er winkte vielsagend mit der erhobenen Hand.

– Ich weiß, wieviele Kisten mein Herr Hauptmann heimgeschmuggelt hat. Ich hab' sie selber verladen müssen. Vorsicht! Nicht stürzen! Heeresgut! hat auf dem Deckel gestanden. Und was war drin?

Er machte eine Pause, blickte bedeutungsvoll um sich.

– Silbergeschirr war drin!

Er schnippte laut mit Daumen und Zeigefinger in die Luft, schaute dabei triumphierend den Zweifler von gegenüber an.

– Ganze Kisten voll mit Tafelgeschirr, Armleuchtern, Bestecken mit Monogramm – eine Krone und ein verschnörkelter Buchstabe war drauf – alles Prachtstücke, aus schwerem, getriebenem Silber, wie ich sie mein Lebtag noch nicht gesehen hab'. Mir kann niemand was weismachen, ich kenn' mich aus im Wurstkessel, ich bin nämlich Feinmechaniker und Ziselör von Beruf. Und Kristallschalen und Porzellanfiguren und der Teufel weiß was noch für Brimborium, alles in feine Spitzendecken eingewickelt. Jawohl, der hat sein Schäfchen im Trockenen. Der kann, wenn der Schwindel rum ist, mitten in Berlin den schönsten Silberladen aufmachen. Das steht nicht in eurem Arschpapier drin, mit Respekt zu sagen, was?

Hohnvoll blickte er den Stehkragen an.

Der hatte mit wachsendem Missbehagen zugehört. Es schien, als überlegte er, ob es nicht unter seiner Würde sei, auf solch eine gröbliche Redeweise zu antworten. Er hüstelte, setzte ein schiefes Lächeln auf, zog mit gemessenen Bewegungen aus seiner Brusttasche ein blütenweißes Taschentuch, entfaltete es umständlich, schnauzte sich mehrere Male vernehmlich und legte es zusammen, nicht ohne darauf einen zerstreut-neugierigen Blick geworfen zu haben.

Frostig und voll Hinterlist sagte er dann:

– Ich sehe wohl, die Herren sind Sozialdemokraten. Da ist es am besten, man streitet sich nicht weiter herum.

– Quatsch! – brauste der Ziselör auf – wir sind keine Sozialdemokraten, wir sind Soldaten. Wir sagen, was wir wissen und was wir gesehen haben. Unsere Weiber daheim haben wir gesehen, und unsere Kinder. Und dass sie nichts mehr zu fressen haben, das haben wir gesehen! – rief er erregt zu dem Widerspruchsgeist hinüber.

Der machte ein betretenes Gesicht. In die Enge getrieben, versuchte er sich anzubiedern:

– Kein Zweifel, die Knappheit an Lebensmitteln ist eine von den unerfreulichen und bedauerlichen Begleiterscheinungen.

Seine scharfe, leicht scheppernde Stimme klang versöhnlich, was nicht gut zu seinem Gesicht passte.

– Aber, Sie müssen doch zugeben, lieber Mann! – fügte er katzenfreundlich hinzu – dass daran einzig und allein die Bande von Feinden schuld ist, die uns eingekreist haben, weil ihnen Deutschlands Macht und Größe ein Dorn im Auge gewesen ist. – Er zog die schmalen Schultern hoch. – Tja, Krieg ist Krieg! Da ist nun einmal nichts zu ändern. Wir müssen eben durchhalten.

– Ich scheiß' auf euer Durchhalten! – fiel ihm der Soldat ins Wort. Er war in heller Wut und begann augenscheinlich seine Beherrschung zu verlieren.

– Zu fressen wollen wir haben! – brüllte er den belämmert Dreinschauenden an, als wollte er ihn für das ganze Elend verantwortlich machen. – Die da oben haben gut durchhalten predigen! Wir müssen den Buckel hinhalten und Kohldampf schieben, während die sich den Ranzen vollschlagen, dass sie nicht mehr gerade stehen können. Wer's nicht glaubt, der braucht sich ja nur freiwillig zu melden und mal so 'n Jährchen draußen mitmachen. Da kann er selber sehen, was wahr ist, und was nicht in dem gedruckten Mistpapier steht. Wir haben die Nase voll von dem Schlamassel. Nicht, Karl?

Er nickte seinem Kameraden zu und warf einen dreisten, nicht misszuverstehenden Blick auf den Daheimbleiber.

Der Karl hatte, den Arm um den Hals der Carla gelegt, die ganze Zeit über seine Pfeife geschmaucht.

– Recht hast du, Anton! Aber mach' endlich 'nen Punkt. – Er blinzelte ihm zu: – Wir wollen doch nicht die Fräuleins mit unsern dicke Bollen – er meinte Politik – langweilen.

Unbewusst war er Frau Wackerli zuvorgekommen, die, wie hergezaubert, hinter den durch den lauten Wortwechsel hergelockten Frauen und Gästen stand und sich eben anschickte, die beiden Kampfhähne zur Ruhe zu bringen.

– Genug von dem Gequatsch! – rief der Karl.

– Ach ja, genug von dem Gequatsch! – echote es aus dem Mund der Carla, die wiederholt unterdrückt gegähnt hatte. Sie lebte jetzt förmlich auf.

– Pack' doch lieber mal aus, wie's mit der Affenhochzeit war! – drängelte sie nun auch ihren Busenfreund. Sie rieb sich an ihm, schnurrte wie eine Katze. Als auch das nicht ziehen wollte, presste sie sich an ihn, als wollte sie ihrem Wunsch gleichsam mit der Last ihres Gewichtes Nachdruck geben.

Erst nach einer gewissen Kraftanstrengung gelang es dem Karl, sich aus der atembenehmenden Umarmung zu befreien.

– Uff! Aber Mädel, wie soll ich denn schwätzen, wenn du mir vor lauter Lieb' die Luft abstellst – schnaufte er, noch außer Atem. Er fuhr sich aufgeregt über die kurz geschnittenen Haare.

Als die Umstehenden, durch das Gekuller der Carla angesteckt, zu lachen anfingen, blickte er verschmitzt um sich. Er klopfte seine kalt gewordene Pfeife auf der hohlen Hand aus, holte einen braunen Tabaksbeutel aus der Tasche, stopfte die Pfeife, drückte den grobgeschnittenen Knaster mit seinem breiten Daumen nach. Dann setzte er sie wieder in Brand.

– Na, meinetwegen! – sagte er – weil wir so schön beisammen sind, will ich euch ein Stückchen erzählen, was mir da im Belgischen passiert ist.

– Also, im ersten Kriegswinter war's, lasst mich mal nachdenken: ja, im Jahr vierzehn, ungefähr zwei Wochen vor Weihnachten. Wir hatten kurz vorher in der Gegend von Löwen Quartier bezogen. Da hab' ich einen von den Herren, der wegen Todesfall telegrafisch heimgerufen worden ist, an die nächste Bahnstation bringen müssen. Mit sechzig Kilometern, bei Glatteis, über Berg und Tal, und fragt mich nicht, was für holprige Straßen, kurz und gut, ich kann euch sagen, die fünf Mark Trinkgeld, die mir der Oberleutnant Weber gegeben hat, die hab' ich mir ehrlich verdient gehabt. Mach' dir 'nen schönen Abend, Karl!, hat er gemeint und mir noch ein paar Zigaretten geschenkt. Jawohl, Herr Leutnant! hab' ich gesagt. Sich 'nen schönen Abend machen, das war leichter gesagt, wie getan. Die Bahnstation, müsst ihr wissen, war so'n gottverlassenes Nest, wo die Leut' mit den Hühnern schlafen gehen. Schöne Aussichten: weit und breit kein Wirtshaus, in der Umgebung nur ein paar elende Kaffs und bis heim ins Quartier noch gute drei Stunden. Es hat nämlich früh gedunkelt, und zudem bin ich die Straße zum ersten Mal gefahren, kurz und gut, ich hab' nicht mehr so ein Tempo nehmen können und bin mit dreißig Kilometern heimgeschlittert. Nach einer Weile hab' ich gemerkt, dass ich an einer Kreuzung den falschen Weg gefahren bin. Zu allem Unglück war's zappenduster geworden, und ein Schneegestöber hat eingesetzt, in dicken Flocken hat's geschneit, was nur vom Himmel runter gewollt hat. Ich bin aus dem Wagen rausgestiegen. Verflucht und zugenäht, da war ich in der Patsche.

Was tun? Grimmig kalt war's, ein eisiger Wind hat gepfiffen, die Zähne haben mir nur so geklappert. Ich hab' mir so gut wie möglich durch Armschlenkern warm gemacht. Und ein Loch im Bauch hab' ich gehabt, 'nen ganzen Bären hätt' ich verschlingen können. Ich sag' euch, ganz mulmig war mir's am End'. Schließlich bin ich halt auf gut Glück weitergependelt, immerfort an Winterfeldern und an verschneitem Gehölz vorbei. Ich war schon ganz verzwatzelt, als ich endlich in der Lichtung von einem Wäldchen etwas hab' aufblinken sehen. Mit Vollgas bin ich drauf losgesteuert. Ein Gehöft war's, ein einstöckiges Haus mit 'nem spitzen Giebel und dicht zugefrorenen Scheiben. Ein flackerndes Lichtchen, wie von einer Kerze, hat drin gebrannt. Na, so recht einladend hat's nicht ausgesehen, aber ihr könnt euch denken, wie heilfroh ich gewesen bin, als ich mit meinen klammen Fingern die Taschenlampe angeknipst und auf dem Schild «Auberge du Mulin» gelesen hab'. Auberge, müsst ihr wissen, heißt nämlich auf gut deutsch: Herberge, und Mulin heißt: Mühle. Das hab' ich zwar damals noch nicht gewusst, aber ich hab's auf dem Schild gesehen. Da war nämlich so 'ne Windmühle draufgemalt. Kurzundgut, die Sache war richtig. Ich hab' angeklopft. Es hat nicht lang gedauert, da hat ein altes Mütterchen aufgemacht, mit einem Häubchen auf dem weißen Scheitel. Sie hat mich in meinem verschneiten Aufzug angestaunt, wie wenn ich der Weihnachtsmann in Uniform war'. Plötzlich hat sie einen Kauderwelsch auf mich losgelassen, mit der Hand abgewehrt und mir die Tür vor der Nas' zuschlagen wollen. Ich, nicht faul, hab' meinen Fuß dazwischengestemmt. Bonschur, Madamchen! Habt' doch keine Bange nicht, hab' ich sie gleich beruhigt, wenn ich auch 'nen Mordshunger hab', aber 'n Menschenfresser bin ich deswegen noch lange nicht. Das arme Weiblein, geschlottert hat sie vor Angst. Ohne viel Federlesen bin ich in die Stube reingegangen. Das war ein kleiner Raum mit Holztäfelung, blinkblank wie in einer westfälischen Bauernstube. Im Kamin hat ein heimeliges Holzfeuer geprasselt. Na also, gemütlich war's, bloß 'n bisschen arg duster, die Petroleumfunsel an der Wand hat geblakt, und der Zylinder war schon ganz verrußt. Ich hab' mich umgeguckt, kein Mensch ist zu sehen gewesen. Endlich hab' ich hinten am Büffet einen jungen Burschen von ungefähr sechzehn entdeckt. Kreidebleich hat er dagestanden. Heda, Mosjöh! hab' ich ihm zugerufen, nix zum Futtern da? Er hat Augen gemacht wie ein gestochenes Kalb, genau wie die Alte, die stumm und starr im Türrahmen stehengeblieben ist. Dann hat er den Schnabel aufgerissen, aber vor lauter Datterich kein Wort herausgebracht. Essen! Manschee! hab' ich nochmal laut zu ihm herübergeschrien und dabei gemacht, wie wenn ich mit vollen Backen kaue. Es hat aber nichts geholfen, eher noch meinen Hunger aufgestachelt. Komischer Menschenschlag! denk' ich bei mir, womöglich meinen die, dass ich nicht bezahlen will. Kurzentschlossen hab' ich mein Fünfmarkstück auf den Tisch hingehauen, dass es nur so gescheppert hat. Mit einem Mal ist mir, weiß der Teufel woher, der Geruch von gebackenen Eiern in die Nase gekommen. Vor meinen Augen hab' ich ein goldgelbes Omlett gesehen, so richtig knusprig angebacken und mit Stückelchen Schinken drin, dick wie ein Finger. Kurzundgut, ein Omlett, so groß wie der Deckel von 'ner Hutschachtel. Ich kann euch sagen, mir ist buchstäblich mau geworden. Eier mit Schinken, so'n saftiger geräucherter Nussschinken, wie bei uns daheim, ich glaub', ich war' imstand' gewesen, jemand dafür umzubringen. Verdammt noch mal, wie es aber den beiden klarmachen, die keine Silbe deutsch verstehen und mich wie den Leibhaftigen anstieren? Natürlich hab' ich mal gehört gehabt, was Eier mit Schinken auf französisch heißt, aber ich hab's bald aufgegeben, mir darüber den Kopf zu zerbrechen. Kurz und gut, es ist zum Aus-der-Haut-fahren gewesen. Ihr wisst ja, wie's gewöhnlich ist: wenn man sich auf was besinnt, dann will es einem ums Verrecken nicht einfallen. Wie kommt die Kuh vom Eis, hab' ich mir überlegt. Da ist mir ein guter Einfall gekommen. Ich bin ein paar Schritte auf und ab gestelzt, hab' abwechselnd einen Fuß an den Leib gerissen, den Kopf steif hin und her gereckt und wie 'ne Henne gegackert. Dann hab' ich unter'n Hintern gelangt und das unsichtbare Ei hervorgeholt. Peng!, hab' ich's aufgeschlagen und, pff!, es in die zischende Pfanne geschmissen. Uff!, da war' mal das Ei in der Pfanne. Jetzt der

Schinken! Ich klappe mein Dolchmesser auf und bin gerad' dabei, mit der stumpfen Schneide an meinem Hinterbacken entlang zu streichen, wie wenn ich eine feine Scheibe Schinken absäbeln wollt'. Den Zweien scheint's dabei nicht recht geheuer gewesen zu sein. Mit aufgerissenen Augen haben sie meine Bewegungen verfolgt, und wie sie das Messer aufblitzen gesehen haben, sind sie mit gellendem Geschrei aus der Stube gestürmt.

Alle brachen in Lachen aus. Auch Frau Wackerli, die abwartend vor dem Vorhang stehengeblieben war, lachte, dass ihre Brust mächtig auf und ab ging. Sie bekam ein rotes Gesicht und Tränen in die Augen.

– Und zum Schluss bin ich kurzerhand selber ran an den Speck! – trompetete der Messerheld. – In der Küche hab' ich zwar nur Brot und Käs' aufgetrieben. Zuletzt hat sich auch noch 'n guter Tropfen zum Nachspülen gefunden. Essen muss der Mensch, ein leerer Sack bleibt nicht stehen, hab' ich mir gesagt und hab' reingehauen wie'n blinder Gaul.

Er stimmte fröhlich in das Gelächter der andern ein.

Selbst der Störenfried drüben am Tisch, der so getan hatte, als ob er nicht zugehört hätte, verzog sein Gesicht zu einem qualligen Grinsen.

Den 31. August 1917

Im Geschäft hat mich heute der lange Moog, der Oberbuchhalter, an den Heimkrieger von gestern erinnert.

Der hat genau so gehüstelt und geschraubt geredet wie er. Warum sich diese Pultquetscher wie die feinen Leute die Zunge verbrechen müssen?

Jedenfalls, ein wunderlicher Kerl, kommt ungerufen und setzt sich mitten in die Brennesseln. Schade, dass gestern der Knopploch nicht dazugekommen ist. Das hätte ein Theater gegeben, wenn die beiden die Schreiberseele zwischen die Zange genommen hätten.

Warum wohl der Stehkragen die himmelschreienden Zustände verteidigt hat? Sein schäbiges Äußeres und sein Hungerleidergesicht beweisen doch, dass er nicht Nutznießer dieser

Mißstände sein kann. Ärger allein über die erlittene Abfuhr kann es auch nicht gewesen sein. Was also?

Den 1. September 1917

Dieser Berger versuchte heute auch Lu als Zielscheibe für seine albernen Späße zu benutzen. Sie wurde wütend, wie ich sie noch nie gesehen habe, und leuchtete ihm gründlich heim.

Er war kaum mit der Vera abgegangen, als die Ella über ihn her zog.

Berger hat vor Jahren in seiner Vaterstadt Bochum viel von sich reden gemacht. Die Ella weiß das von der Mia, die aus einem kleinen Grubenort in der Nähe von Bochum stammt. Sie war dort in ihrer Jugend Friseuse, später eine Zeit lang Empfangsfräulein bei einem Zahnarzt.

Einige Weibergeschichten Bergers, wie der Selbstmord einer Apothekerstochter, deren Abschiedsbrief eine einzige Anschuldigung gegen ihn gewesen sein soll, und sein Verhältnis mit der bedeutend älteren Frau eines bekannten Rechtsanwaltes — ihr Mann hatte sich mit ihm in einem Café handgreiflich auseinandergesetzt – waren zu jener Zeit in seiner Stadt lebhaft besprochen worden.

Der unglückliche Ausgang einer Weinreise ins Moseltal mit dem neuen Auto seines Vaters, bei der Berger in fröhlicher Damengesellschaft eine Bäuerin angefahren und tödlich verletzt hatte, veranlasste den Vater, den die «Porzellanfahrt» seines Herrn Sohnes 10.000 Mark, außer dem Anwaltshonorar, kostete, den Sprössling als Volontär zu einem Geschäftsfreund nach Berlin zu schicken.

Der junge Herr tat auch in Berlin nicht gut, verkehrte mit «Schauspielerinnen», spielte, machte Schulden, unterschrieb Wechsel und zahlte mit ungedeckten Schecks. Das Ende vom Lied war, dass der Vater, dringlich nach Berlin gerufen, froh sein musste, nach Bezahlung sämtlicher Schulden die Anzeige wegen Betruges niedergeschlagen zu sehen und seinen Sohn aus dem Moabiter Untersuchungsgefängnis nach Hause nehmen zu dürfen.

Der verlorene Sohn hielt, was er versprochen hatte: ein neuer

Mensch zu werden. Doch der neue Mensch taugte kaum mehr als der alte. Als einige Jahre später in kurzem Abstand sein Vater und seine Mutter starben, war man sich in den Bochumer Geschäftskreisen einig, dass das «Früchtchen von Sohn, einer, aber ein richtiger» seine Eltern vor der Zeit unter die Erde gebracht habe. Es ist besser für die alten Berger, hatte es damals geheißen, so bringt der Junior wenigstens nur sich an den Bettelstab.

Als er dann das väterliche Geschäft – ein kleines Kaufhaus mit zwei Stockwerken im Zentrum der Stadt – übernahm, gehörte keine Hellsichtigkeit dazu, das Ende vorauszusehen.

Er begann auf großem Fuß zu leben. Jetzt kam ihm seine Berliner Zeit zugute. Hatte er dort auch nicht gelernt, Geld zu verdienen, so doch, wie es ausgegeben wird. Seine Anzüge, in Berlin angefertigt, seine Schlipse, seine Hüte erregten in dem Bochum von 1905 die Bewunderung der jungen Stutzer. Und die aufgedonnerten Damen, mit denen er sich sehen ließ, «eine schöner als die andere, der Teufel mag wissen, wo er sie aufgegabelt hat», machten die reifen Herren rebellisch. Den Knalleffekt bildete zweifellos das Reitpferd, das er sich von einer Reise aus England mitbrachte. Das beschäftigte wochenlang die erregten Gemüter der Damenwelt.

Es kam, wie es hat kommen müssen. Nach kaum zwei Jahren war das Haus Berger und Sohn verkracht. Es gab einen mächtigen Stunk. Alles wurde unter den Hammer gebracht. Nur den Verdrehungskünsten geschickter Rechtsanwälte hatte es Berger zu danken, dass er nicht wegen betrügerischen Bankrotts abgeurteilt wurde.

Im Jahre 1912 zog er hierher. Zuerst war er Provisionsreisender bei einer Lebensmittel-Großhandlung. Ein Jahr danach übernahm er verschiedene Vertretungen, die ihm kaum mehr als ein bescheidenes Auskommen verschafften.

Als er 1914 in seiner Heimatstadt eingezogen wurde, hatte er zuerst einen Schreiberposten. Im Frühjahr 1915 wurde er, Gott weiß wie und warum, in das hiesige Proviantamt versetzt, wo er seitdem eine leitende Stellung bekleidet.

– Wie man sieht, hat er den Spitznamen «Drückeberger», den ihm die Ella gab, nicht zu unrecht.

– Bevor sie mich nicht zum General machen, bringen mich

keine zehn Gäule da hinaus – sagte er kürzlich, als ihn die Mia, seine Landsmännin, fragte, ob er denn nie ins Feld müsse. Launisch fügte er hinzu:

– Die sind bis jetzt ohne mich fertig geworden, die werden vorläufig ihren Krieg auch ohne mich weiterführen können.

Das ist eine andere Art von Vaterlandsliebe und Opfergeist, als die, die uns Spieß jahrelang in den höchsten Tönen gerühmt hat.

Den 2. September 1917

Wie ich heute erfahren habe, ist der Stehkragen von vorgestern ein alter, nicht gern gesehener Kunde. Die Frauen nennen ihn «Filzpantoffel», doch weniger seines Aussehens, als seiner Knickrigkeit wegen. Anfänglich hatte sie sein Gebaren geärgert. Mit der Zeit gewöhnte man sich an den schnurrigen Menschen. Die einen bedauern ihn als Opfer seines Berufes; er soll Rechner beim städtischen Gaswerk sein. Die andern sind der Meinung, dass er ein wüster Kerl sei, der ebensoviel geilen Spaß dabei empfindet, sich mit den Frauen um den Preis herumzuschlagen, wie der Einäugige, wenn er die Peitsche schwingt oder wie einer, der Schulmädels die Zöpfe abschneidet.

Seitdem sie wissen, dass er um des Feilschens willen feilscht, tun sie «dem Tierchen sein Pläsierchen».

– Wir verlangen einfach das Doppelte und Dreifache – vertraute mir die Carla an – damit der Narr auf seine Kosten kommt und tüchtig herunterhandeln kann.

Er verfährt dabei nach allen Regeln der Kunst des Handels, jammert über die schlechten Zeiten im allgemeinen und über sein mageres Gehalt im besonderen, lässt keinen der bewährten Winkelzüge unversucht, scheut selbst nicht davor zurück, die einzuhandelnde Ware nach Viehhändlersbrauch schlecht zu machen. Zuletzt droht er, eine Tür weiterzugehen. Wenn alle Stricke reißen, knöpft er entschlossen den Rock zu. Er geht tatsächlich und mit einer Miene weg, als habe er sich geschworen, nie mehr den Fuß in dieses Haus zu setzen. Nach spätestens einer halben Stunde klingelt er wieder. Er lässt die Frau, mit der er nicht handelseins wurde, in den Hausflur hinausrufen, ist wie verwandelt und bewilligt anstandslos den geforderten

Preis.

Merkwürdig, wie es in dieser Welt eingerichtet ist. Hart, aber ungerecht, kehrt sie das Unterste nach oben, lässt die meisten ihren Beruf verfehlen und macht aus einem geborenen Schacherer einen Federfuchser und Eigenbrötler, der seine ungenützte händlerische Begabung, würdig größerer Aufgaben, an armen Frauen vergeudet.

Den 3. September 1917

Gestern, am Samstag Abend, war ich im Union-Kino. Es wurden «Die Diamantenschmuggler von Amsterdam» gegeben. Im Schlussbild entkommt Olaf Fönss, der Gentleman-Einbrecher mit Umhängemantel und Klapphut, seinen Verfolgern durch den Kamin über die Dächer. In dem zweiten Film, «Wenn die Maske fällt», spielt Valdemar Psylander, mit hochgeschlossenem Gehrock und schwarzer Deckkrawatte, auf der eine große Perle glänzt, einen berühmten Professor, der die Nächte im Laboratorium verbringt und seine schöne, junge Frau vernachlässigt. Als Hedda Vernon, die blonde und unglückliche Professorsgattin, in Großaufnahme und mit traurigem Augenaufschlag sich ans Klavier setzte, ging ich weg.

Unterwegs sah ich in der Eisenbahnstraße, etwa fünfzig Schritte vor mir, einen Betrunkenen im Zickzack vorwärts torkeln.

«Denn dieser Feldzug, das ist kein Schnellzug, drum kehrt dein Grenadier, nie mehr zu dir» – hörte ich ihn krakeelen. An der nächsten Ecke blieb er schwankend stehen. Er klammerte sich an die rote Laterne der Polizeiwache, die sich dort befindet, nahm seine Mütze ab und schwenkte sie gegen die Wache zu, als ob er dort jemanden grüßen wollte. Dann kratzte er sich mit dem Schild der Mütze den Kopf und setzte sie wieder tief über die Stirn.

– Ich bin Schwerarbeiter! – hörte ich ihn lallen – ich mach' mei' Sach', und mit der Polizei will ich nichts zu schaffen haben, die «Schmierlappen» geh'n mich nichts an, ich bin Schwerarbeiter...

Ich war ihm bis auf einige Schritte nahe gekommen, als plötzlich die Tür der Polizeiwache aufgerissen wurde. In dem auf die Straße fallenden Lichtkegel sah ich drei Polizisten herausstürzen. Der eine hatte den Helm auf, dessen Spitze blinkte, als sei sie von einem Scheinwerfer angestrahlt. Die beiden hinter ihm waren ohne Uniformrock, mit aufgekrempelten Hemdsärmeln.

– Wo ist der Kerl? Wo ist der Krischer? – rief der Vorderste, ein großer, breitschultriger, mit einem breiten, aufwärtsgedrehten Schnurrbart. Als er den vor Verblüffung stummen Schwerarbeiter an der Laterne entdeckte, stürzte er sich wie ein losgelassener Kettenhund auf ihn. Beinahe hätte er ihn überrannt und wäre über ihm zu Boden gefallen. Ich kam gerade dazu, wie sie den Widerstandslosen in die Wache schleppten. Der mit dem Helm postierte sich vor der Tür. Kaum hatte sie sich hinter ihm geschlossen, als ich ein Poltern und Schreie hörte. Erschreckt blieb ich stehen. Der Wächter der Ordnung vor der Tür jagte mich fort, wobei er mit der Hand drohte: – Geh' deiner Weg', du Lausbub! Sonst kann dir's auch noch blüh'n.

Merkwürdig, beinahe sah es aus, als hätte der Mann sich betrunken, um seiner Missstimmung freien Lauf zu lassen, dachte ich, als ich meinen Weg fortsetzte. Wie tief bei uns die Angst vor der Staatsgewalt in den Knochen stecken muss, wenn sogar ein alter Arbeiter gegen ihr verhasstes Sinnbild, die Polizei, nur aufzumucken wagt, sobald er betrunken ist, sobald er keine Furcht vor Strafe hat, genau wie wir als Schuljungens, wenn einer hinter dem Rücken des Spieß die Zunge herausstreckte.

Mir fiel die Stelle ein, die ich vor einigen Tagen bei Goethe rot angestrichen hatte. Als ich nach Hause kam, las ich noch einmal, was Goethe zu Eckermann am 12. März 1828 sagte:

«Ich brauche nur in unserm lieben Weimar zum Fenster hinauszusehen, um gewahr zu werden, wie es bei uns steht. Als neulich der Schnee lag und meine Nachbarskinder ihre kleinen Schlitten auf der Straße probieren wollten, sogleich war ein Polizeidiener nahe, und ich sah die armen Dingerchen fliehen, so schnell sie konnten. Jetzt, wo die Frühlingssonne sie aus den Häusern lockt und sie mit ihresgleichen vor ihren Türen ein Spielchen machen, sehe ich sie immer geniert, als wären sie nicht sicher und fürchteten sie das Herannahen irgendeines polizeilichen Machthabers. Es darf kein Bube mit der Peitsche knallen, oder singen, oder rufen, sogleich ist die Polizei da, es ihm zu verbieten. Es geht bei uns alles dahin, die liebe Jugend frühzeitig zahm zu machen und alle Natur, alle Originalität und alle Wildheit auszutreiben, sodass am Ende nichts übrig bleibt als der Philister.»

Vor fast hundert Jahren ist das niedergeschrieben worden. Wie wenig hat sich seitdem geändert. Mit dem geistigen Fortschritt und mit der Freiheit geht es bei uns wie beim Echternacher Springen, immer drei Schritt vorwärts und zwei zurück.

Den 4. September 1917

Ein stiller Montag.

– Wo ist denn die blasse Frieda? – fragte ich Lu. – Seit Tagen habe ich sie nicht mehr gesehen.

– Die ist im Krankenhaus!

– Im Krankenhaus? Das tut mir aufrichtig leid.

– Wahrhaftig, die kann einem leid tun. Sie hat Pech gehabt, das arme Kind. Jetzt ist sie im fünften Monat von einem Soldaten, mit dem sie ein festes Verhältnis gehabt hat. Er wollte sie wieder ehrlich machen und sich mit ihr kriegstrauen lassen, sobald er Urlaub bekommt. Um dem unschuldigen Wurm einen Namen zu geben, hat er ihr geschrieben.

– Was, ein Kind bekommt sie? Lu nickte stumm.

Ein Kind? Sie ist doch selbst noch ein halbes Kind, dachte ich. Und hier, in diesem Haus? Man kommt aus dem Staunen nicht heraus. Deshalb also hat sie meist still und abseits wie auf Besuch gesessen und war so betrübt über die Auskunft des Soldaten, dass der Krieg noch Jahre dauern könne. Ich fühlte es, dass ein Kummer sie quälte. Selten hat sie mit den andern gelacht, nie sich an ihrem Gezänk beteiligt. Nun war mir auch klar, warum man sie scherzhaft «Dicke Berta» ruft. Lus Stimme riss mich aus meinen Gedanken.

– Noch vorige Woche hat die Frieda ahnungslos ein Liebesgabenpaket mit Esswaren und selbstgestrickten Sachen an ihn geschickt. Sogar einen Seelenwärmer und drei paar Einlegesohlen aus Katzenfell hat sie beigepackt gehabt. Wie gut hätte er das alles für den Winter brauchen können. Und vorige Woche hat sie ihren letzten Brief zurückbekommen, ein Stempel war drauf mit einem dicken schwarzen Rand...

– «Gefallen auf dem Felde der Ehre», hat drauf gestanden – sagte Lu leise.

Sie blickte vor sich hin.

Ich brachte kein Wort heraus.

– Ja, schlimm ist das für das arme Mädel – seufzte Lu nach einer Weile. – Ohnedies hat sie schon die ganze Zeit herumgedoktert. Und jetzt liegt sie auf der Nase, hat Blutspucken und weint sich die Augen aus dem Kopf. Wer weiß, ob sie je wieder aufkommen wird, bei ihrem Zustand und mit ihrer schwachen Brust.

Arme Frieda, dachte ich, als Lu weggerufen wurde. Mit einem Mal hatte ich, wie vor Wochen beim ersten Eintreten, ihr kleines blasses Gesicht vor mir, ihre schmale Gestalt in dem rosafarbenen, hemdartigen Flitterkleid, ihre bloßen, dünnen Arme mit den auffallend kleinen, wächsernen Händen, die eine Hand schlaff auf den Schoß, die andere, wie sich wärmend, über die Brust gelegt. Als ich sie mit den großen traurig verdunkelten Augen vor sich hinsinnen sah, war sie mir einen Augenblick wie eine bleichsüchtige, verträumte Haustochter vorgekommen, die vergessen hat, sich anzukleiden. Plötzlich war sie von einem trockenen Husten geschüttelt worden. Helle rote Flecken hatten auf ihren Wangen gebrannt, und ein fiebriger Glanz war in ihren Augen. Fröstelnd war sie unter ihrer dünnen Hülle zusammengeschauert. Gott mag wissen, wie die hierher gekommen ist, hatte ich damals gedacht.

Lu kam bald zurück. Sie setzte sich, da fast nichts zu tun war, zu mir. Sie begann wieder von der Frieda zu sprechen;

Das ist eine triste Alltagsgeschichte. Die Frieda ist aus Karlsruhe gebürtig. Sie kommt aus einer Arbeiterfamilie, hat eine harte Jugend gehabt. Nur der kann das nachfühlen, der als Kind armer Leute und in einer kinderreichen Familie aufgewachsen ist.

– Der Vater bringt am Zahltag an die dreißig, manchmal, mit Überstunden, vierunddreißig Mark heim. Die Mutter geht zwei- bis dreimal in der Woche waschen und putzen. Trotzdem will es hinten und vorn nicht reichen. Das kennt man ja!

– sagte Lu. Sie begann aufzuzählen:

– Da muss zuerst für die Miete zurückgelegt werden. Sonntags kommen in aller Frühe der Kassierer vom Verband, von der Sterbekasse, der vom «Feierabend», der Abzahlungsjude und Gott weiß wer noch. Dann gibt es immer was anderes anzuschaffen: dem einen ein paar Schuhe, weil bei den alten das Oberleder schon ganz versteppt ist, dem andern eine Mütze, weil er seine verloren hat, und so fort, bis auf die Schuhsohlen. Im Sommer geht's noch halbwegs, da laufen die Buben barfuß. Sobald es aber kalt wird, muss jede Woche mindestens ein Paar Schuhe zum Schuster. Vom Essen gar nicht zu reden. Zu elft an den Tisch gehen und alle Tage zwei, drei große Laib' Brot kaufen, natürlich kein frisch gebackenes, weil das so schnell aufgeschnitten wird, das reißt ein Loch ins Portemonnaie. Bei dem Verdienst muss jeder Pfennig drei Mal rumgedreht werden, sonst fehlt womöglich am Freitag der Zehner für die Gasuhr und die Brotschnitten fallen dünn aus wie Kartenblättchen.

Ich musste auflachen.

– Aber, Friedrich, da ist doch nichts zu lachen.

Ich entschuldigte mich, ich hatte gerade an den Franz Hoffmeier, einen Spielkameraden von früher, gedacht.

– Die haben zwar nur vier Kinder gehabt – sagte ich – aber der Vater war früh gestorben, und was die Mutter mit Bügeln verdiente, reichte kaum für's Notwendigste. Eines Tages legte Franz, den es fuchste, «Schmalfranz» gerufen zu werden, seine Brotschnitten auf den Randstein. Puh, wir haben soviel zu essen! prahlte er. Wenn ich will, kann ich meinen Ranken wegschmeißen. Ich brauch' bloß raufzugehen und mir einen Neuen holen. Sprachlos sahen wir Jungens auf die zwei dünnen Brotscheiben, die wie dürftige Opfer angeblichen Überflusses auf dem Boden lagen. Plötzlich gellte es aus einem Dachfenster «Fraaanz! Hebst du gleich das Brot auf, du Lausbub', du elender! Wart' nur, wenn du raufkommst!» Der Franz, weiß wie die Wand, rührte sich nicht vom Fleck. Die rächende Stimme von oben hatte ihn geradezu versteinert. Sicher hätte er das Brot vor uns nicht aufgehoben, selbst wenn er gewusst hätte, dass er zu Hause totgeschlagen würde. Lu machte ein belustigtes Gesicht.

– Und überhaupt ist es komisch, wie gut Sie über das Leben

bei der Frieda daheim Bescheid wissen – sagte ich.

– Man könnte meinen, dass Sie es selbst erlebt hätten.

– Wieso? Die Frieda hat mir doch oft genug davon erzählt. Und dann – sagte Lu nach kurzem Zögern – mein Vater war auch nicht gerade ein Graf, wie der von der Vera.

Sie lächelte, wurde sogleich wieder ernst.

– Er war Heizer. Da weiß man, wie's ist. Zu siebt waren wir daheim, das heißt, eigentlich waren's neune; zwei davon waren auf dem Friedhof. Zu siebt, und eines kleiner als das andere; wie die Orgelpfeifen, hat meine Mutter oft gesagt. Da ist es überall das gleiche: je weniger zu essen da ist, desto mehr Leut' strecken die Füß' unter'n Tisch. An allen Ecken und Enden muss gespart werden. Vaters abgetragene Hosen werden kleiner gemacht und nacheinander von den Buben aufgetragen, bis kein Flicken mehr halten will. Und ewig die Mutter am Waschzuber, ewig muss gestopft und ausgebessert werden.

Sie machte eine Pause. Wie in Gedanken sprach sie weiter:

– Ja, das kennt man, wenn man selbst in zwei Zimmern aufgewachsen ist, eines für die Eltern und die ganz Kleinen, und eines für die andern; wo man zu zweit in einem Bett schläft und winters in der Küche aufeinandersitzt, bloß damit die eingekellerten Kohlen bis zum Frühjahr ausreichen.

– Mein Vater ist tagaus, tagein um fünf Uhr früh in die Fabrik gegangen, fuhr sie fort. – Sogar am Heiligen Abend hat er schaffen müssen. Wenn's arg kalt war, musste er oft schon um zwei Uhr morgens die Kessel nachsehen, damit sie nicht platzten und die Werkstätten einigermaßen durchwärmt waren, hauptsächlich die Büros, weil die Stubenhocker es ja nie warm genug haben können.

Am Ende war er den Trott gewöhnt. Sogar sonntags, wo er sich einmal hätte ausschlafen können, ist er um fünfe aufgestanden. Länger hat's ihn einfach nicht im Bett gehalten. Dann hat er in der Küche herumgegeistert, Kaffee gekocht, seine Pfeife geraucht, Kleinholz zum Feueranmachen geschnitzelt oder beim Zeitunglesen den Tag abgewartet. Über zwanzig Jahre hat er sich abgerackert und den Kohlenstaub geschluckt. Und zuletzt ist er bei einer Kesselexplosion verbrüht worden... Schreckliche Schmerzen hat er ausstehen müssen, der arme

Mann – sagte sie tonlos, ohne mich anzusehen.

– Und die Mutter? – fragte ich zaghaft.

– Die lebt noch, aber für die bin ich schon lange tot, und auch für die Geschwister. Sie bekommt fünfzehn Mark von der Fabriksterbekasse, ein paar Mark von der Unfallversicherung und die Miete von der Armenkommission. Sie sitzt mit einem Korb Brezeln vorm Schulhaus, ach was! – mit abwesenden Augen strich sie sich über die Stirn –

Was begraben ist, soll begraben bleiben.

Ich versuchte sie abzulenken.

– Sie wollten mir doch erzählen, wie es der Frieda gegangen ist.

Sie schüttelte den Kopf.

Nach langem Bitten konnte ich sie wieder zum Reden bewegen:

– Na ja, gut ist es ihr nicht gegangen, der Frieda. Kaum vierzehn Jahre alt, hat sie in Stellung gehen müssen. Ein Fresser in der Familie weniger, hat ihr vom Kindersegen heimgesuchter Vater gesagt. Sie ist zu einem Kurzwarenhändler gekommen. Das war so ein richtiger Schürzenjäger. Keine Verkäuferin hat es bei ihm aushalten können, wenn sie sich nicht von ihm hinter dem Ladentisch unter'n Rock greifen lassen. Und wenn gerade keine Kundschaft da war, musste immer eines von den Lehrmädels auf die Leiter steigen und einen Kasten auswechseln, in den obersten Fächern natürlich.

– Bei ihm zu Haus war's noch schlimmer. Alle paar Monate hat das Dienstmädchen gehen müssen, eine Neue ist gekommen, und nach einer Weile ist der Tanz von vorne losgegangen. Die Frau hat sich nicht mehr zu helfen gewusst und eine ältere Dienstmagd genommen. Als ihn auch das nicht abschrecken konnte, versuchte sie es mit einer ganz Jungen.

– So ist dann die Frieda in ihr Haus gekommen – berichtete Lu weiter. – Wie ein eigenes Kind soll sie es bei uns haben, hat es geheißen. So'n junges Ding wird er bestimmt in Ruh' lassen, hat wahrscheinlich die Herrin gemeint. Aber noch kein halbes Jahr ist vergangen, da hat sie den alten Saukerl bei der Frieda im Bett erwischt. Die hat geheult, dass sie die Tür abzuriegeln vergessen hat, und dass sie nicht weiß, wie der Herr ins Zimmer und in ihr Bett gekommen ist. Die Kurzwarenhändlerin hat sie «Heuchlerin, Luder, Hure schon im Mutterbauch» geheißen, und sie auf der Stelle aus dem Haus gejagt.

– Fiebernd ist die Frieda heimgekommen. Sie hat sich ins Bett gelegt, ist ein paar Tage lang nicht aufgestanden. Die Mutter ist bald dahinter gekommen, dass mit ihr etwas nicht in Ordnung war. Sie hat ihr solange zugesetzt, bis das arme Mädel unter Tränen gestanden hat. Als der Vater heimgekommen ist, hat ihn die Mutter so vorsichtig wie möglich vorbereitet, weil sie seine hitzblütige Art gekannt hat. Er ist aber gleich in die Wolle geraten, hat mörderisch geflucht und auf die verdammten Rotznasen los geschimpft, die sich nicht schämen, die Schand' ins Haus zu bringen, kaum dass sie ein paar Härchen zwischen den Beinen haben. Die Schneck' müsst' man den Lauskröten rausschneiden, hat er gebrüllt. Auf den Tod erschrocken, hat sich die Frieda im Zimmer eingeschlossen. Als er mit den Fäusten an die Tür gehämmert hat und sie eintreten wollte, ist die Frieda in der Verzweiflung zum Fenster hinausgesprungen, das auf den Hof geht. Gleich beim Absprung ist sie von der Angst gepackt worden. Sie hat nach der Dachrinne gegriffen, sich schreiend festgeklammert und ein paar endlose Augenblicke frei in der Luft gehangen. Als das verrostete Blech nachgegeben hat, ist sie zwei Stock tiefer auf ein Vordach gefallen, glücklicherweise auf eine Matratze, die dort zum Auslüften gelegen hat. Es hat eine große Aufregung gegeben. Mit einem Sanitätsauto ist sie ins Städtische Krankenhaus gebracht worden.

– Nach Wochen haben sie sie als «soweit geheilt» entlassen. Eine kleine Brustquetschung wird wohl zurückbleiben, aber damit kann man Großmutter werden, wenn man sich gut hält, hat der Arzt sie beruhigt. Das wichtigste ist:
Viel frische Luft, keine schwere körperliche Arbeit und vor allem keine Aufregungen. Glück hat es gehabt, unser Fräuleinchen, hat er sie beim Weggehen getröstet. So'n guter Sturz, das kommt alle Schaltjahr einmal vor. Kopf hoch, Kindchen! so ein Malörchen, das passiert in den besten Familien. Wer soviel Glück hat, mit dem scheint's unser Herrgott noch gut vor zu

haben. – Um Lus Mund zuckte es bitter.

– Die haben eine Ahnung! – sagte sie.

– Da stand die Frieda allein auf der Straße. Daheim war ihr die Tür verschlossen. Der Vater wollte nichts von all den Entschuldigungen der Mutter hören, vielleicht aus Scham, dass er seinen Zorn an dem armen Mädel, statt an dem geilen Bock ausgelassen hat. Ach was, unschuldig und unerfahren! ist er aufgebraust. Wenn's wenigstens ein Junger gewesen wär', da hätt' man's noch eher verstehen können. Aber mit so 'nem alten Hurensack, der ihr Vater sein könnt? Pfui Teufel, nein! Wenn ich mal nicht mehr da bin, könnt ihr machen, was ihr wollt, aber solang ich die Augen auf hab', kommt mir das ungeratene Ding nicht mehr über die Schwelle. Basta! Die soll hingehen, wo sie hingehört, an der ist sowieso Hopfen und Malz verloren.

– Was hätte die Frieda tun sollen? Wo eine neue Stelle finden? Betragen nicht einwandfrei, hat ihr die fürsorgliche Kurzwarenhändlerin ins Zeugnis geschrieben – sagte Lu mit bösem Lächeln. – Schließlich ist sie auf die Arbeitssuche gegangen. Sie ist in der Spiegelfabrik untergekommen, hat aber bald wieder die schwere Arbeit aufgeben müssen. Dann war sie Packerin in einer Zigarrenfabrik, aber auch dort hat sie es im Tabakstaub nicht lang ausgehalten. Sie ist ohne Arbeit geblieben. Die Mutter, die ihr anfangs soweit wie möglich geholfen hat, hat sich immer weniger um sie gekümmert. Sie ist mit Burschen herumgezogen, ist von einer Hand in die andere gewandert, und zuletzt ist sie zu uns gekommen.

– Im vergangenen Winter hat sie die Bekanntschaft von einem jungen Soldaten gemacht, der hier zur Ausbildung gelegen hat. Das kleine Perlenkettchen, das sie immer um den Hals trägt, hat er ihr geschenkt, als er ein paar Wochen darauf ins Feld musste. Aber erst später hat sie gemerkt, dass sie von ihm schwanger ist. Und jetzt ist er gefallen, sagte Lu.

Den 5. September 1917

Ich habe Lu nicht zu sehen bekommen und bin bald wieder weggegangen.

Voll zwiespältiger Gedanken trat ich aus dem Haus. Es ging ein feiner Strichregen. Ich schlug den Kragen hoch. Einen Augenblick blieb ich vor der Tür stehen. Ich musste wieder an die Frieda denken. Arme Frieda – und zu allem Unglück noch ein Kind!

Dabei kam mir die Hilde Holzapfel ins Gedächtnis. Ich sah unter dem blumenverzierten Glockenhütchen ihr schmales Gesicht, die hellen blauen Augen, den herzförmigen Mund; sah ihre schlanke Figur und die dünnen Beine, wie sie, in ihrer Sportbluse und mit dem blauen, halblangen Faltenrock, allabendlich auf dem Heimweg vom Geschäft an uns Gleichaltrigen vorüberstelzte.

Sie blickte stocksteif an uns vorbei, schaute sich nicht um, selbst wenn man, um seinem Ärger Luft zu machen, «Konfirmandenbrüstel», «Ist denn kein Stuhl da, Für meine Hulda!» hinter ihr her rief oder auf ihre angeblich vom Pudern blasse Haut anspielte: «Fräulein Käsekuchen ist ins Mehlfass gefallen!» Wie bereuten wir, die wir die einstige Gespielin anhimmelten, ohne dass einer es dem andern eingestand, unsere Flegeleien, als es im vorigen Frühjahr in der Straße von Mund zu Mund ging, sie habe sich mit Leuchtgas vergiftet. Sie hatte ein Kind bekommen sollen, wie es hieß von einem Abteilungschef in dem Warenhaus, wo sie als angehende Verkäuferin arbeitete, und hatte nicht den Mut aufgebracht, es zu Hause zu gestehen. Für die Eltern, die in unserer Straße einen Grünkramladen betreiben, war der Tod ihrer einzigen Tochter – der Sohn ist im Feld – vernichtend. Die Mutter erlitt einen Schlaganfall und wurde auf der einen Seite gelähmt. Auch dem Vater Holzapfel spielte das traurige Geschehnis hart mit. Er sackte förmlich zusammen, bekam in wenigen Wochen graue Haare und musste seine Arbeitsstelle als Kranführer in der Röhrenfabrik aufgeben. Seitdem besorgt er, anstelle seiner bettlägerigen Frau, den Laden. Der Verlust seiner Tochter bildet im Gespräch, mit den bei ihm einholenden Hausfrauen einen unerschöpflichen Stoff. Immer wieder kommt er darauf zurück. Er hadert mit seinem Hildchen, ganz so, als ob sie noch am Leben sei; «Wenn sie wenigstens ein Sterbenswörtchen gesagt hätte, das unvernünftige Kind», klagt er ständig. «Ihren alten Eltern solch einen Kummer anzutun und den Gashahn aufzudrehen, gerade am Sonntag früh, wenn man mal einen kleinen Spaziergang macht. Wie wenn wir Unmenschen wären und ihr nicht alles verziehen hätten.»

Wer weiß, vielleicht hätte der alte Holzapfel genau so hartherzig gehandelt wie Friedas Vater, überlegte ich vor der Tür.

Plötzlich wurde ich unsanft angestoßen. Noch in Gedanken, trat ich beiseite. Ich ging ein paar Schritte weiter. Unwillkürlich blickte ich mich um. Es war ein hagerer Mann in einem hellen Regenmantel. Er trug einen Schlapphut, tief in die Stirn gezogen, sodass man sein Gesicht nicht gut sehen konnte. Er blieb vor der Tür des Hauses sieben stehen, drehte sich um, griff an seinen Arm, streifte hastig einen schwarzen Trauerflor ab, steckte ihn in die Manteltasche, machte kehrt und ging eilig die Stufen vor dem Haus hinauf.

Betroffen ging ich weiter. Wie eine Schändung hatte es mich berührt.

Ist es wirklich so schändlich? bohrte es in mir, auf dem Weg zur Straßenbahn. Vielleicht hat er von sich aus nicht unrecht? Das Leben gehört den Lebenden. Die Toten sind tot. Und die Gefallenen sind gefallen. – «Und jetzt ist er gefallen», waren gestern Lus letzte Worte gewesen.

Gefallen? Ist nicht auch sie eine Gefallene? Sie und die Frieda und die Ella und die andern?

Zorn ergriff mich. Gefallene Männer, gefallene Frauen, gefallen, für was, gefallen, für wen?

Verzweifelt blickte ich auf. Fern und kalt glänzten die Sterne.

Der Himmel ist weit. Ewig stumm.

Nein, von dort ist nichts zu hoffen.

Den 6. September 1917

Wenn keine Gäste da sind, sprechen sich die Frauen ungezwungen aus, geben sich, wie sie sind, ohne auf mich zu achten.

Heute war es anfangs ziemlich ruhig. Nur die Vera, die Asta und die Carla hatten zu tun. Auch Lu war vorübergehend beschäftigt. Die andern saßen rauchend und plaudernd herum.

Als die Sektlissel mitten in einer Geschichte und mit einem Blick auf mich leiser zu sprechen anfing, sagte Mia:

– Red' nur laut weiter, der Friedrich kann das ruhig hören, der versteht sowieso nichts davon. Nicht wahr, Friedrich? – rief sie lachend zu mir herüber.

Ich nickte verlegen.

Man unterhielt sich darüber, ob die bestickten bulgarischen Blusen mit hochgeschlossenen Kragen schicker seien, als die modernen Batikblusen, das närrische Fastnachtszeug mit den roten und blauen Tintenklecksen drauf, wie die Ella sagte, die für Gediegenes schwärmt. Dann stritt man sich darüber, ob goldblond gebleichtes Haar jünger mache, als kastanienbraun gefärbtes und ob das neue Augenwasser «Brillfix» die Pupillen nur glänzender oder tatsächlich auch größer erscheinen lasse. Man war sich darüber einig, dass Lilienmilch- und Teerschwefelseife, wie es sie früher gab, besser waren als bittere Mandelseife, und dass sie die Haut pfirsichzart machten. Die jetzigen Lippenstifte seien miserabel, vom Geruch allein könne es einem schlecht werden, mit einem Wort, Ersatzzeug, das reine Gift.

Es wurde von Beinen gesprochen, von den «zwei linken» der Vera und den «langweiligen Füßen» der Asta, und ob man sich unter den Achselhöhlen rasieren solle. Der Behauptung Carmens, dass die Männer dort den Geruch der Haare lieben, wurde lebhaft widersprochen. Die Sektlissel wollte sogar von einem Augenzeugen gehört haben, dass die Pariserinnen, die raffinierten Menscher, sich die Haare noch ganz wo anders abrasieren.

Für die Carla, die eben ihren Gast abgefertigt hatte, sind bartlose Männer, «glatt wie ein Kinderärschel», ein Greuel. Sie liebte stachelige Bärte, die beim Küssen kitzeln, und bei denen es einem so schön den Rücken runterläuft. Die Carmen verabscheut Männer mit behaarten Händen und «mit 'nem Wald von Haaren auf der Brust». Die Sektlissel hat eine Schwäche für solche, die männlich und stark nach Branntwein und Pfeife riechen.

Die aschblonde Mia, wie üblich voller Galle, zwinkerte mit den Augen:

– Die Gräfin natürlich zieht die Männer vor, die wie Weiber riechen.

– Na, und ob! – blinkte die Ella zurück – die und die Asta, die brauchen keine mit und keine ohne Bart, die verschleckten Katzen!

Natürlich waren weder die Vera noch die Asta da. Es ist, als bestehe eine Verabredung, die jeweils Abwesenden durchzuhecheln.

Als die Mia, die Grüngelbe, nun auch die Carmen bezichtigte, sie wolle ihr den Rudi, ihren Freund, abspenstig machen, schien es Krach zu geben. Es kam aber nur zu einem kurzen Wortgefecht.

Die überlegene Carmen behielt das letzte Wort.

– Stell' ihn in einen Glaskasten, oder lass' ihn dir einbalsamieren, deinen schönen Rudi! Und überhaupt kann mir dein Geschniegelter gestohlen bleiben. Ich werd' mich beherrschen können, mich in den zu vergucken. Mich in seinen Rennstall einpferchen lassen? Nein, ich danke für Obst und Südfrüchte.

Es wurde nicht lange von den Freunden gesprochen. Wie es scheint, gehört das zu den Dingen, über die die Frauen, selbst unter sich, nicht gern viel Worte verlieren. Wenn ich recht gehört habe, kommen die Freunde nur tagsüber, hauptsächlich am Nachmittag. Frau Wackerli sieht wohl in diesem Punkt besonders streng auf Ordnung. Wenigstens habe ich, soviel ich weiß, bisher noch keinen zu sehen bekommen. Ob es wirklich die gefährlichen Kerle sind, die einem die Sens' ins Kreuz hacken, wie der Jule sagte? Wahrscheinlich hat er einen Ulk gemacht oder mir Schreck einjagen wollen.

Später wollte die Carla von der Ella wissen, ob es sie gestern Nacht nicht ein wenig vor dem Stelzfuß geschüttelt habe.

– Was soll denn besonderes daran sein, Fräulein Zimperlich?

Ist das vielleicht nicht ein Mann wie jeder andere? Und sein Geld ist genau so rund, hab ich nicht recht? Der hat eben sein Bein abgeschnallt und es neben die Bettlade gestellt. Und fertig war die Laube.

Ihr ungewöhnlicher Gleichmut machte die Carla unsicher.

– Ich hab' halt nur so gemeint – gab sie klein bei. Man erzählte sich von Gästen.

Unter anderem schwatzte die Carla von einem Matrosen, der eine nackte Figur auf dem Oberarm tätowiert hatte. – Wenn er seine Muskeln hat spielen lassen, hat es possierlich mit dem Nabel gewackelt, das Weibsbild. – Sie streckte ihren Leib heraus und bewegte sich lachend, als wollte sie einen Bauchtanz aufführen.

– Den Friedrich möcht' ich auch mal zwischen den Beinen haben! – rief plötzlich die Sektlissel aus. Sie funkelte mit den Augen zu mir herüber. Das kam so wider Erwarten, dass ich mich in meiner Ecke verhört zu haben glaubte.

Als sie lachend ihre schwammigen Arme nach mir ausstreckte, bemerkte ich plötzlich, dass sie Impfflecken wie die Amme im Park hatte. Ich wurde rot und verlegen wie das letzte Mal, da die Carmen in übermütiger Laune mich unbedingt hatte küssen wollen.

Zum Glück kam mir wieder Lu zu Hilfe:

– Bring' doch das arme Kerlchen nicht so in Verlegenheit, du altes Schinos! – rief sie erbost.

Alle stimmten ihr lebhaft bei. Die vielen Fürsprecherinnen steigerten meine Befangenheit.

– Ja, lass' bloß den Friedrich in Ruh! – drohte jetzt auch die Carla, die mit der Sektlissel nicht auf gutem Fuß steht – sonst kriegst du's mit mir zu tun.

– Man wird doch noch 'nen Jux machen dürfen – meinte die Sektlissel kleinlaut.

Ich atmete auf, als eben ein Schwarm Soldaten und einige Zivilisten geräuschvoll den Raum anfüllten.

Den 7. September 1917

Die besseren Stammgäste, meist Ehemänner und bekannte Geschäftsleute, sind vorsichtig genug, sich im Salon nicht sehen zu lassen.

Berger, der immer in Zivil kommt, bleibt gewöhnlich kurze Zeit unten. Er hat keinen Ruf zu verlieren, keine Bloßstellung zu befürchten, doch er kann grob werden, sobald man ihn mit «Vize» anspricht. – Wie oft soll ich dir noch sagen, dass ich Berger heiße! – fuhr er neulich die Carla an.

Die Samstage und Sonntage vermeidet Berger. – Unter den vielen fremden Gesichtern fühlt man sich gar nicht gemütlich – äußerte er sich. – Und dann ist es ein recht gemischtes Publikum. Kein anständiger Mensch ist zu sehen, nichts als Arbeiter.

Er war heute besonders in Stimmung, nannte die Sektlissel «städtische Milchzentrale», die andern «brave Mädels» und sich einen guten Kerl. Er bot jedermann von seinen «Dames»-Zigaretten mit Hohlmundstück an. Die pflegt er sonst nur selbst zu rauchen. Für Frauen und Freunde hat er, wie er sich rühmte, stets eine andere Sorte in der Tasche.

– Der «Mamsell Hitzimschlitz» sitzt heut' mal wieder der Schalk im Nacken, da wo er am rundesten ist! – witzelte er, als die Asta beim Hinausgehen gefallsüchtig den Hintern hin und her schob.

– Kinder, heut' sollt ihr mal sehen, was rheinische Fröhlichkeit ist, was, Mia? – rief er voll übersprudelnder Laune aus. Seine Augen glänzten in falscher Gutmütigkeit. Den Arm um die Hüfte seiner Landsmännin geschlungen, krähte er mit Fistelstimme:

– Ein rheinisches Mädchen, beim rheinischen Wein! Er ließ einige Flaschen auffahren, – Donnerwetter! Heut' hat er aber die Spendierhosen an! – entfuhr es der Sektlissel.

Frau Wackerli bemühte sich selbst um ihren Gast. Auf ihre Anordnung trug Mutter Wimmer, die als Mädchen für alles dient, das Serviertischchen von der Ecke am Ofen zum Sofa. Frau Wackerli schloss eigenhändig die obere Mitteltür des Büffets auf und holte einige farbige Weinkelche heraus.

– Aha, 11er Rüdesheimer Riesling! Die Marke kenn' ich doch! – stellte Berger mit einem Blick auf die Schilder der eben aufgetragenen Flaschen fest.

– Trinkt, Kinderchen! Trinkt! Hehe, dat is 'n Weinchen! Dat hat sich nicht jewaschen, Au! au! – ächzte er plötzlich– verdammtes Rheuma! Mia, reib' mir mal den Rücken! Ja, in der Mitte, nein, etwas höher, ahhh!

Er gab sich ganz dem wollüstigen Schmerz hin.

– Uueh, so'n alter Knabe! Da taugt der ganze Kerl nicht mehr viel, und die Nieren wollen auch nicht mehr so recht. Jetzt kann man kaum noch ein paar Fingerhut voll vertragen. Früher, in Berlin, da haben wir zum Kaviar den Champagner gesabbert, zu fünfundzwanzig Märker die Flasche – ach ja, das waren noch Schlemmerzeiten! Und man war jung, bei Wein, Weib und Gesang. Da hat man noch seine Frauen verbraucht. Ein richtiger Draufgänger bin ich gewesen, ich kam, sah und siegte!

Für «siegte» gebrauchte er einen derben, ähnlich klingenden Ausdruck.

Genießerisch und selbstzufrieden, wie einer, der seine Schuldigkeit getan zu haben glaubt, knautschte er die Brüste der Mia. Schon nach dem dritten Glas hatte er eine schwere Zunge.

– Ja, so um die zweimal Zwanzig, wird die Butter langsam ranzig! quabbelte er und stierte die Ella an, die gegenüber am Tisch saß.

– Den Wein muss man trinken, wenn er alt ist – und die Mädchen muss man nehmen, wenn sie jung sind, jung! – er schnitt der Ella eine Fratze – jung wie, wie Camembertkäse!

– Haha! – lachte die Mia – so einen Vergleich bringt nicht mal die Carla auf die Beine.

Die Ella verzog keine Miene. Sie verkniff die Lippen, starrte mit ihren hellen Vogelsaugen durch ihn hindurch, als ob er Luft wäre.

– Jawohl, wie Camembertkäse, nicht zu hart und nicht zu weich, so richtig mittendurch! – sagte Berger mit verdrückt-nachdenklichem Gesicht.

Seine Wangen glühten. Er presste die Augen zusammen, sodass die bräunlichen Tränensäcke wie kleine, luftgefüllte Gummiringe anschwollen.

Er begann von seiner «Juno» zu schwärmen, für die er alle Weiber der Welt hergebe.

– Prächtige Schenkel hat sie gehabt, und rassige Beine, so'n echtes Vollblut! – lallte er weinselig.

«Juno» war, wie ich nachträglich erfuhr, der Name seines Reitpferdes aus verflossenen Glanztagen.

– Ja, wenn das Puff nicht wär', wär' die Welt öd' und leer! – lallte er. – Wo sollen die armen Junggesellen sich sonst wärmen?

Er nickte, wie sich selbst bemitleidend, und gab noch eine Menge erstaunlicher Weisheiten von sich, bevor er von der Mia gestützt, nach oben wankte.

Den 8. September 1917

Sooft ich an dem Baugelände an der Ecke des Dreizehnergrabens vorbeikomme, sehe ich vor der hohen, fensterlosen Seitenmauer des angrenzenden Hauses Gestalten, höre Stimmen, Lachen und Geräusche. Hie und da lässt eine Streichholzflamme Gesichter aufleuchten, tauchen sekundenlang große Schatten an der Wand auf.

Es ist dort stets so duster, dass ich im Vorbeigehen nie recht unterscheiden kann, ob nur Feldgraue, Arbeiter und junge Burschen, oder ob sich auch die «besseren» Herren an die Mauer stellen.

Warum die Stadt an dieser Ecke kein Bedürfnishäuschen erstellen lässt? Befürchten die erfahrenen Stadtväter, die Vorübergehenden würden, zum Haltmachen verführt, auf naheliegende, abwegige Gedanken kommen?

Den 9. September 1917

Wie immer am Samstagabend, waren heute viele Gäste da.

Später kam auch Knopploch. Er war sonntäglich angezogen, trug zur grau gestreiften Hose einen dunklen Rock und Knopfstiefel mit Lackkappen und Stoffeinsatz, wie man sie jetzt selten noch zu sehen bekommt. Da er nirgends ankommen konnte, setzte er sich mit einem lauten «Guten Abend, Herr Friedrich!» in die Ecke neben mich.

Es gab mir einen ordentlichen Stich, als ich sein mageres Gesicht mit den trüben Augen und den bis zum Kinn eingegrabenen Mundfalten aus der Nähe sah.

Er wollte von mir hören, wann die Sektlissel nach oben gegangen sei. Er scheint für die üppige Blonde eine Schwäche zu haben, während sie für den armen Schlucker nicht viel übrig hat.

Komisch, ging es mir durch den Kopf, wie zwei verlassene Liebhaber, ein junger und ein alter, sitzen wir nebeneinander.

Der Gedanke, dass er mit mir über Lu sprechen könnte, brachte mich, ich weiß nicht warum, in Verlegenheit.

Ich erkundigte mich, wie es ihm gehe.

– Beschissen wie 'ne Hühnerleiter! – antwortete Knopploch mit verzerrtem Lächeln – aber es könnt' einem noch miserabler gehen auf der-die-das Welt.

Aufgeregt knabberte er an seinen Fingernägeln. Ich bemerkte, dass sie halb abgekaut waren. Einen Augenblick hielt er still. Dann begann er seinen Strohhut an der Krempe rundum zu drehen. Ob er mit Vornamen Emil, Eugen oder gar Ernst heißt, dachte ich, als ich auf dem Lederrand in seinem Hut die Buchstaben E. G. entdeckte.

Er schien meinen Blick falsch ausgelegt zu haben.

– Gelt, da staunen Sie, Herr Friedrich! Das ist ein echter Panama. So was gibt's heut' nicht mehr zu kaufen, nicht mal für vieles Geld. Was meinen Sie, wieviel der gekostet hat? Achtzehn Mark! Den hat mir meine Frau im Mai 1913 zum Geburtstag geschenkt.

Er wurde nicht müde, von ihr und von seinem Gustav zu erzählen.

Schließlich holte er aus seiner Brieftasche ein Foto: ein Mann und eine Frau saßen, sommerlich gekleidet auf Zierstühlen. Zwischen ihnen stand ein Knabe mit hellen, gescheitelten Haaren. Er hatte ein merkwürdig altes Gesicht. Der Kittel seines Sportanzugs mit den halblangen Hosen war geöffnet, sodass man deutlich die silbern blitzende Uhrkette über seiner Weste sehen konnte. Der Mann auf dem Bild trug eine helle Hose. Er hatte die Beine übereinandergeschlagen und die Ellbogen auf die Armlehne des Stuhles aufgestützt. In der einen Hand lag ein aufgeschlagenes Buch. Ich erkannte in ihm auf den ersten Blick Knopploch, obwohl er mit dem kleinen Bärtchen in dem fröhlichen Gesicht für den älteren Bruder seines Sohnes neben ihm hätte gelten können, den er liebevoll anblickte. Frau Knopploch war breit und steif an die hohe Rückenlehne des Stuhles angelehnt. In ihren Händen, die gefaltet auf dem Schoß lagen, hielt sie einen Strauß Blumen. Sie schien etwas größer als ihr Mann; vielleicht lag das nur an ihrer aufgetürmten Frisur. Sie trug ein weißes, hochgeschlossenes Kleid mit breitem Spitzenkragen, in dem eine Brosche steckte. Ihr länglich rundes Gesicht mit der gerade vorspringenden Nase und dem klein verschlossenen Mund, wirkte durch die starren, eng beieinander stehenden Augen streng, gefühllos.

Auf einem hochbeinigen Tischchen, das neben der Frau stand, lag ein Hut; ich glaubte Knopplochs «echten» Panama zu erkennen.

– Das ist das letzte Familienbild. Das haben wir in Rüdesheim aufnehmen lassen, im Jahr 1914, am Pfingstmontag. Da haben wir nämlich auf einem Raddampfer eine Fahrt auf dem Rhein bis an's Niederwalddenkmal gemacht, die letzte – sagte Knopploch mit veränderter Stimme, als er mich aufmerksam das Bild betrachten sah.

Plötzlich wurde er auffällig lustig. – Mein Gustav wird im November vierzehn. Wie alt sind Sie denn, Herr Friedrich?

Er fragte mich auch, ob ich mich schon rasieren lasse.

– Schon? Bereits seit einem Jahr!

– Hm! Da muss aber der Bartkratzer Augen gemacht haben. Hat er nicht wissen wollen, wo ?

– Nein, aber versteckt gegrinst hat er, als ich das erste Mal «Haarschneiden und Rasieren» verlangte.

– Und dann?

– Ich habe mir nichts anmerken lassen und ein Witzblatt angeschaut. Zum Unglück las ich, gerade als er das Messer ansetzen wollte, einen arg faulen Witz. Ich konnte mir kaum das Lachen verbeißen. Er zog schnell das Rasiermesser zurück, blickte mich stur an. Ich wurde rot und setzte eine ernste Miene auf. Als er mir nochmals mit der gezückten Klinge näher kam, musste ich wieder grinsen. Und als ich noch im Spiegel vor mir sein dämliches Gesicht sah, war es vollends aus. Er schmiss die Serviette in die Ecke und brüllte, rot wie ein Krebs: «Mir scheint, der Lauskerl will mich veruzen!» Ich glaube, er hätte mich verprügelt, wenn ich nicht den Schaum abgewischt und mich schleunigst verdrückt hätte.

– Was war's denn für ein Witz? – fragte Knopploch lachend.

– Oh, ein ganz fauler, mit einer Zeichnung von zwei Klatschbasen: Warum haben's denn Ihrer Tochter den Namen Laura gegeben, Frau Huber? – Ja wissen's Frau Müller, weil wir solang' drauf gelauert haben!

– Au Backe! – rief Knopploch. Er lachte Tränen.

– Das nächste Mal habe ich kein Witzblatt mehr angeguckt, sondern einfach die Augen zugemacht.

In diesem Augenblick kam der Filzpantoffel zur Tür herein.

Er trug einen dunkelbraunen Mantel, der ihm bis an die Knie reichte, und, tief in die Stirn gesetzt, einen hellen, braunen Hut mit Quetschfalte und schmalem Rand.

Als er Knopploch erblickte, machte er ein verdutztes Gesicht und ging rücklings wieder ab. Vor kurzem waren die beiden beim Politisieren heftig aneinander geraten, nachdem sie sich über Erzberger und Scheidemann gestritten hatten. Als der Filzpantoffel, von Knopploch «sturer Vaterlandsparteiler» gescholten, ihn einen vaterlandslosen Gesellen geheißen hatte, hatte dieser sich auf ihn gestürzt, und nur mit Mühe war eine Schlägerei verhindert worden. Seitdem schneidet der Filzpantoffel ihn.

Hohnvoll sah Knopploch ihm nach.

– Entweder das ist ein Anderthalbdappischer, oder es ist ein Polizeispitzel. Die hab ‚ich auf der Latt', die Papiertaglöhner. Haben selber nichts zu nagen und zu beißen, aber beim Hurraschreien können sie's Maul nicht groß genug aufreißen. Dabei möcht' ich wetten, hat er schon die Hosen voll, wenn er nur ein paar Knallerbsen aufplatzen hört, der Furz, der ausgetrocknete!

Nachdem Knopploch ging, wartete ich noch eine Weile auf Lu. Als sie noch immer ausblieb, brach ich auf.

Den 10. September 1917

Das Haus fünf scheint mir nachgerade eine Schule des Lebens zu sein. Voll Erstaunen stelle ich fest, dass meine Menschenkenntnis von Tag zu Tag zunimmt. Zum Beispiel, dieser Berger. In seinem graukarierten Anzug lässt er an die stehenden Figuren in den Witzblättern denken, die den Herrn Reserveleutnant als Sektreisenden oder einen verbummelten Studiosus im soundsovielten Semester darstellen.

Von dem großen, schwammigen Körper mit dem runden Rücken bis zu dem dicken Kopf mit dem herausgefressenen Gesicht ist alles an ihm überentwickelt. Einzig die bis auf einen Kinderscheitel abrasierten Haare bilden in ihrer Dürftigkeit einen schreienden Widerspruch dazu.

Warum ich immer wieder auf ihn zurückkommen muss? Wenn er mich sieht, macht er Bemerkungen, nennt mich «Lu's Brautjungfer» und anderes. Neulich, als er mit der Mia nach oben torkelte, deutete er mit ausgestrecktem Zeigefinger auf mich.

– Hehehe – blödelte er – det Männeken sitzt ständig wie 'n Wegschisser in der Ecke!

Die Mia, die meine Verlegenheit bemerkt haben muss, fuhr ihm über's Maul. Ich warf ihr einen erstaunt dankbaren Blick zu. Von ihr hätte ich das zuletzt erwartet.

Wahrscheinlich beschäftigt mich dieser Berger deshalb mehr als die andern, weil er verkörpert, was mir hassenswert erscheint. Sobald ich ihn vor Augen habe, kommt mir ein schlechter Geschmack auf die Zunge, der sich nicht verlieren will, wenn man auch noch so heftig ausspuckt. Mein erster Eindruck hat mich nicht getäuscht. Allerdings, es war nicht allzuschwer, ihn zu durchschauen. Ich kenne den Schlag. Er erinnerte mich von Anfang an an meinen Chef Erwin. Der hat auch so eine forsche Art, die Tür aufzureißen, wie einer, für den es keine verschlossene gibt. Er macht das gleiche Hallo, wenn er ins Zimmer tritt, sicher, immer und überall mit Vorrang aufgenommen zu werden, und die gleichen Bewegungen, wenn er die Handschuhe von den Fingern zupft oder sich mit seinem seidenen Tuch über die Stirn fährt. Diese Art Mensch, von krankhaftem Geltungsbedürfnis, ist gewohnt, die Aufmerksamkeit ihrer Umwelt auf sich gerichtet zu wissen. Sie sprechen überlaut und in demselben Ton innerer Unaufrichtigkeit, der verzogene Bengels unleidlich macht, bei diesen ewigen Bubis im zwei- und dreifachen Jünglingsalter dagegen widerwärtig wirkt. Sie denken sprunghaft, hören sich gerne reden, blicken beim Sprechen geradeaus, streichen sich übers Haar und lächeln, gleichsam von einem unsichtbaren Publikum Beifall heischend oder selbstgefällig, als beobachteten sie sich in einem verborgenen Spiegel.

Kaum wären sie besser zu bezeichnen als mit «alter Knabe», wie Berger sich kürzlich selbst ansprach. Er ist das Muster von einem Reicher-Leute-Sohn; nicht nur jede seiner selbst im Scherz rechthaberischen Gesten, nicht nur sein kleiner, eigenwillig geschlossener Mund mit der etwas vorstehenden Unterlippe – schon die Haut allein verrät ihn als solchen, ganz so, als ob die Luft selbst des Wohlstandes dem Menschen, der in ihr aufwächst, in die Poren dringe, ihm sozusagen ein anderes, glatteres Fell gäbe.

Kurz, er ist das Vorbild aller, die von jung auf gewohnt sind, Dienstboten um sich zu haben und Schmarotzer, von denen keiner sie zu rügen oder, wo es Not täte, ihnen auf die Finger zu klopfen wagt. Opfer ihrer Herkunft und Erziehung, werden ihnen alle Untugenden der Jugend zur zweiten Natur. Im Grunde einfältig, doch unbeherrscht, bleiben sie die selbstsüchtigen Lümmel, die zeitlebens Mutters Sorgenkind spielen, sich keine Laune versagen, für jede Abgeschmacktheit Lob ernten und keinen Widerspruch dulden wollen.

Peinlicher noch berührt die Vorliebe, die diese Kerle für unflätige Worte an den Tag legen. Es ist, als versuchten sie krampfhaft, den ihnen lästigen, von früh an aufgezwungenen «guten Ton» loszuwerden.

Eitle Burschen, meinen sie, das Lächeln stehe ihnen so gut zu Gesicht, dass man ihnen schon deswegen nicht ernstlich böse sein könne und ihnen ihre kleinen wie großen Lumpereien vergeben müsse. Sie genießen ihre unverdienten Vorrechte, als wären diese einer unumstößlich höheren Ordnung, nicht dem Geldbeutel ihres Vaters zu danken.

Den 11. September 1917

Heute kam ich früher als sonst hin.

Im Salon waren die Lichter noch nicht angezündet.

Zu meiner Verwunderung fand ich bereits einige Frauen vor. Sie waren auf dem Sofa versammelt. Ein trister Anblick! Wie gerupfte Vögel auf einer Stange, dachte ich, als ich die Gestalten im Zwielicht dicht nebeneinander sitzen sah. Auch Lu war unter ihnen. Auf ihren Wink verdrückte ich mich unauffällig in meine Ecke. Die anderen schienen mich nicht bemerkt zu haben. Sie hatten erregte Gesichter, blickten verloren geradeaus und bliesen den Rauch ihrer Zigaretten in die Luft.

Sie sprachen über die Zukunft. Mit halblauten Stimmen ergingen sie sich in Vermutungen, entwarfen Pläne, verstiegen sich zu Hoffnungen. Man führte als Beispiel eine Jugendfreundin an, die Tochter eines Hafenarbeiters, die als Tänzerin im «Kolosseum» von einem Fabrikbesitzer geheiratet worden sei, «ohne einen Fetzen auf dem Hintern, bloß weil sie eine schöne Fratze gehabt hat und Beine, so schlank wie 'ne Sektflasche.» Auch von einer weitläufigen Verwandten wurde gesprochen, die als Pflegerin bei einem alten Grafen Frau Gräfin wurde, «obwohl sie nie einen richtigen Vater gehabt hat und von Schönheit keine Spur» war.

Mit einem Wort, sie bauten Luftschlösser mit solch ernsthaften Mienen, dass ich mich in meiner Ecke erstaunt fragte, ob sie sich gegenseitig wissentlich belügen oder ob sie, armen Kindern gleich, die um die Weihnachtszeit vor den Schaufenstern der Warenhäuser die ausgestellten Herrlichkeiten unter sich aufteilen, die gläserne Wand übersehen, die sie von ihrer erträumten Welt scheidet.

Die Vera, die Gräfin, die dazu kam, hörte einen Augenblick zerstreut hin. Sie blickte in einen Taschenspiegel, nestelte an ihrem Haar, schob es zurecht und machte ein gelangweiltes Gesicht. Schließlich drehte sie sich um und segelte aufgebläht davon, ohne den Mund aufgetan zu haben.

Geringschätzig schauten die andern ihr nach.

Als sie die Tür halb offen stehen ließ, rief die Mia mit ihrer blechernen Stimme:

– Tür zu! Seid ihr daheim durch Säcke geschlüpft?

– I wo – spöttelte die Carmen – in der Polackei gibt's nur Perlvorhänge!

Die Tür wurde von außen zugeknallt.

– So ein eingebildeter Affe! Wackelt mit dem Hintern wie 'n Entenbürzel!

– Lass doch, die denkt eben: Einbildung ist auch eine Bildung!

– Ach, die tut nur so, wie wenn sie sich aus der Zukunft nichts machen täte. Dabei lässt sie sich alle Woche von der Mutter Rosalie die Karten legen – klatschte die Carla. – Ist euch noch nicht aufgefallen, dass sie den eisernen Ring mit dem Totenkopf, den ihr der Matrose verehrt hat, nie vom Finger nimmt?

– Na, das ist doch bekannt, dass sie abergläubisch ist – warf die Mia ein. – Und fürchten tut sie sich wie 'n Kind. Habt ihr sie schon mal ein Streichholz ausblasen sehen? Ich nicht! Und eine Heidenangst hat sie, allein im dunklen Zimmer zu bleiben.

Die Ella gab ihr den Rest. – Hm, die aufgetakelte Hopfenstange! Nichts ist an der echt; die mit ihrem ewigen Zierbändchen, damit man ihren verschnittenen Hals nicht sieht. Wenn ich bloß soviel Tausender in der Tasche hätte, wie die falsche Zähne im Maul hat. Die will sechsundzwanzig sein? Ich sag' euch: ohne die Sonn- und die Feiertage! hab ich nicht recht?

Ihre Gehässigkeit löste befriedigendes Kichern aus.

Die blonde Sektlissel begann wieder über die Zukunft zu reden. Wie ich jetzt erfahren habe, rührt ihr Name aus der Zeit her, da sie mit dem Sohn eines Stuttgarter Schuhfabrikanten ging. Das «tolle Jahr» endete mit einer Lustreise, bei der der Sekt in Strömen geflossen war – daher der Name Sektlissel – und der reiche Sohn und einzige Erbe sie heimlich geheiratet haben soll. Als die Geschichte durchsickerte, wurde auf Betreiben der Eltern der Sohn entmündigt und in eine Nervenheilanstalt gebracht. Die Ehe wurde für ungültig erklärt.

Die Strohblonde träumt davon, eine Bar aufzumachen, traulich und putzig wie eine Puppenstube, mit Nischen, durch Vorhänge abgeteilt, mit gepolsterten Bänken an den Wänden und Hockerchen und Sesselchen, alles mit hell geblümtem Stoff bezogen. Den Namen dafür hat sie schon; sie ist sich nur noch nicht schlüssig, ob sie «Rosenkavalier» oder «Simplizissimus» wählen soll. Es fehlt nur der Gönner mit dem nötigen Kleingeld.

Die nüchterne Carmen, ganz Kind unserer Zeit, hat für derartige altmodische Überspanntheiten nur ein mitleidiges Achselzucken.

– In so ’ner Beize sich hinterm Büffet die Beine in den Bauch stehen, mit jedem Viertel ein Lächeln ausschenken und sich von jedem ausgelatschten Kerl, der eine Flasche bestellt, abknutschen lassen? Fällt mir nicht im Traum ein! Brr, nein! – sagte sie mit gekünsteltem Entsetzen – das ist nichts für meiner Mutter Kind.

Sie will höher hinaus. Sie wartet auf den, der ihre geschäftliche Ader entdeckt. Wenn sie könnte, wie sie wollte, würde sie im besten Viertel der Stadt eine Etage mieten und einen schwedischen Massagesalon aufziehen, hochfein, mit allen Schikanen, einem Empfangschef im Frack, jungen, kräftigen Masseuren für die Damen, hübschen Masseusen für die Herren; mit Gruppensälen und Einzelkabinen zum Ausruhen, kurz: erstklassig, nur für das bessere Publikum, das sich das Abfummeln etwas kosten lassen kann.

– Blink und blank wie in einem Privatsanatorium soll es sein, und weiße Häubchen und Mützchen muss das Personal tragen. Ach je! – rief die Carmen begeistert aus. Ihre kleinen, grünlich schillernden Augen blitzten vor Unternehmungslust.

Die wetterwendische Carla mit der Sattelnase jammerte zuerst, ihr Obsthändler, der Lump, werde sie am Ende doch noch sitzen lassen. Dann wurde sie von der Ahnung gequält, sie müsse sterben, bevor er sie heraushole. Ein scherzhaftes Wort genügte, sie wieder umzustimmen. Ein Lächeln begann ihr Gesicht aufzuheitern. Sie lachte laut heraus, dass ihr breiter Hals anschwoll und ihre prallen Brüste unter dem Büstenhalter sachte zitterten. Sie schüttelte fröhlich den Kopf mit den blonden Haaren, die sich am Halse locken, hüpfte auf die Armlehne des Sofas und schaukelte mit den herabbaumelnden Beinen. Sie sprach davon, dass in ihrer Familie die meisten als alte Leute gestorben seien. – Meine Großmutter väterlicherseits ist knapp vor ihrem neunzigsten Geburtstag noch so gut auf den Beinen gewesen, dass sie alle Morgen ohne Stock in die Kirche hat gehen können. Die hat noch als kleines Kind den Napolion mit seinen Franzmännern gesehen! Ja, wir sind ein zäher Pfälzer Bauernschlag! In unserer Familie ist selten einer unter siebzig gestorben.

– Natürlich! Unkraut verdirbt nicht.

Die Carla schien über den boshaften Einwurf der Carmen hinweghören zu wollen.

– Und überhaupt – sie verzog wie ein altkluges Kind ihre vollen Lippen – älter wie sechzig möcht' ich gar nicht werden.

Sie kam wieder auf ihren Obsthändler zu sprechen.

Sie wurde weich, als sie davon schwärmte, dass er sie bald herausnehmen werde. Ein neues Leben würde beginnen. Sie würde ein trautes Heim haben, ein weißlackiertes Schlafzimmer mit dreitürigem Spiegelschrank und ein Wohnzimmer mit Kissen und Deckchen und rosa Tüllgardinen an den Fenstern. Und natürlich auch Kinderchen.

– Ja, ein Bub' und ein Mädel und –

Das schrille Auflachen der Mia – sie verzog ihr Gesicht, als wollte sie weinen – zerrte die Carla aus ihren Wunschträumen:

– So eine Trine! Mit ihrem Geschnäbel wird die sich auch bald die Hörner abgelaufen haben. Na, mir kann's recht sein. Wer nicht hören will, muss fühlen!

Die Mia hat ihre Erfahrungen hinter sich. Ihre Geschichte liegt schon Jahre zurück. Damals hatte sie ebenfalls längere Zeit ein Verhältnis mit einem Witwer, einem Rottenaufseher von der Eisenbahn, der pensionsberechtigt war. Zuletzt nahm er sie zu sich, aus purem Mitleid, wie er sagte. Wie war sie beneidet worden, dass sie sich so fein ins gemachte Bett legen konnte.

Von Anfang an war es die reine Hölle. Zuerst mit den drei halb erwachsenen Kindern, die sie ums Verrecken nicht als Mutter anerkennen wollten, sie scheel anschauten, sie hinter ihrem Rücken verspotteten und keine Gelegenheit versäumten, ihr Streiche zu spielen, oder sie beim Vater anzuschwärzen. Fast täglich gab es Auftritte. Sonst war er ein seelenguter Mann, aber im Rausch, wenn er das Geschirr zu Boden schmiss, schlug er sie oft kreuzlahm. Dann die liebe Verwandtschaft! Die Schlampen, die ungerufen und unter allen möglichen Vorwänden ins Haus kamen, um sich «das Mensch» anzusehen. Jedes ihrer Worte war eine glühende Nadel ins Fleisch. Zwei Monate lang hielt es die Mia aus, dann ging sie auf und davon.

– Nie wieder! – sagte sie hart. Sie schauderte zusammen.

– Lieber gleich ins Wasser, mit einem Strick um den Hals und einen Schleifstein drangebunden. Und am schlimmsten sind die, die ein Mädel aus Mitleid retten wollen. Denen sollte man schon am ersten Tag Rattengift in den Kaffee schütten. Die bereuen es am ehesten. Und dann vergällen sie einem das Leben mit ihrer blödsinnigen Eifersucht, weil sie meinen, dass unsereins bei jedem Pfund Kartoffeln, was man einkauft, an nichts anderes denkt, als sich vor dem Thekenhupser auf den Ladentisch hinzulegen und die Beine auseinanderzumachen.

Selbst die Ella, obschon lange über das Alter hinaus, in dem man sich trügerischen Hoffnungen hingibt, kann nicht darauf verzichten.

Voller Gemütsruhe sagte sie:

– Ich bleib' dabei: jeder Topf findet seinen Deckel. Und schließlich, nicht jeder will einen grünen Backfisch.

– Warum auch nicht? Wenn man sich die Nase zuhält, kann man sogar Stockfisch essen – warf die Mia ein.

Die anderen grinsten.

Die Ella, die sonst selten eine Antwort schuldig bleibt, sagte wider Erwarten in ungewohnt verträglichem Ton:

– Es gibt gottlob auch andere Männer. Denen hängt zuletzt das ganze Bettgezappel zum Hals heraus. Die sehen auf ganz andere Sachen. Was soll einem gesetzten Mann so ein Dingelchen mit den schönsten Waden? Das passt zusammen, wie 'n paar linke Stiefel. Tagsüber kann er kein gescheites Wort mit ihr schwätzen. Und des Nachts klappt das noch viel weniger: Der Mann will schlafen und die Frau will wachen! Hab ich nicht recht? Sie blickte überlegen um sich.

– Natürlich, unserm Herrgott sein Tiergarten ist groß, und die Geschmäcker sind verschieden – schnatterte die Carla – der eine geht in die Kirch', der andere isst lieber Handkäs'.

Allgemeines Gelächter.

– Ist ja alles nur Quatsch! Die Ella könnt' einem mit ihrem Schnedderedeng wahrhaftig noch ein Kind in den Bauch reden – nörgelte die Carmen, die es sich nie entgehen lässt, der Ella draufzugeben.

– Mich braucht einer die Männer kennen lernen. Die pfeifen auf das ganze Gequassel. Deswegen laufen sie doch ihrem Hausdrachen mit den wollenen Unterhosen davon. Ein runder Hintern und ein paar feste Zitzen sind ihnen lieber als all deine Klugscheißereien.

Die Ella reckte ihren schmalen Vogelskopf. Sie strafte die Carmen mit einem bösen Blick, würdigte sie keiner Antwort.

– Erinnerst du dich noch an den mit dem Holzbein? – rief sie die Carla als Zeugin an.

Die Carla bejahte stumm.

– Der hat mich heiraten wollen! – trumpfte die Ella auf.

Große Verblüffung. Die Frauen wechselten Blicke.

– Jetzt bekommt er fünfundsiebzig Prozent, später, wenn sie ihm vielleicht das andere Bein mit dem Steckschuss abnehmen müssen, kriegt er hundert. Und wenn er sterben tat', dann war' ich erst fein heraus und für's ganze Leben versorgt, hab ich nicht recht?

Die Glaubwürdigkeit dieser Geschichte wurde laut angezweifelt.

Ohne sich darum zu kümmern, spintisierte die Ella weiter.

– Aber, was mach' ich mit einem ohne Füß'? Auf's Alter kommt's weniger an, die Alten haben auch noch Knöpf an den Hosen. Hauptsache ist, dass sie gesund sind und mit zwei Beinen auf dem Boden stehen, hab ich nicht recht?

Als ihr niemand antwortete, deutete sie etwas von einem Freund an, der sie als Haushälterin zu sich nehmen will.

– Kein Witwer, ein Junggeselle – sagte sie mit einem Seitenblick auf die Mia, die sauersüß die Carmen anschielte.

Bis jetzt hat niemand Ellas Geheimnisvollen zu sehen bekommen.

Nach ihren Angaben ist er hoch in den Fünfzigern, aber noch rüstig und stramm und ohne ein graues Haar, wie 'n guter Vierziger!

Mit entsagungsvoller Miene fügte sie hinzu:

– Nein, in meinem Alter macht man keine Liebesheirat mehr.

Die Abgeklärtheit des verzichtenden Alters, die aus ihr sprach, ließ keinen Widerspruch aufkommen.

Heftiges Läuten und die lärmvolle Ankunft der ersten Gäste riss sie aus ihren tröstlichen Betrachtungen.

Ella, altes Freudenmädchen.

Wie könnte sie ohne Selbstlüge dieses Leben ertragen. Sie und die anderen versuchen eben, jede auf ihre Weise, sich darüber hinwegzutäuschen, wo sie, wenn sich nicht ein Glücksfall ereignet, enden werden: im Spital, als Abortfrau, bei einer Putzstelle, oder, wenn es gut geht, bei irgendeinem griesgrämigen Graukopf, einem Witwer mit unerzogenen Kindern, der sie obendrein noch verprügeln wird.

Sonderbar, dass Lu fast nichts dazu äußerte.

Schweigsam wie immer, hörte sie zu. Manchmal nickte sie nachdenklich, wie zu sich selbst.

Seltsame Frau! Je mehr ich sie kennenlerne, umso unbegreiflicher wird sie mir.

Den 13. September 1917

– Schade, dass du gestern nicht dagewesen bist, Friedrich! – sagte heute die Sektlissel. Lachend erzählte sie:

– Die Carla war bei einem betrunkenen Soldaten auf dem Schoß gesessen. Er hat ihr sein Glas Rotwein in den Busen geschüttet, da hat sie den Riemen von seiner Hose aufgemacht und ist mit ihm herumgetanzt, bis ihm's ganze Geschirr runtergerutscht ist. Ein Bild zum Schießen war das, was die alles mit dem Soldaten im Uniformrock angestellt haben. Und zuletzt ist er über seine eigenen Hosen gestolpert.

Da heute Abend viele Gäste da waren, und Lu sich nicht sehen ließ, ging ich bald wieder weg.

Als ich zur Tür hinaus ging, stieß ich auf eine Gruppe junger Männer. Zu meinem Erstaunen entdeckte ich unter ihnen den Tütü. Er stutzte einen Augenblick, schien sich zu besinnen. Dann ging er an mir vorüber, als ob er mich nie gesehen hätte.

Den 14. September 1917

In einem sind die Frauen einig: so weit wie Frau Wackerli, wird es wohl keine bringen. Die ist gerissen und weiß, worauf es ankommt. Sie lässt den Frauen ihren Willen. Nur in Geldsachen ist nicht mit ihr zu spaßen. Sie kümmert sich wenig darum, was ihre «Damen» treiben, wenn nur alles ruhig vor sich geht und sie ihr jeden Morgen ihren Anteil und das Geld für Wäsche und sonstiges hinlegen. Wie Lu mir sagte, ist das so viel, dass den Frauen im allgemeinen wenig und bei flauem Geschäftsgang, wie jetzt, fast nichts übrigbleibt.

Alle sprechen mit Hochachtung von der «Madame». Sobald sie aber außer Sichtweite ist, raunen sie sich Geschichten über ihre Vergangenheit zu.

Vor vielen Jahren – sie war damals mit einem gewissen Rötter verheiratet – soll sie die Hauptheldin des nach ihr benannten «Fall Rötter» gewesen sein. Das war eine Kriminalsache, die seinerzeit viel Staub aufwirbelte. Ein reicher Fabrikant aus Koblenz, ein verheirateter Mann, hatte sich das Leben genommen, nachdem ihm eine Erpresserbande, deren Anführer eben dieser Rötter war, erhebliche Summen abgeschröpft hatte. Die Sache war unklar und reichlich verwickelt. Rötter soll seine ungetreue Gattin mit dem ahnungslosen Fabrikanten – in Gegenwart von Zeugen natürlich – im Astoria-Hotel, dem vornehmsten der Stadt, überrascht haben. Ob die ehemalige Frau Rötter in diesem klassischen Erpresserstück die Hauptrolle oder nur den Lockvogel gespielt hat, blieb ein Geheimnis, das der mehrtägige Sensationsprozess nicht zu klären vermochte. Die Bande, mit Rötter an der Spitze, alles verrufene, zum Teil vorbestrafte Burschen, war zu hohen Gefängnis- und Zuchthausstrafen verurteilt worden. Da die Kumpane dicht hielten, hatten die Geschworenen den Beteuerungen und, mehr noch, den Augenaufschlägen der schönen Mitangeklagten Glauben geschenkt und sie mangels Beweise freigesprochen.

Die hübsche Strohwitwe verschwand bald danach von der Bildfläche. Nach Jahren tauchte sie wieder auf. Niemand weiß genau, was sie während der Zeit getrieben hat. Die Ella will gehört haben, dass sie mit dem beiseitegeschafften Geld, das ihr die Bande anvertraut hatte, und mit einem jungen Seelentröster ins Ausland gereist sei. Als Gras über die Geschichte gewachsen und das erbeutete Geld zum großen Teil verludert war, sei sie allein zurückgekommen. Mit dem Rest habe sie den «Falstaff» aufgemacht, eine kleine Weinstube «mit verhängten Fenstern», die sie später mit Gewinn weiterverkauft habe. Für den Erlös habe sie das Haus Nummer fünf gepachtet.

Nach Aussage der Mia dagegen ist die Madame von ihrem Reisebegleiter schon nach den ersten Honigwochen um das ganze Geld bestohlen und in London sitzen gelassen worden. Allein und ohne einen roten Pfennig, habe sie eine schlimme Zeit durchgemacht, sei nacheinander Kellnerin in einer deutschen Speisestube im Osten der Stadt, Animiermädchen in einer Matrosenkneipe und, nach anderen dunklen Stationen, Tänzerin in einem Tingeltangel im Hafenviertel gewesen. Was weiter geschehen sein soll, hört sich an wie das Ende eines Schundromans. Ein verrückter alter Engländer habe sie aus dem Tanzlokal herausgenommen und ihr, als er kurz darauf starb, eine kleine Erbschaft vermacht, die nach ihrer Rückkehr das Anfangskapital gebildet habe. Wie die damalige Frau Rötter sich die Bande vom Hals geschafft hat, weiß die Mia nicht zu sagen; sie weiß lediglich, dass sie ihren ersten Mann, der nach der Strafverbüßung mit unbekanntem Ziel auswanderte, öffentlich vorladen ließ und schließlich die Scheidung wegen böswilligen Verlassens durchsetzte.

All das liegt lang zurück. Gewiss ist, dass die gewesene Frau Rötter, kurz nach dem Verkauf des «Falstaff», einen Schweizer heiratete, Herrn Thomas Wackerli.

Obwohl einige Jahre jünger als sie, hat er ein nicht weniger bewegtes Leben hinter sich. Wie einer seiner Landsleute, der ihn noch von seiner Züricher Heimat her kennt, der Ella anvertraute, war Wackerli wegen eines Dummenjungenstreiches zur Fremdenlegion ausgerissen. Er machte seine fünf Jahre ab und schlug sich dann als Matrose, Tabakschmuggler, Schuhputzer,

Zeitungsverkäufer, Nachtportier durch Nordafrika, Spanien und Frankreich durch. Zuletzt ging es ihm verkratzt. Krank und gänzlich abgebrannt landete er in unserer Stadt am Rhein. Er fristete von allerlei zweifelhaften Geschäften mehr schlecht als recht sein Leben. Als ein glücklicher Zufall ihm seine künftige Frau über den Weg führte, soll es wie Liebe auf den ersten Blick gewesen sein. Sie seien bald übereingekommen, dass sie ein treffliches Paar abgeben würden.

– Ja, da hat sich was zusammengefunden. Sie mit ihrem kleinen Kapital, und er mit seinen Erfahrungen.

– Erfahrungen? – unterbrach die Mia den leisen Schwall der Ella, – alles was recht ist, die hat er.

– Das will ich meinen, – zischelte die Ella – besonders aus Algier, wo er nach der Fremdenlegion bei einer Gesellschaft mitgemacht hat, die dort junges Gemüse – sie kniff ein Auge zu – in die Häuser geschafft hat. Grollend sagte die Mia :

– Hm, ich sag's ja immer: ein Finger gehandelt ist mehr als ein Armvoll geschafft!

Den 14. September 1917

Gerade als ich an der Tür klingeln wollte, kam die Vera mit dem Einäugigen aus dem Haus. Er ist mittelgroß und von gedrungener Gestalt. Der starre Blick seines linken Auges – das rechte liegt, geschlossen, wie in einer Höhle – gibt seinem Gesicht mit der etwas gebogenen Nase einen verschlagenen Ausdruck, der durch die wulstige Unterlippe vergröbert wird. Er hatte die Schultern hochgezogen und die Hände in die Taschen seines Überziehers vergraben. Als er aus dem Haus trat, zog er die vornüber geschlagene Krempe seines Hutes tiefer ins Gesicht.

Mehr als dieser Einäugige, scheint der Berger Ehrengast zu sein, sozusagen ein Paradestück des Hauses. Meistens verbringt er dort die Nacht und, da er die Abwechslung liebt, bei einer anderen Bettgenossin. Im allgemeinen nimmt er die, die ihm gerade in den Weg läuft.

Heute Abend wurde noch zu später Stunde lauter als sonst getanzt, gelärmt und gezecht. Diesmal waren nur Zivilisten da, mit Ausnahme eines Soldaten, der mit der Sektlissel auf dem Sofa saß. Lu war schon vor einiger Zeit mit einem pockennarbigen Kerl nach oben gegangen. Er war ein Älterer, gut gekleidet, bartlos und mit einer halben Glatze.

Es war kurz vor zwölf. Ich beschloss, noch eine letzte Viertelstunde auf Lu zu warten.

Als die Sektlissel, von ihrem Soldaten ungeschickt angepackt, aufschrie, bat sich Frau Wackerli hinter dem Vorhang etwas mehr Ruhe aus.

– Natürlich, der Drückeberger! Der feine Herr schläft wieder, der wird verwöhnt wie'n hohler Zahn, – knurrte die Ella.

Berger war kurz vorher mit der Carla hinaufgegangen.

– Man kann sagen, was man will, – meinte die Carmen, die neben der Ella am Klavier-Automaten stand – der Vize hat Schneid –

– Und Kraft wie 'n Bulle!

Das kam so unerwartet von der Sektlissel vom Sofa herüber, dass die Carmen grinste, als hätte sie einen saftigen Witz gehört. Sie begann laut zu lachen, als die blonde Walküre auf dem Schoß ihres Soldaten ihren dicken nackten Arm in Ringerpose vorstreckte.

– Der Berger? Alle Achtung, an dem wird das Sprichwort zuschanden: Ein guter Hahn wird selten fett – sagte seine Landsmännin, die Mia.

– Kein Wunder, der hat gut fett sein, schafft nichts und frisst für zehne, – schimpfte die Ella, die aus verständlichen Gründen den «fetten Hammel» nicht riechen kann.

Sie war wieder einmal recht bösartig. Sie verdächtigte die Carmen, ein Auge auf den Drückeberger geworfen zu haben.

– Bei dir ist wohl 'ne Schraube los! – widersprach die Carmen leise, aber bestimmt. – Ich geb's zu, der Berger ist ein patenter Kerl, wenn er dir auch nicht gefällt; kann sogar ganz nett sein, wenn er will – na ja, als Freund vielleicht, aber als Kompagnon? – Sie machte eine abweisende Handbewegung.

– Schade um ihn ist es ja, – sagte sie mit einem Unterton des Bedauerns, – aber für's Geschäft taugt der nichts. Da braucht man einen, der sein Geld nicht verjubelt und sich nicht bei den Weibern verplempert. Der Berger hat schon mal ein Vermögen durchgeputzt. Wenn der tausend Mark verdient, verläppert er zweitausend. Der würde den Pascha spielen, und ich könnt' den Karren zieh'n. Und am Ende noch mein bissel Gerstel verhuren lassen? – Nein, ich such' mir einen, der weiß, was er will und seine Hand auf der Tasche hält. So einer wie der Wackerli, – fügte sie leiser hinzu – der versteht sich auf's Geschäft, das war' so mein Fall. Was der tut, hat Hand und Fuß, wenn er nur nicht so vor seiner Alten kuschen würde.

Sie luchste nach dem Vorhang hinüber, verzog angewidert das Gesicht.

Sie schwärmt für starke Männer, verachtet die, «die aus dem Holz geschnitzt sind, aus dem die Flöten gemacht werden.»

– Ja, man sollte es nicht für möglich halten, stimmte ihr die Mia bei. Sie dämpfte ihre Stimme: – Im Geschäft ist er gewieft und schreckt vor nichts zurück, aber bei seiner Alten macht er Männchen und frisst ihr wie'n Hund aus der Hand.

– Vielleicht hat sie nur deswegen die Hosen an – flüsterte die Ella – weil sie zuviel von seinen Geschäften weiß.

– Überhaupt, die Carmen! – geiferte sie, kaum dass diese weggegangen war – die mit ihren Katzenaugen, spielt sich auf, wie wenn sie dem Berger 'nen Heiratsantrag ausgeschlagen hätte. Als ob man nicht sehen würde, was für Blicke sie ihm zuschmeißt, und wie sie dauernd vor ihm scharwenzelt. Alle zehn Finger tat' sie sich abschlecken, wenn er nur mit der Wimper zucken wollte. Der Berger denkt nicht im Schlaf daran. Ich hab' ja den Dicken so lieb wie Bauchweh, aber leid tun könnt' er mir, wenn er sich von der ködern ließe. So eine wie die Carmen findet er noch mit siebzig. Der «Fetzen», was die wohl glaubt. Läuft wie auf Eiern, schnappt am End' noch über, bloß weil er sich manchmal mit ihr unterhält – puh! Was die weiß, hab' ich schon längst vergessen. Die mit ihrem Schönheitsfleck auf der Backe, wo doch jeder weiß, dass es nur eine übermalte Warze ist, hab ich nicht recht.

Den 16. September 1917

Das Leben ist voll von Geheimnissen und Überraschungen, wo man sie am wenigsten erwartet. Nie hätte ich mir träumen lassen, in diesem Haus die Erklärung für eine Sache zu finden, die mich schon als Kind lebhaft beschäftigte.

Über das Haus fünf könnte man ein dickes Buch schreiben. Ich wollte, ich wäre ein Dichter. Das würde ein Roman werden, wahr und packender als all das fade Zeug und die ewigen erlogenen Liebesgeschichten. Ob dieses Haus eine Ausnahme macht, oder ob es bei näherem Hinschauen überall in der Straße das gleiche ist?

Herr Wackerli ist, wie ich heute hörte, an dem Wettbüro «Fortunas» in der Langgasse beteiligt. Das also sind die Geschäfte, von denen seine Frau zuviel weiß.

Schon als ich sechs Jahre alt war, hatte dieses Wettbüro meine Neugier erregt. Oft machte ich nach der Schule einen Umweg, um daran vorbeizukommen.

Selbst das Äußere des Ladens übte auf mich eine unerklärliche Anziehung aus: der braune Pferdekopf mit den bleckenden Zähnen und das goldene Hufeisen auf dem Schild; die undurchsichtigen, halbhohen Vorhänge an den vier Schaufenstern; das in schnörkeliger Schreibschrift auf die Milchglasfüllung der Eingangstür gemalte «Ludwig Brandstetter, konzessionierter Buchmacher»; und endlich, links unten auf der ersten Scheibe, der eingerahmte Hinweis: «Wettannahme von 10–12, Wettbüro von 5–7 Uhr».

Manchmal, wenn gerade jemand die Tür öffnete, warf ich einen Blick in den Ladenraum. Er war immer knüppelvoll; man sah nur Männer. Der graue Tabakqualm ließ ihre Gesichter fahl, verschwommen erscheinen. Ganz hinten zog sich eine mannshohe Gitterwand mit mehreren Schaltern quer durch den Raum. Längs der Seitenwände standen Bänke. Auf den ersten Blick glaubte man in ein Postamt oder in den Schalterraum eines Bahnhofs zu sehen. Lange Zeit konnte ich mir nicht recht erklären, was die vielen mit Bleistift und Notizbuch bewaffneten Männer dort zu schaffen hatten. Sie standen in Gruppen herum oder saßen auf den Bänken, unterhielten oder stritten sich, wobei sie rote Köpfe bekamen und böse Augen machten. Erst zerbrach ich mir den Kopf darüber, welch eine Bewandtnis es mit dem Gaulskopf und dem Hufeisen haben mochte, bis ich zu Hause erfuhr, das rätselhafte «Konzessionierter Buchmacher» habe nichts mit Büchermachen zu tun, sondern mit Pferderennen. Ich konnte mir jedoch nicht ausdenken, was da eigentlich vor sich ging.

Der Schornsteinfeger, der Straßenkehrer, der Bierkutscher, die Waschfrau, die Zeitungsträgerin, sie alle, so wusste ich dunkel, leben von der Arbeit, die sie, für jeden sichtbar, tun. Und zwar leben sie nicht gut; das konnte man an ihren Kleidern und an ihren Gesichtern feststellen.

Es war mir auch begreiflich: Herr Haffner, der Zigarrenverkäufer, Frau Feurig, die Kolonialwarenhändlerin und Herr Pilz, der Inhaber des Schuhwarengeschäftes, leben von den Zigarren, Kolonialwaren, Schuhen, die sie verkaufen. Und zwar besser als der Bierkutscher, der Straßenkehrer, die Zeitungsträgerin. Das ebenfalls war an ihrer Kleidung und an ihren Gesichtern zu sehen.

So weit war es für mich fasslich: die einen arbeiten, die andern verkaufen die Waren, die in ihren Fenstern ausgestellt sind. Bei diesem Wettbüro «Fortunas» hingegen stimmte alles nicht. Das hatte Schaufenster und doch keine – sie waren verhängt: das war ein Laden und wieder keiner – nichts wurde darin feilgeboten. Einmal, im Vorbeigehen, erschien es mir plötzlich wie ein Vexierbild von einem Laden: keine Auslagen draußen, keine Warenfächer und Verkaufstische drinnen; alles ausgeräumt, bis auf die Bänke an den nackten Wänden, jedoch beängstigend viele Menschen, die untätig und schwatzend herumstanden.

Alles in allem: das Wettbüro wirkte auf das kindliche Gemüt unnatürlich, spukhaft, ähnlich wie die Getreidebörse an Montagen und Donnerstagen. Auch dort standen auf der Straße Gruppen von Männern, manche breitbeinig, mit einer dicken Zigarre im Mund, manche mit den Händen in den Taschen und mit Geldstückchen klimpernd. Sie sprachen durcheinander, verhandelten laut oder fuchtelten, wie drohend, mit den Händen, sodass man alle Augenblicke meinte, ihre steifen

Hüte, die sie meist in den Nacken geschoben hatten, würden ihnen hinterrücks vom Kopf fallen.

Lange wollte es mir nicht in den Kopf, dass die vielen Männer im Wettbüro davon leben sollten, dass sie täglich von 5–7 sich unterhielten, sich stritten und wie die Schornsteine qualmten. Ebensowenig, dass die Arbeit jener anderen Männer darin bestehen sollte, zweimal in der Woche auf der Straße und auf der Treppe vor der Börse aufeinander einzusprechen, Tütchen aus der Tasche zu ziehen, und eilig ein paar Körner auf die flache Hand zu schütten, um sie den andern mit einem Schwall von Worten unter die Nase zu schieben. Da die Männer vom Wettbüro, wie auch die von der Fruchtbörse, ausnahmslos schöne Kleider trugen, oft ziemlich dick waren, hatte sich mir unabweislich der Gedanke aufgedrängt, das müssten die reichen Leute sein, von denen zu Hause, seit ich denken kann, mit Ehrfurcht gesprochen wird.

– Der Breitenbach ist jetzt reich, der hat das Schaffen nicht mehr nötig, der lässt sein Geld für sich arbeiten – hatte ich einmal zu Hause aufgeschnappt, als von einem die Rede gewesen war, der eine Erbschaft gemacht hatte.

Dass, wer reich ist, die kleinen toten Geldstücke gleich leibhaftigen Heinzelmännchen mit Augen, Händen und Füßen für sich arbeiten lassen kann – diese gespenstige Vorstellung, die mich lange Zeit bis in den Traum verfolgt hatte, fand endlich hier im Wettbüro ihre Aufklärung. Ja, das müssen die reichen Leute sein, dachte ich. Sie stehen herum und schaffen nicht, also haben sie das Schaffen nicht mehr nötig. Wenn auch ihre tätigen Geldstücke nicht zu sehen waren, so hörte man sie doch in den Taschen klingen. Das war es wohl, was man daheim mit dem «Sein-Geld-für-sich-arbeiten-lassen» gemeint hat, legte ich mir zurecht, allerdings ohne mir veranschaulichen zu können, wie und auf welch zauberhafte Weise das lustig in den Taschen klimpernde Geld Arbeit leisten könne.

Diese Vorstellung des Sechsjährigen vervollständigte das Bild, das ich mir von den reichen Leuten gemacht hatte, als ich noch nicht zur Schule ging. Damals war es das Schaufenster der Kohlenhandlung «Union» in der Kaiser-Wilhelmstraße, das mich an sie hatte denken lassen. Oft war ich auf Zehenspitzen davor gestanden und hatte die Fensterauslagen angestaunt: zierliche Glasschälchen mit Kohlenstückchen angefüllt, Bündelchen Holz, faustgroß wie für eine Puppenküche, und, gleich Bonbons aus Lakritze, kleine Briketts mit zwei gekreuzten Hämmerchen darauf. Lange hatte ich darüber nachgegrübelt, wer wohl diese Schälchen Kohlen und diese Bündelchen Holz kaufen mochte. Endlich glaubte ich es gefunden zu haben. Die können nur für die reichen Leute sein, überlegte ich, denn die lassen sich nicht, wie die andern, schmutzige Säcke mit Kohlen und Körbe voll Holz in den Keller schleppen. Schon deswegen nicht, weil sie keinen Keller haben. Das hatte ich selbst beobachtet, als ich einmal durch die Luke eines reichen Hauses hinuntergeguckt hatte. Da war, statt eines schwarzen Kellerlochs, eine große, weiße Küche, geräumiger als unser Schlafzimmer daheim, und mit einem großen, spiegelblanken Herd in der Mitte. Das war an einem Sonntag, als wir auf einem Spaziergang in den Stadtwald am Parkviertel vorbeikamen. Damals hatte unser Robert, der jetzt im Feld ist, auf die schönen Häuser gedeutet und geflüstert: «Da wohnen die reichen Leute».

Es hatte auf mich Eindruck gemacht, dass die reichen Leute Gärten vor den Häusern haben, und dass in ihren breiten Straßen, links wie rechts mit Bäumen bepflanzt, wenig Menschen und gar keine Kinder zu sehen sind; dass alles blitzsauber und mäuschenstill, kurz, wie von Natur aus anders als bei uns ist. Da müssen, hatte ich mir ausgedacht, die feinen Kinder wohnen, die, nach Großmutters Worten, sogar werktags Samtanzügchen mit weißen Krägelchen tragen und die, «anders wie ihr Gassenbuben, Mama statt Mutter, und Pferde statt Gäule sagen».

Ja, so muss es sein, überlegte ich vor dem Fenster der Kohlenhandlung, die reichen Leute, die im Parkviertel wohnen, nehmen so ein Schälchen Kohlen und schütten es ins Feuer, wie Mutter ein Schälchen Malz in den Kaffee, und, schwups! ist es bei ihnen wärmer als bei uns, wenn man drei Schaufeln voll in den Ofen schmeißt, die vorher nass gemacht werden, damit sie nicht gar zu schnell abbrennen.

Nach alledem stand für mich ABC-Schützen fest: die reichen Leute sind daran zu erkennen, dass sie schöne Anzüge tragen und an gewissen Vormittagen einem andern eine Handvoll Körner gleich Vogelfutter unter die Nase schieben, wenn sie nicht am späten Nachmittag in Gruppen, rauchend und schwatzend vor Schaltern herumstehen. Mit anderen Worten, dass sie ihr Geld für sich arbeiten lassen und augenscheinlich besser als alle arbeitenden Menschen leben.

Diese kindlichen Gedanken fanden ihre endgültige Bestätigung durch ein Geschehnis, das sich etwa um jene Zeit zutrug: unsere Stadt beging mit Glanz und Böllerschüssen den siebzigsten Geburtstag des Bankiers Meissinger. Er hatte große Stiftungen gemacht, darunter eine kleine Insel im Rhein, die bis auf den heutigen Tag niemand hat betreten dürfen, kein Mensch weiß, warum.

Anschließend an die festliche Ratssitzung, in der dieser Bankier und Wohltäter einstimmig zum Ehrenbürger ernannt worden war, fand ein Fackelzug statt. Voran die Ehrengarde und die Kapelle der freiwilligen Feuerwehr, dann Abordnungen der Stadtbehörde, des Bürgerausschusses, sowie zahllose Vereine, alle mit Fahnen, viele mit eigener Blechmusik, die in dem Jubilar den Gönner, ihr Vorstands- oder Ehrenmitglied feierten. Das unvermeidliche Heer der Mitläufer, der großen und kleinen Kinder, beschloss den Lichterzug, der sich mit großem Tamtam zwischen zwei Mauern von Gaffern durch die beflaggte, festlich beleuchtete Hauptstraße bewegte. Vorbei an den Zwergbäumchen zu beiden Seiten, mit goldenen Holzäpfeln behangen und durch eine endlose Kette von Laubwerk miteinander verbunden, vorbei unter dem Ehrenbogen, mit einer aus Glühbirnen gebildeten «Siebzig» geschmückt, ging es zur Villa des betagten Geburtstagskindes. Vor seinem Hause spielten die vereinten Kapellen ein Ständchen. Es wurden Ansprachen gehalten und Hochrufe ausgebracht. Den Höhepunkt bildete die feierliche Überreichung der Ehrenurkunde, die auf dem Balkon der Villa und vor einer unübersehbaren Zuschauermenge stattfand. Die Musik blies einen Tusch. Es wurde geklatscht. Der Jubelgreis auf dem Balkon verbeugte sich wiederholt. Er winkte, sichtlich gerührt. Gerade als der Zug sich auflösen wollte, kam die große Überraschung. Der vielfache Millionär und neugebackene Ehrenbürger warf aus bereitgestellten Waschkörben mit vollen Händen Kupfer-, Nickel- und Silbermünzen auf die Straße.

Geld auf der Straße! Das übertraf, was man am letzten Fastnachtdienstag erlebt hatte. Der Faschingszug mit dem Prinzen Karneval auf seinem rollenden Thron – einem geschmückten Bierfuhrwerk – passierte gerade das Haus des Innungsmeisters Hoppenreuther, «Fabrik feiner Wurstwaren mit elektr. Maschinenbetrieb». Als die Gassenjungen das alte Fastnachtslied: «Der Metzgermeister Ochsenkopf, der schlachtet manches Schwein» zu brüllen anfingen, sah man den Hoflieferanten, Inhaber mehrerer goldener und silberner Medaillen, von seinem Balkon aus, unter Beihilfe seiner Gesellen, aus großen Wasserkesseln heiße Würstchen unter's «Narrenvolk» werfen. Aber das Gedränge, das damals entstanden war, war nichts gegen den Tumult, der vor dem Hause des Bankiers ausbrach. Heiße Würstchen hatte nicht jedermann von der Straße aufheben wollen. Jedoch Geld? – Die Straße war eng. Jeder wollte von dem irdischen Manna auflesen. Jung wie alt schob, stieß, puffte. Man schrie, fluchte, weinte und quetschte sich zu Boden.

Ich war mit mehreren Jungens mitgelaufen und versuchte, dazwischengeklemmt, mich aus der fürchterlichen Menschenzange loszureißen. Als Glück erwies sich jetzt, was mich vorher schrecklich gewurmt hatte: dass ich auf dem gegenüberliegenden Gehsteig der Straße und überdies ziemlich ans Ende zu stehen gekommen war. Mit meinen schwachen Kräften zwängte ich mich zwischen den Füßen der Großen zu der offenstehenden Tür eines Hauses durch. Noch in dem frohen Gefühl des Gerettetseins schmerzte mich der Verlust des Fünfzigpfennigstückes, das ich beim Kriechen auf dem Boden, gerade, als ich danach griff, loslassen musste. Ein genagelter Männerschuh war mir auf die Hand getreten.

Seit diesem Tage, glaube ich, hat sich in mir Hass gegen die reichen Leute eingefressen, die nicht nur nicht arbeiten, sondern auch das für sie arbeitende, mühelos verdiente Geld mit vollen Händen zum Fenster hinausschmeißen.

Den 17. September 1917

Im Geschäft hatte ich heute einen schwarzen Tag. Der lange Moog, der sich mir gegenüber gern als Chef aufspielt, kanzelte mich schon am frühen Morgen ab, weil ich schon wieder einen Brief verkehrt abgelegt hatte und weil eine Faktura wegen falscher Adressierung zurückkam.

– In letzter Zeit werden Sie überhaupt immer zerfahrener. Wenn die Schlamperei noch einmal vorkommt, melde ich's dem Chef!

Ich versprach, mich zusammenzunehmen, aber die Arbeit ging mir schwer von der Hand. Ich musste unaufhörlich an dieses Wettbüro «Fortunas» denken. Seit längerem bildet es das Gespräch der Stadt. Besonders in den Kreisen der kleinen Geschäftsleute wird mit halber Stimme davon gesprochen. Jeder weiß darum, aber niemand mischt sich gern in Dinge, die ihn nichts angehen. Und dann, wer ist heute noch ganz hasenrein.

Auch zu Hause war schon öfters von dem Wettbüro die Rede. Kürzlich erst sagte bei Tisch die Anna, die ältere Schwester, zur Mutter:

– Es ist rein nicht mehr zum Aushalten! Was jammerst du uns immerzu den Kopf voll? Mach's doch wie die andern, wenn du nichts mehr im Laden hast. Die gehen ganz einfach abends ins Wettbüro. Dort kriegen sie hintenrum alle Waren, die ihnen fehlen: Strickwolle, Meterware, Nähfaden und was weiß ich noch.

– Ich dorthin gehen? – gab die Mutter zurück. – In die Räuberhöhle? Nein, dafür ist mir mein ehrlicher Name zu gut. Mit dem Gesindel, was dort zusammen kommt, will ich nichts gemein haben. Eher schließ' ich die Bude, als bei der Hehlerbande kaufen.

Es wird allgemein geflüstert, dass das Wettbüro jetzt nur noch ein Aushängeschild, ein Deckmantel ist, und die Wettbörse zwischen fünf und sieben eine schwarze Börse, der Treffpunkt aller fragwürdigen Elemente. Zum Teil sind es verkrachte Existenzen, durch Erfahrung abgebrüht. Verkommene Müßiggänger, die das leicht verdiente Geld lieben, sind sie bereit, sich mit jeder, nur nicht mit ehrlicher Arbeit schmutzig zu machen, vorausgesetzt natürlich, dass sie gemeinsam mit ihren Anwälten – gewöhnlich sind es zwei: was der eine nicht weiß, knobelt der andere aus – die Maschen im Netz der Paragraphen ausfindig gemacht haben, durch die sie notfalls, etwas unbequem, aber sicher entschlüpfen können.

Zum Teil sind es die sogenannten Zigeuner des Handels, solche, denen die Kofmichs in den Büros, die Schnittwarenhändler und die Tütendreher, die mit der Zeit Geld und Fett ansetzen, einen Druck im Magen verursachen. Echte Falschspielernaturen mit der Losung: warum denn gerade handeln, wenn es auch krumm geht, ist ihnen der einwandfreie Handel, das Geschäft ohne den Kitzel der Gefahr, Limonade für den Säufer. Dann gibt es noch Außenseiter wie diesen Wackerli, die in normalen Zeiten, wenn ihnen der Boden zu heiß wird, auswandern, um früher oder später in einem der beiden Lager zu landen, die sich wie Abschaum zu Bodensatz verhalten: die einen ganz oben, bei den goldenen Schwalben, die keinen Sommer machen und die mit den Jahreszeiten ihren Standort wechseln; die andern ganz unten, bei den Galgenvögeln, die die Verbrecherviertel bevölkern und die Hafenplätze der Welt unsicher machen.

Beide Gruppen, die in den feinen Hotels, wie die in den Kaschemmen, haben – Extreme, die sich berühren – ihre außenseiterische Gesinnung gemein.

Von dem gleichen, vor nichts zurückschreckenden Alles oder Nichts besessen, treffen sie sich in ihrem Hass gegen das Geregelte, Sesshaft-Beständige, in ihrer Verachtung für das feige, kleinbürgerliche Auf-dem-halben-Weg-stehen-bleiben. Beiden gilt das Gesetz der Gesetzlosigkeit: alles ist erlaubt, ausgenommen das Sich-erwischen-lassen. Jeder handelt auf eigene Rechnung und Gefahr. Wer verunglückt, zahlt, blutet für sich und die andern. So will es die Spielregel. Einzig der Erfolg, als widerruflicher Entscheid, bestimmt, wer unter ihnen Finanzmann, wer Darlehensschwindler ist; wer als Generaldirektor Millionen und Ehren einheimsen darf, und wer, steckbrieflich verfolgt, in einem Kellerloch Unterschlupf suchen muss.

Alle diese Abenteurer haben es, selbst wenn sie könnten, in

dieser Zeit nicht mehr nötig, auszuwandern. Sie alle, die den schiefen Weg lieben, schneiden jetzt am besten ab. Mehr und mehr geben sie den Ton an. Bei der fühlbaren Warenknappheit geraten die Kaufleute ins Hintertreffen. In ihrer bedrängten Lage können sie den unlauteren Händlern nicht mehr den Rücken kehren, noch ihnen, wenn sonst nichts nachweisbar, das Handelsgericht auf den Hals hetzen. Ihre Zurückhaltung gegenüber den missratenen Brüdern verliert sich zusehends. Was sie zwingt, sich mit jenen einzulassen, ist nackte Not. Abgeneigt jedem Wagnis, verpönen sie sonst das Unsichere, Gefahrvolle. Sie bevorzugen, zumindest solange sie die Wahl haben, das glatte Geschäft; aus Furcht, Bequemlichkeit und Ich-weiß-nicht-was.

Das hat sich jetzt grundlegend geändert. Die Zeiten sind vorbei, da es genügte, das ABC des Handels zu kennen: Einkaufspreis plus Spesen plus Gewinn ist gleich Verkaufspreis. Oder, um die Gegenprobe zu machen: Verkaufspreis minus Einkaufspreis und Spesen ist gleich Gewinn. Man muss sich auf den Boden der Tatsachen stellen. Der Kaufmann von heute hat einzusehen, dass es kein Kunststück mehr ist, Ware zu verkaufen. Die setzt sich jetzt bis auf den letzten Ladenhüter von selbst ab. Man muss sie nur haben. Aber woher nehmen und nicht stehlen? Wer sich auf die seltener und immer knapper werdenden Zuteilungen seitens der Großhändler versteift, muss eben, wie Mutter, jeden zweiten Kunden mit einem Achselzucken wegschicken, wenn er nicht zeitweilig den Laden geschlossen halten will.

– Der Mensch ist ein Affe! – sagen sich die Gewitzten. Wie's die andern machen, so machen wir's auch. Die Konkurrenz kocht auch nur mit Wasser. Einer nach dem andern lässt sich jetzt von den «Fortunas-Leuten» beliefern, natürlich mit der nötigen Vorsicht, durch die Hintertür und nach Ladenschluss.

Es bleibt uns keine andere Wahl. «Fortunas» sind die einzigen, die jetzt noch Ware beschaffen können, mit Aufpreisen zwar, aber was spielt das heutzutage noch für eine Rolle? Die Kundschaft zahlt sie mit Kusshand. Wie warme Semmeln wird einem die Ware aus der Hand gerissen. – Weiß der Teufel, wo die Kerle die vielen Tuchballen her haben? Wo sie wohl die

Kisten mit Schuhen, Stoffen und Wäsche auftreiben? Durch Aufkäufer in den Städtchen und kleinen Ortschaften, sagen sie. Die ramschen angeblich die alten Vorräte zusammen. Hm, das ist nicht ausgeschlossen, dort ist man ja nie ganz auf dem Laufenden. Aber die eigenartig gemusterten Stoffe, die Kleider und Blusen in dem fremdländisch-komischen Schnitt und die Wäsche mit den cremefarbigen Spitzeneinsätzen? Und erst die hohen Schnürstiefel, die Stiefeletten aus Chevreauxleder mit den spitzen, geschweiften Absätzen? Man ist doch nicht auf den Kopf gefallen – ach was, Wichtigkeit! Und wenn schon, was kümmert's einen. Ware ist wie Geld, sie stinkt nicht. Wer heißt einen seine Nase in jeden Dreck stecken? Was man nicht weiß, macht einen nicht heiß. Unter uns gesagt:

Tüchtige Kerle sind sie ja, die «Fortunas», wenn sie bloß nicht so verdammt unreell wären. Schließlich, wovon Miete und Unkosten zahlen? Man lebt doch nicht vom Zulegen! Und von der Substanz kann man auch nicht zehren, nicht wahr? Na ja, Hauptsache ist eben, der Schornstein raucht, und man braucht nicht zu schließen. Hat man vielleicht sein Geschäft vom Vater geerbt und sein ganzes Leben die Kundschaft kulant bedient, um sich, wie Hoffmann & Co, zwangsversteigern zu lassen?

So oder ähnlich mögen die Kaufleute überlegt haben, bevor sie mit dem «Büro» geschäftliche Beziehungen anknüpften. Das erste Mal wird vielleicht der eine oder andere noch hin und her überlegt haben, bis ihm die Ware – Angebot freibleibend – vor der Nase weggeschnappt wurde. Beim zweiten Male griff jeder – wer lang fragt, kommt zu kurz – unbesehen zu.

Der auffällige Umstand, dass das Wettbüro den schwungvollen Schleichhandel seit längerem betreibt, ohne von den Behörden ernstlich belästigt zu werden, gibt dem Gerede Nahrung, der Inhaber Brandstetter sei ein Polizeispitzel. Nur so erkläre es sich, dass der «Betrieb» bis jetzt noch nicht hochgegangen sei. Aus diesem Grunde bestehe bei geringster Vorsicht auch weiterhin keine Gefahr für das «Unternehmen».

Es ist schwer zu sagen, was daran wahr ist. Jedenfalls scheint dieser Brandstetter durch seinen Kreis von «Geschäftsfreunden» und durch seine Querverbindung über Wackerli «zur Straße», der geeignete Mann zu sein. Wahrscheinlich weiß er um viele

Dinge, die für die Polizei von Interesse sind. Da er verschlagen genug ist, nur das Notwendige zu melden, bleibt stets der Verdacht, dass er oft Wichtiges für sich behält. Und da es in der Stadt nicht wenig angesehene Männer gibt, deren offenkundige Ehrenhaftigkeit darin besteht, dass ihnen nicht das Gegenteil nachgewiesen werden kann, so wird er von vielen gefürchtet. Auf diese Weise hat er sich Beziehungen und, in gebührlicher Entfernung, einflussreiche Beschützer zu schaffen gewusst. Seine Verbindungen sollen bis in das Polizei-Präsidium reichen. Diese Einzelheiten weiß ich von zu Hause, obwohl ich auch im Geschäft mehrfach von der «Schieberbörse» in der Langgasse reden hörte. Noch vor einigen Wochen schimpfte die Mutter über die Hehlerbande. Ein Bekannter, der in der Langgasse wohnt, hatte ihr erzählt, wie dort die Geschäfte gefingert werden. Wenn ein «Neuling» ins Büro kommt, um unter der Hand gestohlene oder verschobene Waren zu verkaufen, sagt der Inhaber Brandstetter laut und deutlich, dass jeder es hören kann: «Hier werden nur Wettgeschäfte gemacht!»

Kaum dass der andere abgezogen ist, geht, auf Brandstetters Wink, einer von seinen Leuten hinter ihm her. Er spricht ihn nach ein paar Straßen an, lädt ihn zu einem Glas Wein ein und wird mit ihm in einer stillen Ecke bald handelseins. Auf diese Weise ist den «Fortunas-Leuten» gegebenenfalls nichts nachzuweisen. Dem Dieb oder Helfer, der geschnappt und vor den Richter geführt, behauptet, ein Unbekannter habe ihm die Ware abgekauft, wird kein Glauben geschenkt. Er wird ohne Gnade verurteilt, obgleich er, dürfte er seine Aussage beschwören, keinen Meineid ablegen würde.

– Es ist ein Skandal, dem Gelichter müsste das Handwerk gelegt werden – seufzte Mutter – aber was können wir kleinen Leute gegen die Bande; die arbeiten Hand in Hand und hängen wie Pech an den großen.

– Ja, man wird sich zu hüten wissen, ins Wespennest zu stechen – sagte die Anna.

Den 18. September

Heute hörte ich, wie sich die Carmen und die Sektlissel leise über Berger unterhielten.

Der Vize ist nicht nur als Kenner und Liebhaber von Pferden am Wettbüro interessiert. Er hat in der Polizei-Direktion einen Verwandten, ein «hohes Tier». Als Dritter im Bunde Wackerli-Brandstetter, ist er einer der Hauptlieferanten der Bande. Durch seinen Verwandten von der Polizei gedeckt, verschiebt er an sie aus den Heeresbeständen feine graue Uniformtuche, Weine, für die Offiziersküche bestimmte Konserven und anderes. Vermutlich gibt er alle diese Waren an seine Hintermänner zu Preisen ab, die jede Schmutzkonkurrenz, wenn es sie noch gäbe, aus dem Feld schlagen würde.

Die «Fortunas-Leute» vertreiben die begehrten Waren an die besten, will sagen, die reichsten Familien der Stadt; natürlich über die Hintertreppe und zwischen Tag und Siehstmichnicht. Liegt es an der schludrigen Buchführung oder an der Nachlässigkeit der beiden Chefs, dass sie bei gewissen Persönlichkeiten die Rechnung einzukassieren vergessen? Auf alle Fälle scheinen ihnen ihre Unterlassungssünden keinen Abbruch zu tun. Eher noch tragen sie zur Hebung des Ansehens der Firma bei, deren Adresse man sich in besseren Kreisen und «unter Freunden» mit einem Augenzwinkern weitergibt.

Ich habe doch richtig vermutet: dieser Berger hat nicht wenig Dreck am Stecken. Jetzt erst wird mir klar, warum er, als er vor einigen Tagen die paar Flaschen auffahren ließ, mit einem schiefen Lächeln die Weinschilder musterte und «die Marke kenn' ich doch!» sagte.

Gewiss muss er sie kennen. Sicher rührten die Flaschen aus einer der Kisten her, die er aus dem Proviantamt an seinen Geschäftsfreund Wackerli verschob. Wie er wohl seine Schiebungen bewerkstelligt? Wahrscheinlich führt er im Lagerverzeichnis soundsoviele Kisten Wein unter: «Bruch auf dem Transport».

Brandstetter, Wackerli, Berger – es ist schwer zu sagen, wer der abgefeimtere Gauner ist, wer wen bespitzelt, und wer wen über's Ohr haut.

Für jeden kommt seine Zeit, ist Mutters ständige Redensart.

Nun ist die Zeit für die Berger, die Wackerli, die Brandstetter gekommen. Sie alle, die Gescheiterten, hat der Krieg wieder an die Oberfläche gespült.

Es ist schon so, wie man jetzt so oft sagen hört:

– Für die Lumpen und Schieber blüht heute der Weizen. Der Herr Ehrlich ist tot, und wer nicht stiehlt, der kommt zu nichts.

Den 19. September 1917

Heute kam, ziemlich spät, ein Einzelgänger, ein Soldat, groß und stämmig, mit einem dunklen, bärtigen Gesicht, aus dem eine dicke, fleischige Nase ragte. Seine Augenbrauen waren zusammengewachsen und dicht wie das kurz geschorene Haar, das ihm über die niedrige Stirn reichte. Ein Waldmensch in Uniform! stellte ich für mich fest, als ich sah, dass ihm selbst aus Ohren und Nase dunkle Haarbüschelchen herausstanden.

Er machte eine finstere Miene, blickte verstört um sich und konnte niemanden recht anschauen.

Er wollte gleich mehrere Frauen auf einmal mitnehmen.

– Oho, das ist bei uns nicht Mode! – rief es plötzlich.

Alle blickten nach dem Vorhang.

Breit und mächtig stand dort Frau Wackerli.

Eigentümlich, wie sie immer zur Stelle ist; taucht vorm Vorhang auf, wie eine ausgestopfte Schießbudenfigur, die von einem Stoffballen, drei Wurf zehn Pfennig, getroffen wird.

– Das ist ein anständiges Haus! Und überhaupt verstößt das gegen die Ordnung – sagte Frau Wackerli.

Sie musterte den Ankömmling misstrauisch und schüttelte den Kopf. Allem Anschein nach hat sie mit solchen Kunden schon böse Erfahrungen gemacht.

Das Gesicht des Bärtigen, zuerst starr, wie aus Holz geschnitzt, verzerrte sich. Er presste seine dunklen, schräg stehenden Augen zusammen, so, dass sich die Adern an den Schläfen abzeichneten und biss wütend auf seinem Schnurrbart herum. Als ob er sich auf sie stürzen wollte, tappste er einen Schritt vorwärts, drehte sich jäh um, lachte hart auf und zog vor den verblüfften Frauen ein Paketchen aus der Tasche. Es waren Zwanzigmarkscheine, mit einem gelben Banknotenstreifen gebündelt. Er schwenkte das Papiergeld wie eine Fahne in der Luft.

– Das alles wird jetzt woanders verhurt! – schrie er. Die gestrenge Ordnungshüterin machte große Augen und zog es vor, unbemerkt wie sie gekommen, hinter dem Vorhang zu verschwinden.

Den vereinten Überredungskünsten der Frauen gelang es, den seltenen Vogel festzuhalten. Es gab ein langes Hin und Her, bis endlich Carmen der gelungene Einfall kam, er solle eben eine nach der anderen mit nach oben nehmen, und zwar in alphabetischer Reihenfolge. Wenn ihm von A bis Z nicht genüge, könne er ja noch einmal von vorn anfangen.

Wie hätte er, durch den stürmischen, einmütigen Beifall der Frauen überrumpelt und ohne als Spielverderber gelten zu wollen, den Vorschlag ablehnen können. Überdies schien ihm die Zustimmung nicht gerade schwer zu fallen, nachdem sich erwies, dass die schöne Asta mit dem Sirenenlächeln und den hohen Beinen den Reigen beginnen sollte.

Kaum war die mit der Ponyfrisur, wie er sie mit einem breiten Grinsen nannte, am Arm des ungehobelten Kavaliers davongestelzt, als schon die Carla und die Carmen aneinander gerieten. Die eine behauptete, dem Alphabet nach an zweiter Stelle zu kommen; die andere, ihren Abscheu vor behaarten Männern gänzlich vergessend, beschuldigte die Carla, das heimtückische Mensch, sich vorzudrängen. Carla, das heißt: Karoline, schreibe sich mit K und nicht mit C; demnach komme sie erst an vierter Stelle, nach ihr und der Ella.

Ein Wort gab das andere.

– Falsche Kröte! Trampel – schimpfte die Carmen. – Geb nur acht, dass es Dir nicht in Deine Himmelfahrtsnas' hineinregnet.

– Klapperschlange! Kratzbürste! – gab die Carla mit Zischlauten zurück.

Ihre blauen Augen sprühten, als Carmen wütend den Mund verzog und ihr das Gebiss mit den kleinen, unregelmäßigen Zähnen zeigte.

Es hätte nicht viel gefehlt, so wären sie sich in die Haare gekommen. Als es ernst zu werden drohte, mischte sich die Ella ein, die an dem Gezeter der beiden ihre giftige Freude hatte.

– Ihr Dussels, hört endlich auf, wie's dumme Federvieh aufeinander herumzuhacken! Wartet doch erst mal, ob der Hengst solang stramm hält, hab ich nicht recht?

Der kalte Guss besänftigte die erhitzten Gemüter.

– Schade – sagte plötzlich die Mia – dass die Vera nicht da ist.

– Ja, die macht sich überhaupt rar. Andauernd flutscht sie mit ihrem Eingucker herum – meinte die Sektlissel, der es der Einäugige angetan haben muss.

Man war platt über die Mia. Alle wissen, dass sie der Vera spinnefeind ist.

– Warum denn die Vera?

– Weil die als letzte dran käme! – gab die Grüngelbe mit böslichem Lächeln der Carla zur Antwort.

– So ein schadenfrohes Aas! – rief Lu aus. Man kicherte vor Vergnügen.

Es dauerte nicht lange, da kam die Asta allein zurück. Als habe sie eine Wette gewonnen, triumphierte die Ella:

– Das hab' ich mir doch gleich gedacht! Dem war der Schlappschwanz aus den Augen zu lesen, hab ich nicht recht?

Da keine ihr antwortete, versuchte sie zu scherzen.

– Dem ist eben das Herz in den Hosenladen gerutscht, hähähä!

Man bestürmte die Asta mit Fragen.

Die war ganz zerfahren, schien bleich unter ihrer Schminke. Es dauerte eine Weile, bis sie ihre Fassung wiederfand.

– Kaum, dass wir uns hingelegt haben – berichtete sie stockend – da hat er wie ein Schlosshund zu heulen angefangen, so gottsjämmerlich, wie ich noch nie einen hab' flennen sehen. Zuerst war ich erschrocken, weil ich gemeint hab', er wär' krank oder er hätt' einen Anfall bekommen. Ich hab' ihn ausgefragt, aber er hat nur in einem fort zum Steinerweichen geschluchzt bis er mir endlich anvertraute, dass er heut' Morgen auf Urlaub gekommen ist und seine Frau schwanger angetroffen hat. Im siebten Monat ist sie, obwohl er fast ein Jahr nicht mehr daheim war. Er ist kopflos geworden, hat alles liegen- und stehenlassen, ist auf die Sparkasse gerannt und hat all sein Geld abgehoben. Den ganzen Tag über ist er durch die Straßen gelaufen. Ich hab' ihn sacht in den Arm genommen, hab' ihn streicheln und beruhigen wollen. Zuerst hat er still gehalten wie'n Kind. Plötzlich hat er mich weggestoßen und gestöhnt: «Ich kann nicht! Ich kann nicht!» und dabei die Augen verdreht, dass nur noch das Weiße zu sehen war. Mit einem Satz ist er aus dem Bett gesprungen, hat sich schnell angezogen und ist wie 'n Wahnsinniger davongestürmt.

Mit abgehetzter Stimme fügte die Asta hinzu:

– Beim Anziehen ist ihm ein Revolver aus der Tasche gefallen. Er hat ihn hastig eingesteckt und ein unheimliches Gesicht gemacht. Schuhmacher ist er, wer weiß...

– Nur keine Angst! – unterbrach sie die Ella. – Der schießt sich nicht tot, schon gar nicht, wenn's ein Schuster ist. Die haben bloß eine große Klappe, dabei sind's die allergrößten Angstschisser.

Die Frauen schwiegen. Die Ella kennt vielleicht die Männer besser, mögen sie in diesem Augenblick gedacht haben, aber ob sie diesmal recht behält?

– Die Platze könnte man mit den Soldaten kriegen: hat einer schon mal was drauf, dann ist's ein Blindgänger oder er hat den Rappel und heult Rotz und Wasser zusammen – murrte die Carla voller Verdruss über das entgangene Geschäft, um das sie sich unnütz gestritten hatte.

– Entweder er schießt sich tot, oder er kommt morgen, spätestens übermorgen wieder – entschied, nach einer nachdenklichen Pause, die Carmen.

– Der kommt nicht morgen, nicht übermorgen wieder! – sagte mir Lu beim Abschied leise.

Den 20. September 1917

Ich fürchte auch, dass die Ella sich getäuscht hat. Ich weiß nicht, ob Schuster größere Hasenfüße sind als Schneider und Bäcker, doch ich weiß durch eigene Erfahrung, dass sie jähzornig sind und recht böse werden können. Ich gehe ihnen aus dem Weg, besonders seit dem, was mir zu Anfang des Krieges widerfahren ist.

Damals, am ersten oder zweiten August 1914, sagte Mutter zu mir:

– Ach, Gott! In dem großen Durcheinander hätt' ich's beinah' vergessen: der Schuster Blickert hat am ersten August die zwölf Mark fünfzig bezahlen wollen, die er schon seit Ostern schuldig ist. Lauf' mal rasch hin, Friedrich, und hol' das Geld, bevor er einrücken muss. Man wird bei diesen Zeiten jeden Pfennig doppelt nötig haben. Du weißt doch, wo er wohnt, am Marktplatz, gerade neben dem Konsum-Verein, im Seitenbau, ganz oben.

Ich nickte, setzte meine Mütze auf und machte mich auf den Weg. Ungern ging ich hin. Schon öfters war ich dort gewesen. Das letzte Mal hatte ich nicht wenig laufen müssen, bis ich endlich die sieben Mark und Pfennige für Faden und Kurzwaren bekommen hatte.

Die Straße war voll von Menschen und durchgellt von den «Extrablatt! Extrablatt»-Rufen junger Burschen, die, mit dicken Stößen unterm Arm, ein Blatt in der Luft schwenkten und vorbeistürmten, als hätten sie eilige, hochwichtige Nachrichten persönlich zu bestellen. Überall kleine und größere Ansammlungen. Man besprach lebhaft die sich überstürzenden letzten Meldungen. Ich begegnete kleinen Trupps, Familien, die den einrückenden Vater oder Sohn begleiteten. Die Männer, mit Köfferchen oder großen verschnürten Pappschachteln in der Hand blickten meist stumm und ernst vor sich hin. Manche sprachen übermäßig laut und lustig zu ihren Angehörigen, die mit bedrückten, verweinten Gesichtern gezwungen lächelten.

Je näher ich dem Marktplatz kam, desto dichter wurde die Menge. Es lag etwas von dem Lärm und der erregenden Unruhe der letzten Sonntage vor Weihnachten in der Luft, jedoch unfreudiger, fieberhafter und mit dem auffälligen Unterschied, dass die Kaufleute, zum Teil auch das Personal, vor den Türen der verödeten Läden standen, und dass jedermann, statt Paketchen, Extrablätter in der Hand hielt.

Der Marktplatz war schwarz von Menschen. Selbst die Gehsteige vor den Häuserfronten, die den Platz umschlossen, waren gedrängt voll. Alle starrten mit gereckten Hälsen geradeaus. Da ich nichts sehen konnte, stieg ich auf das Gesims eines Ladenfensters. In der Mitte des großen Platzes sah ich auf dem Sockel des umgitterten Moltkedenkmals einen jungen Mann aufgeregt und mit heiserem Gebrüll die Hände in die Luft werfen – ein schreiender Gegensatz zu der eisernen Ruhe des großen Schweigers auf dem Granitblock und des Löwen, der mit gesträubter Mähne und aufgerissenem Rachen zu seinen Füßen kauerte. Der bronzene Wüstenkönig hatte einen Speer in der Flanke, wie dafür geschaffen, den mächtigen Lorbeerkranz zu halten, den der Kriegerverein dort alljährlich niederlegt.

Plötzlich donnerte ein dreimaliges Hurra! über den Platz. Man sah viele den noch wilder gestikulierenden Redner nachahmen, ihre Hüte in die Luft werfen. Auch die Schutzleute, die vor dem Gitter postiert waren, nahmen ihre Spitzhelme ab, schwenkten sie in der Luft und stimmten begeistert in die Hurra!-Schreie ein. Ein komischer Anblick: zwei von den behelmten Blauröcken halfen dem Menschen, der sich polizeiwidrig auf dem polierten Sockel des Denkmals aufhielt, über's Gitter, statt ihn schimpfend fortzujagen oder ihn aufzuschreiben, wie es uns Jungens passierte, wenn einer über den Eisenzaun mit den Lanzenspitzen geklettert war, um seinen Ball herauszuholen.

Das «Heil Dir im Siegerkranz» war kaum angestimmt, als sich unter Anführung des Sprechers, der sich den Schweiß von der Stirn wischte und heiser «Auf, ins österreichische Konsulat!» brüllte, ein Zug in Bewegung setzte. Zu meinem Erstaunen entdeckte ich, als der Zug näherkam, in dem Anführer und wilden Schreier auf dem Denkmal den jungen Ehrhardt mit dem Glasauge. Das war der Sohn des Sattlers Ehrhardt aus der Schwarzwaldstraße, zu dem ich schon mehrere Male ein Paket Heftwolle für Matratzen hatte hinbringen müssen.

Als ich endlich bei Schuster Blickert ankam, ging ich durch die Küche, wo es immer nach Katze roch und wo ständig ein paar kleine Kinder herumkrabbelten. Auf der Schwelle zur Stube blieb ich stehen. Meister Blickert saß nicht, wie gewöhnlich, am Arbeitstisch, mit dem Dreifuß zwischen den Beinen, eine Handvoll Nägel im Mund und wie wütend, auf einen Schuh loshämmernd. Auf seinem Hocker lag, achtlos hingeworfen, die grüne Arbeitsschürze.

Der Schumacher, in Hosenträgern und mit aufgerollten Hemdsärmeln, marschierte aufgeregt hin und her. Am Fenster saß, zusammengekauert, seine Frau. Sie war mager und gut einen Kopf kleiner als er. Ihr altersloses, spitzes Gesicht mit den starren, erschrockenen Augen, einer etwas kurzen Nase und den schmalen Lippen, war gelblich und feinrunzelig, wie ein Winterapfel. Ihre dünnen, fast grauen, nach hinten gestrichenen Haare endeten in einem Rattenschwänzchen von Zopf; einem verlierbaren Kleinod gleich, war er mit einer großen, schwarzen Haarnadel festgespießt.

Frau Blickert war äußerst scheu und wortkarg. Nie hatte ich sie viel mehr als «Guten Tag!» sagen hören. Oft, wenn ich die Mia ansehe, muss ich an die Schustersfrau denken. Wahrscheinlich würde sie ebenso ausgesehen haben, wenn sie bei ihrem Rottenarbeiter mit den frechen Kindern geblieben wäre und sich «die Schwindsucht an den Hals geärgert» hätte.

Die Hände auf dem Schoß gefaltet, saß die Frau in der Ecke am Fenster. Ihre kleinen, wohl vom Weinen rot unterlaufenen Augen verfolgten mit dem Blick eines eingeschüchterten Mädchens das schwerfällige Auf- und Abgehen des Mannes.

Plötzlich blieb er in der Mitte des Zimmers stehen. Er hielt den Kopf zur Seite, legte die Stirn in Falten. Seine tiefliegenden, unsteten Augen musterten mich böse. Mehr als seine eckige, fliehende Stirn und seine breite Nase gab der vorgeschobene Unterkiefer seinem Gesicht mit dem über die Mundwinkel herabhängenden Schnurrbart ein grobschlächtiges Aussehen.

– Was willst du? – schrie er mich an. Mir fuhr der Schreck durch die Glieder.

– Meine Mutter schickt mich, ich soll die zwölf Mark fünfzig ho-holen...

– Was? Geld willst du auch noch, du Bankert, du elender! G'rad heut', wo ich in den Krieg muss?!

Mit zwei Sprüngen war er am Arbeitstisch. Er ergriff das große, gebogene Ledermesser.

– Wenn du nicht schnell machst, dass du zum Teufel kommst, schlitz' ich dir den Bauch auf! – brüllte er mit krebsrotem Gesicht.

Er zückte das Messer. Kaum hatte er einen Schritt gemacht, als ich schon durch die Küche, an den erschreckt plärrenden Kindern vorbei, die Treppe hinuntergestürmt war. Bis in den zweiten Stock rannte er mir mit dem blitzenden Stahl nach.

Nie zuvor war ich so eine Treppe hinuntergerast. Drei, vier Stufen nahm ich auf einmal. Noch heute wundere ich mich, dass ich mir damals nicht Hals und Bein gebrochen habe.

Den 21. September 1917

Dass sich die Teilhaberschaft Bergers auch auf Frau Wackerli erstreckt, wird wohl nur Schwätzerei sein. Gewiss könnte sie, wie Lu heute meinte, ihren Mann nach Strich und Faden betrügen, wenn es ihr darum zu tun wäre; zumal er den ganzen Tag, oft bis in die späte Nacht, in der Stadt bleibt, um die Geschäfte, die er nicht gut im Wettbüro abschließen kann, anderswo abzuwickeln.

– Aber die Madame hat ganz andere Interessen – fügte Lu hinzu. Die ist über's Alter hinaus, wo man noch Dummheiten macht.

– Ja, die geht lieber mit ihrem Portemonnaie schlafen – sagte die Mia leise. – Für sich selbst ist sie ja arg geizig. Sogar ihre Fetzen lässt sie sich von einer Hausschneiderin nach Schnittmuster anfertigen. Bloß für das Fräulein Tochter, da ist ihr nichts zu teuer.

– Es geht mich ja nichts an, ob sie mit ihm was gehabt hat – wisperte die Ella – jedenfalls, das Mädel sieht dem Drückeberger wie aus dem Gesicht geschnitten ähnlich. Erst vor kurzem hab' ich eine Fotografie von ihr gesehen. Und dann, der Berger ist von früher her eine alte Bekanntschaft von unserer Madame. Ich will ja nichts gesagt haben, aber ich denk' mir mein Teil, hab ich nicht recht?

Sie zog die Nase hoch und machte ein scheinheiliges Gesicht.

– Und wennschon! – gab ihr die Mia zurück. – Alle Hochachtung, von der kann man noch was lernen. Wenn sie auch ab und zu gern ein bisschen schnäpselt, so weiß sie doch Geschäft und Liebe fein auseinanderzuhalten. Die bringt's am End' zu

Wege, ihrem Allerliebsten das wieder abzuknöpfen, was er mit ihrem Alten zusammen verdient hat.

– Dann bleibt's wenigstens in der Familie – sagte Lu lächelnd.

Diese Tochter, ein Mädchen von zwölf Jahren, an der die Wackerli mit Affenliebe hängt, ist schon seit längerer Zeit in einem Pensionat in Neufchâtel. Vierhundert Schweizer Franken, ohne das Taschengeld, kostet das im Monat. Dafür hat «der Fratz» eine Direktorstochter als Zimmerkameradin, lernt Französisch, Englisch, Klavier spielen, malen und Tennis, kurz, alle die Schikanen, die so eine höhere Tochter sich aneignen muss, wenn sie später eine standesgemäße Heirat machen will.

Unlängst sagte Madame Wackerli zu Lu:

– Meine Hildegart soll's mal besser haben, wie ich es gehabt habe.

Das muss in einer schwachen Stunde geschehen sein. Im allgemeinen liebt sie es nicht, von ihren Angelegenheiten zu sprechen.

Den 22. September 1917

Ein Erlebnis!

Gerade als ich mich an der Tür von Lu verabschieden wollte, trat Frau Wackerli hinter dem Vorhang hervor; neben ihr ein Mann.

– Guten Abend, die Mädchen! – grüsste er freundlich, in einer gaumigen Mundart, wobei sich Mädchen wie Mäd-chen anhörte.

– Guten Abend, Herr Wackerli! – kam es zurück. Herr Wackerli? Ich glaubte mich verhört zu haben.

Ich sah zu ihm hinüber.

– Aber jetzt ist es höchste Eisenbahn für die jungen Herren! – flüsterte Lu und schob mich zur Tür hinaus.

Ich war wie betäubt.

Wie, das soll der Wackerli sein? dachte ich im Gehen.

Der kleine Dicke mit dem Doppelkinn, dem rötlichen Bärtchen und einem dünnen Kranz von Haaren um den bis auf einige Strähnen kahlen Schädel, dieser behäbige Biedermann im dunklen Anzug, mit einer goldenen Uhrkette überm Bauch, einem schwarzen Filzhut in der Hand – das soll Wackerli sein, der verwegene Freibeuter, der durch ganz Nord-Afrika und halb Europa gestrauchrittert ist, der mit allem, was Gott verboten, mit Rauschgift und Menschenfleisch gehandelt hat? Weiß der Teufel, wie ich ihn mir vorgestellt habe: einen vollsaftigen, baumstarken Kerl, groß wie die Tür, mit einem Galgengesicht, womöglich einäugig und mit Augenbrauen, dicht wie Schnurrbarte, einer Narbe über der Stirn und einem mächtigen Schnauzbart; kurz, einen leibhaftigen Kapitän Flint oder einen Klaus Störtebecker, wie man ihn aus Schmökern und vom Kino her kennt.

Wie hätte ich das Getratsch der Frauen für ernst nehmen sollen, als sie sich über den Pantoffelhelden lustig machten. Ein Wackerli ein Pantoffelheld! – das war mir so lächerlich vorgekommen, wie ein Tiger, der Pfötchen gibt.

Es scheint schon so zu sein: alles in dieser Welt ist umgekehrt und anders, als man es sich vorstellt. Umlernen! umlernen! gellt es mir in den Ohren. Ja, man wird umlernen müssen; das muss wohl das große Einmaleins des Lebens sein. Wie soll man sich sonst je zurechtfinden: Verbrecher sehen aus, als ob sie keiner Fliege was zuleide tun könnten, und brave Menschen haben oft ein Gesicht, dass man Angst davor hätte, ihnen in einer abgelegenen Gasse zu begegnen.

Es ist zum Verzweifeln, wie tief wir noch immer in den Vorstellungen stecken, die man uns von jung auf in den Kopf gepfropft hat; ich denke an die von den Bösewichtern und ihren Missetaten, die ihnen auf der Stirn abzulesen sind. Was steht diesem Herrn Wackerli auf der Stirn geschrieben? Wie die Ella sagte, hat er mehr Sünden auf dem Buckel, als ein Hund Flöhe. Hat er nicht ein Gesicht wie tausend andere, das man schon immer irgendwo gesehen zu haben glaubt? Sicher steht in seinem Schweizer Pass: Gestalt, Mund, Nase mittel, besondere Kennzeichen «keine».

Seltsam, es ist, als habe die Natur, allmächtig, aber unwissend um Gut und Böse und gleich fürsorglich für jede ihrer Kreaturen, dieser da, zu ihrem Dutzendgesicht, gewissermaßen zur Schutztäuschung, farblose Augenbrauen mitgegeben, die

die trüben Augen noch ausdrucksloser machen und ein starres Lächeln, das wie eine Maske um den Mund liegt.

Hätte ich ihn, ohne zu wissen, wer er ist, nach einer flüchtigen Begegnung beurteilen sollen, so würde ich wohl gesagt haben: Er sieht aus, als wollte er zu verstehen geben: beachtet mich nicht, es lohnt nicht der Mühe, an meine Wenigkeit Zeit zu verschwenden.

Bestenfalls würde man in ihm einen bemittelten Kleinbürger vermuten, den Inhaber eines gutgehenden Ladengeschäftes oder eines schuldenfreien Mietshauses, der sich möglichst unauffällig macht, um nicht den Neid der Besitzlosen zu erregen. Einen jener Durchschnittsmenschen, die ein geordnetes Familienleben führen, die nicht rauchen, nicht spielen, noch über schlechte Verdauung zu klagen haben, deren vernünftige Lebensweise vornehmlich darin besteht, zeitig zu Bett zu gehen, mit Maß zu essen und zu lieben, sommers mäßig gekühltes, winters angewärmtes Bier zu trinken, poröses Unterzeug und Schuhe mit Senkfußeinlagen zu tragen; einer von den Mustermenschen, deren Fehler es ist, keine Fehler zu haben, mit dem Volksmund zu sprechen: Einer, der nicht schmeckt und der nicht stinkt.

Auf jeden, nur nicht auf einen Wackerli wäre ich gekommen vor dieser gleichsam aus einem Familienalbum herausgetretenen Figur. Zu diesem Dämmerschoppengesicht passt ganz Carmens Andeutung, dass er sich patriotisch gebärdet – wie übrigens auch seine Frau, die hinterm Vorhang, wo der Eisschrank mit den Getränken steht, Wollsachen für Liebesgabenpakete strickt – dass er gehörig auf unsere Feinde und die Miesmacher schimpft, und dass er, sooft man es hören will, bedauert, als Schweizer nicht mit der Flinte in der Hand seine zweite Heimat verteidigen zu können.

Jetzt, nachdem ich ihn gesehen habe, kommt mir glaubhafter vor, was ich aus den Gesprächen der Frauen über seine Pläne gehört habe. Warum sollen die Wackerlis nicht, wenn sie wollen, das Haus verkaufen können, wie jede andere Handelsware. Warum sollten sich nicht Kauflustige dafür finden, Neureiche oder Altreiche, die es nicht genau nehmen, sobald es sich um eine sichere, einträgliche Vermögensanlage handelt?

– Aber wenn sie es wirklich verkaufen wollten – sagte die Carla, als neulich darüber gesprochen wurde – so hätten sie es doch längst schon tun können.

Als die Sektlissel ihr beistimmte, widersprach die Carmen, deren Eltern in Apolda ein Papierwarengeschäft mit Buchbinderei betreiben:

– Ach, das versteht ihr nicht. Die werden sich hüten vor Schaden, eine solche Goldgrube zu verschleudern. In Geschäften darf man sich nicht übereilen, da muss man sich vor allem Zeit lassen – belehrte sie die beiden, die die gewandte Geschäftstochter bewunderten. – Die warten, bis sie ihren Käufer gefunden haben. Und dann, hastdunichtgesehen, machen sie sich aus dem Staub.

– Psst, schwatz' nicht so laut! – warnte die Sektlissel mit einem Blick nach dem Vorhang. – Die Wände haben Ohren!

– Pah, die Esel auch! – gab die Carmen zurück. Ich hab' die Madam' doch selber vorhin die Treppe raufgehen sehen.

– Hahaha!

– Jawohl, für die beiden ist ausgesorgt! – knurrte die Ella.

– Und nicht zu knapp! – meinte schließlich die Carla. Nicht umsonst heißt's bei uns daheim: Bauer und Bäu'rin liegen solang' auf ein' Kissen, bis sie haben ein Gewissen.

Eben, da ich das niederschreibe, sehe ich wieder das Ehepaar Wackerli hinter dem Vorhang hervortreten. Sind diese falschen Biederleute nicht Mensch-gewordenes Beispiel dafür, dass Gottes unerforschliche Wege oft irre gehen, und dass Unrecht Gut, wenn es schon nach den Worten der Bibel nicht gedeihet, in dieser Welt hohe Zinsen trägt. Sicher steht auch in ihren Hauptbüchern vom Wettbüro und vom Bordell, wie in den unsern im Geschäft, vorn auf der ersten Seite in verschnörkelter Lateinschrift: «Mit Gott!». Bis jetzt ist Gott mit ihnen gewesen. Nichts ist ihnen fehlgeschlagen. Auch ihre Nutz- und Zweckgemeinschaft, Ehe genannt und durch keine Gefühle beschwert, ist von Anfang an denkbar gut verlaufen.

Warum sollen sie nicht, wie die Carmen behauptet, wenn sie erst den Geldmann gefunden haben, mit dem Erlös und dem im Wettbüro gewonnenen Geld sich zur Ruhe setzen, ihr wechselreiches Leben in einem Rentnerdasein beschließen?

Warum sollen sie andererseits nicht, wie die Ella meint, später in seiner schweizerischen Heimat ein Kurhotel aufmachen? Ohne Zweifel wird er bald im Gemeinderat ein Wort zu sagen haben, wird Vorstandsmitglied des Verkehrs-Alpen-Gesangvereins und anderer Körperschaften werden. Frau Wackerli wird im evangelischen Frauenbund eine Rolle spielen, wird Waisenhausdame sein und sonstige Ehrenämter bekleiden und auf die Verderbtheit der heutigen Jugend schimpfen. Ihr Fräulein Tochter wird dank ihrer fünfstelligen Mitgift und dank erstklassiger Erziehung eine gute Partie mit einem Fabrikbesitzer, einem Professor oder sonst was Besserem machen. Durch sie werden die Wackelis, in die Gesellschaft eingeführt, ihrer würdige Mitglieder werden.

Den 23. September 1917

Den Seinen gibt's der Herr im Schlafe.
Die Andern stehlen's im Wachen.
Der Rest ist für die Herdenschafe.
Die haben nichts zu lachen.

Diese Verse sind mir heute im Geschäft wie aus dem Gedächtnis eingefallen, als der Chef wieder einmal alle fürchterlich heruntermachte.

Sonderbar, ich kann mich nicht entsinnen, sie je gelesen zu haben. Wie auch immer, sie müssen, wenn noch nicht geschrieben, unzählige Male gedacht worden sein. Es ist, als lägen sie in der Luft.

Man muss nur richtig hinhören.

Den 25. September 1917

Ich bin spät aus dem Geschäft gekommen. Ich bin so müde, dass mir alle Lust zum Ausgehen vergangen ist.

Über diesen Berger mag ich mir den Kopf zerbrechen, wie ich will, ich komme zu keinem rechten Schluss. Etwas muss doch an dem Gemunkel über seine außergeschäftlichen Beziehungen zu Frau Wackerli wahr sein. Warum sollte er sonst so oft hierher kommen? Weil er woanders nicht so billig Hahn im Korb sein kann? Wahrscheinlich sind die Damen in den besseren Weinstuben anspruchsvoller als die Frauen hier. Bei denen tun es wohl nicht ein paar Flaschen Wein und einige Schachteln teurer Zigaretten, die man bei guter Laune stiftet, um sich das Dauerrecht zu erkaufen, den Frauen in den Hintern zu pfetzen und über sie nach Gelüsten Nachttöpfe voll übler Späße auszuleeren.

Knausrigkeit allein kann nicht der Grund sein, dass er das Haus fünf bevorzugt. Umsoweniger, als er durch seine Schiebergeschäfte mit Wackerli massig Geld verdienen muss.

Was also?

26. September 1917

Sonntag. Ich war heute nicht drüben. Ich weiß nicht, weshalb ich ständig an den Knopploch denken muss. Kürzlich sagte er zu der Carla:

– Das ist doch klar wie Wurstbrüh': auf Armut folgt Elend, wie auf Regen Sonnenschein!

Als sie ihn dummschlau anschaute, wie eine, die sich nicht foppen lassen will, versuchte er es ihr mit einem Schwall von Worten verständlich zu machen. Zum Schluss sagte er mit ernsthafter Miene:

– Das ist sicher so, ganz todsicher. Ich will meine Frau und meinen Gustav nicht mehr sehen, wenn's nicht tatsächlich so ist.

Den 27. September 1917

Ein stiller Montag. Es waren wenig Gäste da.

– Warum hast du dich denn nicht mehr sehen lassen, Friedrich? Warst du krank? – fragte Lu.

– Nein, Gott sei Dank nicht, aber wir haben jetzt im Geschäft viel zu tun.

Sie setzte sich zu mir. Ich musste ihr von meiner Arbeit erzählen und von den Kollegen. Ich sagte ihr auch, dass ich seit einigen Tagen den Posten eines Kontoristen übernommen habe, der einrücken musste.

– Alle Achtung, bist du aber tüchtig! Da kannst du ja recht stolz sein.

– Stolz? Wo man wie ein Haufen Dreck behandelt wird! Da schuftet man von morgens acht bis abends acht oder gar neun für fünfzehn Mark den Monat.

– Fünfzehn Mark im Monat ? Na, das ist aber arg wenig!

– Nicht wahr? Davon gehen noch die Beiträge für Ortskrankenkasse und Reichsversicherung ab. Und kommt man etwas später, wird einem Strafgeld abgezwackt, fünf Pfennig für jede Minute. Für die Arbeit eines Großen ist man alt genug, aber sobald man eine kleine Aufbesserung verlangt, haben sie so eine Art :«Das ist ganz unmöglich!» zu sagen, dass man keine Widerrede wagt. Da heißt es gleich: Aber, Friedrich, wo denken Sie hin! Wir sind ja mit Ihnen nicht unzufrieden, aber Sie sind doch erst im zweiten Lehrjahr. Wir müssen uns prinzipiell an den Lehrlingstarif der Handelskammer halten. Sonst wollen sie von Tarif und solchen Dingen nichts wissen. Als ob sie nicht, wenn sie nur wollten, vierzig oder fünfzig Mark zahlen könnten, wenn man sie verdient. Und wenn wenigstens die Chefs anständig zu einem wären –

– Wieso, habt ihr mehrere Chefs?

– Ja, früher waren es drei. Jetzt, nachdem der Senior gestorben ist, sind noch die Gebrüder Gruber da.

– Gebrüder Gruber? Den Namen hab' ich doch schon einmal wo gehört? Halt, wart' mal! Waren die nicht in so 'ne Sache verwickelt?

– Sie meinen die Heereslieferungen –

– Ach ja, das war doch so ein Schieberprozess, der groß in den Zeitungen gestanden hat. Was war's denn für 'ne Schiebung?

– Eine Bestechung war's, keine Schiebung.

– Schiebung oder Bestechung, das ist doch gehupft wie gesprungen. Was ist denn verschoben worden? Los, erzähl' doch mal, Friedrich! Laß' dir nicht immer die Würmer aus der Nase ziehen.

Misstrauisch sah ich sie von der Seite an. Ob sie es wirklich interessiert, oder ob sie mich nur zum Sprechen bringen will? Unlängst sagte sie: – Ich seh' dich zu gern reden. Wenn du in Zorn gerätst, bist du zum Verlieben schön. – Ich wurde damals so kopfscheu, dass ich kein Wort mehr sagen konnte.

Da ihr Gesicht ernst blieb, sprach ich weiter:

– Da ist nicht viel zu erzählen. Unsere Firma, die Treiböle und Schmierfette en gros führt, hatte schon seit Anfang des Krieges Benzinlieferungen an die Heeresverwaltung. Bei einer unvorhergesehenen Nachprüfung stellte es sich heraus, dass die Benzinfässer nur halb gefüllt waren. Durch eine anonyme Anzeige kam die Polizei dahinter, dass der Herr Erwin, der jüngere, seit langer Zeit die zwei Abnahmebeamten vom Militär-Depot geschmiert hat.

– Eine alte Weisheit: wer gut schmiert, der gut fährt. Ach ja, jetzt fällt mir's wieder ein, aber dieser Gruber ist doch damals verurteilt worden, nicht wahr?

– Ja, zu fünfzigtausend Mark Geldstrafe und zweieinhalb Jahren Gefängnis.

– Na und weiter?

– Ob das Geld bezahlt worden ist, weiß ich nicht. Die Strafe jedenfalls hat er nicht absitzen müssen, weil er sich sofort freiwillig gemeldet hat.

– So, freiwillig gemeldet hat er sich? Aber du hast doch vorhin gesagt, dass die beiden Brüder im Geschäft sind. Hat denn der Schieber nicht einrücken müssen?

– Doch, aber er hat im Bezirkskommando in Frankfurt einen Posten bekommen. Da macht er alle paar Tage mit seinem Auto «einen Sprung rüber». Er bleibt ein paar Stunden da, stellt alles auf den Kopf und hetzt die Leute durcheinander, dass es nicht mehr schön ist. Er mäkelt ohne Unterlass: Wer hat denn das angeordnet, und das, und das? So, der Herr Bruno? Ach was, mein Herr Bruder. Handelschaft ist keine Bruderschaft! wehrt er ab. Mein Herr Rindvieh! stößt er zwischen den Zähnen hervor. Dem werd' ich mal ein paar Worte unter vier Augen sagen! schreit er und stürmt ins Privatkontor. Es gibt einen mächtigen Krach. Nach einer Weile kommt er, noch rot vor Aufregung, ins Personalbüro und kommandiert, dass alles gemacht werden muss, wie er es angegeben hat. Alle atmen auf, wenn er endlich wieder weg ist. Und es bleibt beim alten – bis zu seinem nächsten «Sprung». Dann geht die Hatz und die doppelte Arbeit von vorn los.

Lu hatte aufmerksam zugehört. – Und der andere? Ist das auch so ’n Ekel ?

– O nein, der Herr Bruno ist gerade das Gegenteil, nur ein bisschen verdreht.

– Wieso verdreht?

– Der ist so ein richtiger Spinner! – Ich musste lachen, obwohl mir nicht danach zu Mute war. – Zum Beispiel, morgens, wenn er kommt, müssen von sämtlichen Kalendern im Hause die Abreißzettel vom Vortag auf seinem Pult liegen. Seine erste Beschäftigung ist, sich von der Paula, dem Lehrmädchen, die darauf gedruckten Sprüche vorlesen zu lassen. Bei denen, die ihm zusagen, reibt er sich die Hände, nickt beifällig und sagt, «gut! sehr gut!», ganz so, als ob er Noten austeilte. Manche Verse muss die Paula nochmals laut lesen, bei anderen brummt er «Mumpitz! Blödsinn!» und lässt die Zettel in den Papierkorb schmeißen. Manchmal schliesst er sich schon am Morgen in sein Büro ein. Kein Mensch darf ihn dann stören. Niemand weiß, was er während der Zeit macht. Oft auch hockt er stundenlang über Kontobüchern und Lohnlisten und jagt nach Rechenfehlern, wie der Teufel nach einer Seele. Hauptsächlich auf die Pfennigkolonnen ist er scharf. Weh dem, dem er eine kleine Unstimmigkeit nachweisen kann. «Es geht hier ums Prinzip, es handelt sich nicht um Pfennige!», überschreit er ihn. Nach Büroschluss lässt er ihn «nachsitzen», bis sich der Fehler gefunden hat.

– Ein komischer Kauz!

– Und wie! Stundenlang könnte man von ihm erzählen. Jeden Mittag geht er zum Friseur, lässt sich nach dem Rasieren die Bartbinde umlegen, nickt regelmäßig ein und hält auf dem Frisierstuhl sein Mittagsschläfchen.

– Na, das ist doch nicht möglich.

– Ganz bestimmt. Ich selber habe ihn mit der Bartbinde im Gesicht schlafen sehen. Jawohl, das ist der Herr Gruber!, sagte der Lehrling zu mir, der gerade vor der Tür fegte, er kommt immer um Schlag viertelzwei und pennt nach dem Rasieren eine halbe Stunde lang.

– Hm, dass er sich dafür ausgerechnet einen Frisierstuhl ausgesucht hat.

– Und dabei hat er in der Richard-Wagner-Straße eine Villa mit ich weiß nicht wie viel Zimmern und einem großen Garten.

Lu schüttelte sprachlos den Kopf.

– Und verteufelt scharfe Augen hat er! – sagte ich. – Wie ein Habicht hängt er an den Fenstern seines Büros, die auf den Hof gehen und überwacht das Hintergebäude, das als Lagerhaus dient. Vorige Woche, zum Beispiel, riss er plötzlich das Fenster auf und rief: He, Sie, Frau, kommen Sie mal rauf! Dabei deutete er auf eine der Arbeiterinnen, die eben nach Feierabend quer über den Hof gingen. Zuerst stellte die sich dumm und guckte um sich. Als er aber: Nein, nicht die in der roten Bluse, die nebendran, mit dem grauen Haar! schrie, fing sie gleich laut zu jammern an und hörte damit nicht auf, bis sie, die Treppe hinauf, ins Büro kam: Ach Gott, zwanzig Jahr' bin ich treu und ehrlich gewesen, und heut' muss mir das passieren, grad' heut' wo ich zum ersten Mal das Kaffeekännchen voll Spiritus gefüllt hab', ach Gott, die Schand' überleb' ich nicht, ach, du lieber Gott!

– Na, der verschrobene Kerl scheint die Leute nicht weniger zu piesacken.

Ich nickte lebhaft. – Aber neulich hat ihm einer einen Possen gespielt. Das war der Kontorist Kinzig, den er andauernd striezte, angeblich weil er ihn im Verdacht hatte, den anonymen Brief wegen dem Schwindel mit den Benzinfässern geschrieben zu haben. Eine Zeitlang ließ es sich der Kinzig gefallen. Dann sah er sich nach einer anderen Stelle um. Als er mit dem neuen Vertrag kam, drohte er: Heut' habe ich die Spinnensuppe gefressen! Jetzt sollt ihr mal sehen, wie ich's dem Giftnickel heimzahl'! Grün und blau soll er sich ärgern, dass sich seine Würmer in den Därmen bepissen! Die Gelegenheit ließ nicht lange auf sich warten. Herr Kinzig soll sofort zum Chef kommen! hieß es bald darauf. Achtung! Jetzt gibt's 'nen Schlag ins Kontor! rief der Kinzig aus. Er beschrieb mit der Hand einen kühnen Bogen in der Luft und marschierte auf das Privatbüro los. – Heller und Co. haben soeben telefoniert, dass sie den Kontoauszug noch nicht bekommen haben. Warum ist er nicht weggeschickt worden? fauchte der Spinner ihn an. – Warum? weil ich keine Zeit gehabt habe! – Keine Zeit, was soll das heißen? – Keine Zeit heißt keine Zeit, übrigens bin ich von Haus aus nicht gewöhnt, dass man mit vollen Backen spricht. Machen Sie gefälligst erst mal den Mund leer, wenn's geht, ohne zu schmatzen! – Dem Chef, der gerade beim Frühstücken war, blieb der Bissen im Hals stecken. – Und dann, sagte Kinzig und schnüffelte: Hm! Hm! in die Luft, hier ist ein Geruch von Zwiebeln, der mir auf die Nerven geht. – Der Chef ächzte, als hätte ihn der Schlag getroffen. Kinzig ging auf die Fenster zu und öffnete sie sperrangelweit. Ein bisschen frische Luft in die Bude dürfte auch nicht schaden, nicht wahr, Herr Gruber? Der saß stier auf seinem Drehsessel. Endlich kam er wieder zu sich. Hinaus, Sie unverschämter Mensch! brüllte er. – Nur keine künstliche Aufregung! Ich kann gehen, wann und wohin ich will, ich brauche keinen grünen Wagen und habe auch nicht zweieinhalb Jahre abzubrummen. Mit erhobenem Kopf zog Kinzig ab. Seine unverfrorene Anspielung musste den Spinner getroffen haben; den ganzen Tag ließ er sich nicht mehr im Büro sehen.

– Der hat's ihm aber gegeben. – sagte Lu erfreut. – Und fein ausgetüftelt hat er das mit dem Zwiebelgeruch.

– Aber das war nicht ausgetüftelt. Der Chef bekommt nämlich jeden Markttag hintenrum Butter, die die Paula in seinem Büro in einem elektrischen Kocher mit Zwiebeln zerlassen muss. Zufällig war der Schmalztopf auf dem Tisch und der Deckel daneben, daher der Zwiebelduft. Angeblich ist der Spinner magenkrank und muss vom Arzt aus alle zwei Stunden essen. Wer's glaubt, wird selig. Unsereins würde auch ganz gern alle paar Stunden so 'ne dicke Stulle mit Butter und Schinken drauf futtern. Die reichen Leute haben halt immer eine Ausrede bei der Hand. Wer von ihnen viel frisst, ist kein Vielfraß, sondern er ist magenkrank.

– Aber, reg' dich doch nicht auf, Friedrich!

– Da soll man nicht in Wut geraten! Das geht auf keine Kuhhaut, wie die's mit einem treiben. Und immerfort muss ein anderer ins Feld. Am Ende bleiben nur noch die paar Alten, die Frauen und wir Jungen, denen die ganze Arbeit aufgehalst wird. Bei der letzten Halbjahresinventur mussten wir alle Überstunden machen. Wochenlang wurde bis spät in die Nacht gearbeitet.

Diesmal, hofften wir alle, wird es bestimmt eine Gratifikation geben. Als wir dann in sein Büro gerufen wurden, hielt er eine Ansprache, in der er seiner Zufriedenheit Ausdruck gab.

– Na, großzügig ist deine Firma ja gerade nicht!

– Nein, aber dafür gibt's schöne Reden zu hören. Am schönsten war es vorige Weihnachten. Wie jedes Jahr, wurden die Arbeiter und Arbeiterinnen, die über fünf Jahre im Betrieb sind, nach Feierabend in sein Büro bestellt. Eine schlichte Werkfeier heißt man das. Der Spinner trug einen schwarzen Anzug, machte ein feierliches Gesicht und quasselte drauflos: von Treue und Pflichterfüllung und ehrlicher Arbeit, die eigentlich nicht belohnt werden kann, von einer kleinen Geldgabe, die nur ein Zeichen der Anerkennung sein soll, von der Hochherzigkeit des Gründers der Firma, seines seligen Vaters, der den schönen Brauch eingeführt hat, und dem er ans Herz gewachsen war; und endlich von den schlechten Zeiten, denen zum Trotz man den schönen Brauch nicht abschaffen möchte. Eine geschlagene halbe Stunde ging er wie die Katze um den heißen Brei herum, bis sich endlich herausstellte, dass die «Veteranen der Arbeit» diesmal nur halbsoviel wie im Vorjahr bekommen sollten, nämlich eine, nicht mehr zwei Mark pro Arbeitsjahr. Am meisten bekam einer von den Packern: für fünfunddreißig volle Arbeitsjahre vierzig Mark, aufgerundet.

– Die Bande, die unverschämte! – schimpfte Lu.

– Der mit seinen vierzig Mark hat sich sicher kein Haus dafür gekauft.

– Versoffen hat er's, der alte Reffert, am selben Abend noch mit Kollegen. Am liebsten hätt' ich's ihm vor die Füße geschmissen, das Trinkgeld! sagte er zu mir, aber nee, hab' ich mir gedacht, der alte Pfennigfuchser ist imstand' und hebt's auf – versaufst's lieber!

Lu lachte hellauf.

Wie die Fröhlichkeit sie verjüngt, verschönt, stellte ich überrascht fest.

Sie wurde wieder ernst:

– Euren Arbeitern scheint's auch nicht viel besser zu gehen, wie denen im Büro.

– Sagen Sie das nicht. Die bekommen immerhin ihre Überstunden bezahlt. Die Angestellten dagegen empfangen ein Gehalt und werden mit: Herr!, wenn's sein muss mit: Mitarbeiter! angesprochen. Mitarbeitern kann man doch keine Überstunden vergüten, nicht wahr? Am schlimmsten ist es bei uns Lehrlingen. Da heißt es den ganzen Tag: Friedrich hinten, Friedrich vorn. Selbst wenn Kohlen kommen, heißt es: Dalli, Friedrich! Gehen Sie in den Keller runter zum Abnehmen. Und halten Sie gut die Augen offen, dass Ihnen die Kerle nicht einen leeren Sack hinlegen. Denen ist alles zuzutrauen, die stehlen wie die Ratten. Überhaupt, das eine schreiben Sie sich hinter die Ohren: Jeden für einen Spitzbuben halten, solang er nicht das Gegenteil bewiesen hat, verstanden, Friedrich? schärfte mir neulich der Spinner ein. Jawohl! sagte ich, ohne kapiert zu haben, wie einer beweisen soll, dass er kein Spitzbube ist.

Um Lus Mund zuckte es, als hätte sie Mühe, ihren Ernst zu bewahren. Das steigerte, ich weiß nicht warum, meine Gereiztheit.

– Vor einigen Tagen – fuhr ich fort – als ich etwas zu spät kam und mich damit entschuldigte, dass ich am Abend länger gearbeitet habe, raunzte mich der Spinner an: Das will ich nicht noch einmal hören, Friedrich! Für den Lehrling ist es eine Ehrenpflicht, der letzte im Gehen, der erste im Kommen zu sein. So wie einer für die Firma arbeitet, so wird er auch für sich arbeiten, wenn er einmal selbständig geworden ist.

– Das ist gar nicht schlecht gesagt!

Es entging mir nicht, dass dies doppelsinnig gemeint war.

– Nicht schlecht gesagt? Was soll das heißen: wenn man einmal selbständig geworden ist? Nichts als Schmus, den sie einem auf's Brot schmieren. Als ob jeder einen Vater hätte, von dem er ein Geschäft erben kann. Und die reichen Frauen laufen auch nicht auf der Straße herum, wenn sich schon jemand für Geld verkaufen will. Nicht einmal die mit einem Hinkefuß, wie er eine geheiratet hat. Und zudem will nicht jeder mit einer Hinkfüßigen durch's Leben stelzen.

– Du bist aber ulkig, Friedrich! Denkst schon an solche Sachen?!

– Ich denk' nicht daran. Ich sag' nur, wie ich es denke.

– Immerhin, der Überzwerche ist doch besser als der andere, nicht wahr?

– Besser? Dann sollten Sie mal dabei sein, wenn der den Fimmel hat. Dann treibt er's übler, als sein Bruder. Am vorigen Freitag fing es schon am Morgen an. Der Chef hat sich nicht vorlesen lassen! berichtete die Paula, die ihm immer aus dem Mantel hilft. Hat er «Wer uns getraut?» gepfiffen, fragte Fräulein Schmitz, die Stenotypistin. Alle waren bestürzt, als die Paula zaghaft nickte. Man kennt das: so oft ein Unwetter in der Luft liegt, pfeift er wie verrückt den Anfang dieses Liedes. Nach ein paar Minuten klingelte es. Das ganze Personal soll zum Chef kommen!, meldete die Paula.

– Das Privatbüro war pfropfenvoll, als die zwanzig Angestellten versammelt waren. Der Chef stand mit verdächtig ruhigem Gesicht hinter seinem Schreibtisch. Ich habe sie kommen lassen, weil ich den Eindruck habe, dass unter meinen Mitarbeitern etliche zu glauben scheinen, ich wisse nicht, was im Hause vorgeht. Diesen gewissen Personen möchte ich kurz sagen: wenn ich auch wenig rede, so weiß ich doch mehr, als sie ahnen – und als Ihnen lieb sein könnte. Ich will nicht davon sprechen, dass Fräulein Schmitz gestern zwei Privatgespräche geführt hat. Sie brauchen nicht rot werden, Fräulein Schmitz, ich will nicht wissen, mit wem. Ich weiß auch, dass Herr Weinert am Montag erst um dreiviertelneun gekommen ist. Ja, die jungen Herrn von heute: abends können sie nicht spät genug ins Bett, und morgens haben sie Blei im Hintern. Es interessiert mich durchaus nicht, wo und mit wem meine Angestellten ihre freie Zeit verbringen, aber ich darf doch verlangen, dass Sie morgens Punkt acht und ausgeschlafen auf dem Posten sind, nicht wahr, Herr Weinert? Er blickte den Lagerbuchhalter an, der verdattert zur Seite schaute. Und dem Herrn Friedrich muss ich, als Lehrherr, sagen, dass ich in meiner Lehrzeit den Weg ins Geschäft winters und sommers per Fuß zurückgelegt habe. Mein seliger Vater hätte mich bei den Ohren gefasst, wenn er mich in die Straßenbahn hätte einsteigen sehen, beziehungsweise in die Pferdebahn, damals gab es ja noch keine Elektrische.

– Bei diesem Rüffel habe ich mir das Lachen kaum verbeißen können – gestand ich Lu.

– Warum? Weil er von der Pferdebahn gesprochen hat? Ist denn das so komisch?

– Nein, nicht deswegen. Sondern wegen den Glotzaugen, die er machen würde, wenn er erst wüsste, dass ich Abend für Abend mit der Elektrischen hierher fahre.

– Ja, freilich! Da würd' er das Maul gar nicht mehr zu bringen – meinte Lu belustigt.

– Sie brauchen gar nicht zu grinsen, Friedrich! wies mich der Spinner zurecht. Kein Wunder, dass das Geld nicht reicht, wenn man sich schon als Stift solche Extravaganzen erlaubt. Das war eine Anspielung, weil ich ein paar Tage vorher um Aufbesserung gebeten hatte. Ich war empört, wollte antworten, brachte aber kein Wort heraus.

– Na, der treibt's aber ein bisschen stark!

– Ja, wirklich! Bei unsereinem behagt es ihnen nicht, dass man wie ein Mensch die Elektrische benutzt, obwohl es nicht ihren Zehner kostet. Am liebsten würden sie sehen, dass man wie ein Hund mit heraushängender Zunge nebenher rennt.

– O, jetzt übertreibst du aber, Friedrich!

– Und doch ist es so! Zwei Autos hat er, aber er benutzt sie nur selten. Er fährt immer mit der Straßenbahn, wahrscheinlich, weil ihm sein Benzin zu teuer ist.

Lu lächelte.

Gereizt fuhr ich fort: – Dafür flitzt sein Sohn, der Heinz, der angeblich in der Handelshochschule Diplom-Kaufmann lernt, den ganzen Tag im offenen Karren herum. Und sein Fräulein Tochter, die Edith, macht mit dem großen Wagen Autotouren. Die beiden verschludern in einem Tag mehr für Benzin, als ich im Monat verdiene.

Lu schaute mich groß an. Sie nickte mir zu.

– Bei uns kann er nicht genug knoddern, obwohl man, am 15. aus der Schule entlassen, am 16. morgens um acht im Geschäft antreten musste. Bei seinen Kindern findet er für die Jugend vollauf Verständnis. Da ist es sogar in Ordnung, dass der Heinz, der Spritzer, nur dann und wann ein paar Stunden ins Geschäft kommt. Und selbst da macht er mit Absicht alles verkehrt, damit sein Vater in Wut gerät und ihn bald wieder wegschickt.

Lu schien mit halbem Ohr zugehört zu haben.

– Was er mit seinen Strafpredigten bezwecken mag? – fragte sie nachdenklich.

– Wahrscheinlich glaubt er, dass es ohne das nicht geht.

– Der ist wohl aus dem Häuschen?

– Nicht ganz so, wie es den Anschein hat. Es ist kein Zufall, dass seine Anschnauzer regelmäßig vor dem Monatsersten erfolgen.

Lu blickte mich fragend an.

– Ganz einfach, weil er dann sicher ist, von keinem Angestellten um Gehaltszulage angegangen zu werden.

– Aha, der alte Geizkragen! Das hab' ich mir doch gleich gedacht. Und wie ist denn der Kladderadatsch ausgegangen?

– Wie immer. Alle haben etwas abbekommen. Wenn es Herrn Hagenbuch Spaß macht, sich eine halbe Stunde lang im Lokus einzuschließen, so geht das mich nichts an, sagte er zum Lohnbuchhalter. Über Geschmackssachen lässt sich nicht streiten. Aber für künftighin möchte ich ihm empfehlen, seine Zeitungen nicht liegen zu lassen und das Fensterchen zu öffnen, damit man den Zigarettenrauch nicht riecht. Als er unser verstecktes Grinsen bemerkte, räusperte er sich achtunggebietend: Herr Moog hat auch in letzter Zeit nachgelassen. Es fehlt ihm, wie soll man sagen, na, eben an E-la-sti-zi-tät! Er zog langsam und mit Anstrengung, als wollte er eine Federspirale ausdehnen, die Arme auseinander. Ich kümmere mich grundsätzlich nicht um private Dinge, aber ich halte mich für verpflichtet, es auszusprechen, gerade weil ich Herrn Moog als alten Mitarbeiter schätze. Tja, so ist es nun mal eben: nicht jedem bekommt das Heiraten, besonders in Ihrem Alter nicht, Herr Moog! Der Oberbuchhalter duckte schuldbewusst den Kopf mit den gelichteten Haaren, schob vor Aufregung seine Manschettenschützer in die Ärmel zurück und zerrte sie wieder heraus. Zuletzt kam die Paula dran. Fräulein Paula scheint mir auch andere Dinge als das Geschäft im Kopf zu haben. Ich verlange ja nicht, dass sie die Arbeit der Putzfrau macht, aber ich bestehe darauf, dass sie wenigstens der Frau Müller auf die Finger sieht, was die für ihre sechzig Pfennig in der Stunde arbeitet. Früher hat so eine Putzfrau höchstens zwölf Mark im Monat verdient. Das sind die Putzfrauen von heutzutage:

Tariflohn verlangen, das können sie, aber richtig putzen? Gott behüte! – Fräulein Paula, kommen Sie mal her! Habe ich nicht ausdrücklich gesagt, Sie sind dafür verantwortlich, dass mein Büro tadellos gefegt und abgestaubt wird? – Jawohl, Herr Gruber! – So? Dann nehmen Sie mal bitte die Decke vom Rauchtisch. Wie bei einer Hokuspokus-Vorstellung starrten wir alle auf die leere Tischplatte. Da wir nichts entdecken konnten, schauten wir uns verwundert an. – Und was sehen Sie, Fräulein Paula? – Die Platte ist ein bisschen verstaubt! – Ein bisschen verstaubt? Hmhm, das ist ja unerhört! Sagen Sie doch ruhig: eine Staubschicht, eine Decke von Staub! Mit zwei Schritten war er an dem Tischchen. Das will eine Putzfrau sein? Eine Schmutzfrau ist das! – Unsanft schob er die Paula beiseite. Mit dem Zeigefinger schrieb er auf die verstaubte Platte: Frau-Müller-ist-eine-Sau. Er presste die Zungenspitze durch den klein geschlossenen Mund und grinste bübisch wie ein Gassenjunge, der eine Wand bekritzelt. Als ob er unsere Blicke hinter seinem Rücken gespürt hätte, drehte er sich jäh um. Das bleibt stehen bis morgen früh, wenn die Müller kommt. Die soll es abwischen! – Scheel freundlich verzog er sein Gesicht: Ich danke Ihnen! Das wäre alles, was ich Ihnen für heute zu sagen habe. Und nun, mit frischem Mut an die Arbeit!

Ich hatte zuletzt wie im Fieber geredet, als hätte eine fremde Stimme aus mir gesprochen.

Verwirrt blickte ich Lu an.

Nach einer Weile sagte sie leise, ohne mich anzusehen:

–- Armer Kerl! Hast bis jetzt nicht viel Glück in deinem Leben gehabt.

– Aber ich bin doch glücklich, seitdem ich Sie kenne! Ich wurde rot über mein unfreiwilliges Geständnis.

– Was, du schmeichelst auch schon? Oh, schon zwölf vorbei! – stellte sie mit einem Blick auf ihre silberne Armbanduhr fest. – Da kriegst du ja keine Elektrische mehr.

– Das macht nichts, dann geh' ich eben zu Fuß.

– Ich glaube, du würdest die ganze Nacht hierbleiben, wenn man dich nicht beizeiten nach Hause schicken würde.

– Ja, sehr gerne! – gestand ich, in Gedanken noch ganz beim Spinner.

– Man kann dir einfach nicht böse sein, Friedrich! Schimpfen denn deine Leute nicht, wenn du so spät heimkommst?

– Ach, die zu Hause kümmern sich herzlich wenig um einen. Die sind froh, wenn man sie selber in Ruhe lässt. Meistens sage ich, dass ich im Lesesaal vom «Verein für Handlungsgehilfen» sitze.

– So ein Schlaumeier! Aber jetzt musst du unbedingt gehen!

Eine helle, reine Nacht. Es ging ein frischer Wind. Ich nahm den Hut ab. Wie die Luft die heiße Stirn kühlte.

Der klare Himmel war mit Sternen übersät.

Als Kind, fiel mir ein, und es wurde mir eigentümlich zumute, hatte ich mir ausgemalt, von Engeln werde allabendlich eine schwarze Riesendecke über den Tageshimmel gespannt; die Sterne seien das Sonnenlicht, das durch den an unzähligen Stellen durchlöcherten, himmlischen Vorhang hindurchglitzert.

Wie frei und sicher ich heute bei Lu gesprochen habe! Unbegreiflich, dass man sich so schnell ändern kann. Fast erkenne ich mich nicht wieder.

Gedanken stürmten auf mich ein. Plötzlich sah ich den Moog vor mir, sein hageres Gesicht mit dem Kinnbärtchen und dem Kneifer auf der langen Nase. Sobald er ihn abnimmt, bemerkt man zwei Rillen, durch einen blassen, roten Streifen über dem Nasenrücken verbunden, und dass seine glanzlosen braunen Augen viel kleiner sind, als sie hinter den dicken Gläsern wirken.

Vor Monaten, als er eine junge Stenotypistin aus der Firma, ein Fräulein Schuhmacher heiratete, sagte ihre Kollegin Schmitz zur Frau Krätzer, der Lageristin: «Was, aus Liebe? dass ich nicht lache. Von Liebe keine Spur. Der Moog ist doch vierundvierzig, genau doppelt so alt wie sie. Nein, bloß weil er einen Lebensposten hat und vor allem, weil er nicht in den Krieg muss.»

Der Moog trägt ständig einen «Herzschwenker mit Schwalbenschwänzen» und einen hohen Stehumlegekragen mit Strickbinder. Bei der Arbeit hat er Zelluloidschützer an den Manschetten, die er am Abend in sein Pult verschließt. Er ist wegen Augenleidens dauernd untauglich; wegen einer schweren Herzkrankheit, wie der Kinzig behauptet. Gleich dem Filzpantoffel hat Moog das vermickerte Gesicht und den gekrümmten Rücken jener, die jahrelang über das schiefe Pult gebeugt in schlecht gelüfteten Büroräumen arbeiten. Er war noch bei dem alten Gruber in der Lehre, «der den Stiften, wenn sie nicht auf den Wink parierten, eins auf die Löffel gab, dass sie drei Tage lang keinen Bleistift mehr halten konnten». Moog grient, so oft er diesen Witz macht, über's ganze Gesicht. Das ist der einzige, den ich je aus seinem Munde hörte. Wahrscheinlich stammt er aus seiner Lehrzeit vor dreißig Jahren, «wo man noch vier Jahre abmachen musste und froh war, wenn man abends nach zehne aus dem Geschäft herauskam» Scheinbar bedauert er, selbst trauriges Opfer, doch von der Notwendigkeit harter Zucht überzeugt, uns Lehrlinge, die ohne eine solche heranwachsen. Beweist nicht sein Ducken vor dem Chef, dass der Oberbuchhalter der Prügelknabe geblieben ist, ein ewiger Lehrling, der mit seinen überlangen Händen nichts anzufangen weiß, sie auf dem Rücken verbirgt und die schmalen Schultern, wie in ständiger Furcht vor Ohrfeigen, eingezogen hält. – Der lange Lulatsch, das ist die Dummheit in Person! Wasser aus der Dachrinne saufen könnt' er, wenn er so groß wär', wie er dumm ist! – spottete der Kinzig vor seinem Weggehen. Ob sein Verdacht, dass Moog ihn beim Chef anschwärzte, begründet ist? Zuzutrauen wäre es dem Duckmäuser. – Ob die zu Hause glauben, dass ich die Abende im Lesesaal verbringe? Sonderbar, dass ich erst durch die Frage von Lu darauf komme. Gewiss glaubt es Mutter, sonst müsste sie etwas Anderes vermuten und sich mehr mit einem beschäftigen. Vielleicht auch, weil sie es gern sieht, dass man seiner mangelhaften Bildung durch Selbstlernen nachhilft? Jedenfalls liebt sie es nicht, dass man darüber sinniert, wie der Rauch aus dem Schornstein geht. Oft genug bekomme ich jetzt diesen Vorwurf zu hören, wenn ich bei Tisch stumm das Essen hinunterschlinge. Ja, so muss es wohl sein: am ehesten noch haben die Eltern Verständnis für den Bildungsdrang ihrer Kinder, weil sie es selbst erfahren haben, dass Wissen für's Leben notwendig ist, dass unsereiner sonst Krüppel ohne Krücken ist. Zum Unglück haben sie zuviel mit sich und ihren Sorgen zu tun. Oder fühlen sie sich zu schwach zum Helfen?

Ich wollte gerade den Platz vor der Johanniskirche überqueren. Ein langgezogener Ton schreckte mich auf. Ich horchte. Wie Wimmern drang es von der Kirche her. Eine Täuschung! dachte ich. Als ich weitergehen wollte, war wieder der jämmerlich gedehnte Laut zu hören. Ich eilte auf die Kirche zu. Auf der Mitte der vielstufigen Treppe zum Hauptportal hockte ein Mensch, zusammengekauert, schwankte wie ein Betrunkener hin und her. Als ich näher trat, bemerkte ich bestürzt, dass er sich in Schmerzen krümmte. Er schien Krämpfe zu haben. – Kann ich Ihnen helfen, Mann? – rief ich zaghaft. Er hatte die Augen zusammengepresst, schnitt fürchterliche Gesichter und klemmte die Arme an den Leib. – Heiner, die Leberwurst! Heiner, die Leberwurst! – stöhnte er. Er musste sich kurz vorher erbrochen haben. Ein übler Warmgeruch von Wein und Speisen kam aus dem breiigen Gerinnsel, das vor seinen Füßen die Stufen herablief. Ratlos stand ich vor dem Stöhnenden. Ich wollte ihm helfen, wusste nicht, wie. Ich überwand meinen Ekel, trat an ihn heran. Als ich, zu ihm hinuntergebeugt, fragen wollte, was ich für ihn tun könne, stieß er mehrere Male nacheinander dumpf auf. Ein Schwaden schlug mir entgegen. Angewidert wich ich zurück. Er winselte, kaum hörbar. Dann keuchte er, begann zu röcheln, mit aufgeblasenen Backen angestrengt und geräuschvoll zu drucksen. Er rülpste, musste sich von neuem übergeben und stöhnte, dass ich befürchtete, er werde nicht mehr lebend von der Treppe kommen. Eine Schwäche befiel mich. Ich spürte, wie sich mir der Magen zusammenkrampfte. Die Angst, dass mir in der nächsten Minute speiübel werden könnte, hetzte mich davon. Bald stieß ich auf zwei Polizisten, die auf Rädern Streifwache machten. Außer Atem berichtete ich ihnen von dem Unglücklichen auf der Kirchentreppe. Ich starrte ihnen nach, bis sie in der Richtung der Kirche verschwanden.

Noch ganz aufgerüttelt, setzte ich meinen Weg fort. Ich hatte kaum die Hälfte hinter mir. Mich fröstelte. Ich schlug den Kragen hoch. Die Hände in den Taschen vergraben, ging ich weiter. Wieder hörte ich das langgezogene Gestöhn. Ich zwang mich, an andere Dinge zu denken. Vergebens. Hei-ner-die-Le-ber-wurst, Hei-ner-die-Le-ber-wurst!, hämmerte es mir im

Takt meiner Schritte in den Ohren. Armer Kerl! Sicher hat dieser Heiner, ein guter Freund, ihm von einer Schwarzschlachtung eine Leberwurst mitgebracht. Und er hat sie heißhungrig verschlungen, ohne daran zu denken, dass seine Därme kaum noch so eine fette Hausmacherwurst vertragen können. Das weiß ich zu gut aus Mutters ständigem Klagen über das fettlose Essen, durch das mit der Zeit Magen und Därme förmlich einschrumpfen. Aber nein, von einer fetten Wurst hätte er nicht so furchtbar Krämpfe bekommen; vielleicht war es verdorbenes Fleisch, das man irgendwo heimlicherweise verwurstelt hat? Das mag eher möglich sein. Im vorigen Winter war ich selbst einmal bei so einer Schwarzschlachtung. Der Sepp hatte mich und den Paul mitgenommen, «weil ihr keine Klatschbasen seid». Sein Onkel, der in der Rheinstraße ein Kolonialwarengeschäft besitzt, hatte bei einem Bauer gegen einen Sack Zucker ein kleines Schwein getauschhandelt. Der Paul stand auf der Straße Schmiere. Wir beide halfen im Keller bei verhängten Luken mit. Der Sepp musste die Sau, die wild zappelte und trotz zugebundenem Maul jämmerlich quietschte, festhalten und ich, als sie abgestochen wurde, das Blut in einem Kübel auffangen und umrühren. Fünfzig Pfennig bekam jeder von uns, und ein Stück Fleisch für die Mutter daheim. Von dem Braten brachte ich keinen Bissen herunter.

Vielleicht hat der arme Mensch auf der Treppe nichts Schwarzgeschlachtetes gegessen, sondern sogar eine von den Leberwürsten, wie sie einmal in der Woche auf Marken in jedem Metzgerladen erhältlich sind? Das ist nicht ausgeschlossen, zumal jetzt, da alle paar Tage Erlasse veröffentlicht werden: auf hundert Teile Benzin kommen soundsoviel Teile Benzol; soundsoviel Prozent Zellulosefaser, Nessel- oder andere Ersatzgewebe sind der Baumwolle, soundsoviel Prozent Kartoffelmehl und Maismehl dem Mehl beizumischen. Nicht umsonst schmeckt das Brot so lehmig. Warum soll es, da alles durch Zwangsverordnungen geregelt und gestreckt wird, nicht einen Erlass geben, der die Metzger verpflichtet, soundsoviel Prozent ich weiß nicht was ihrer Wurst beizumengseln? Das stimmte ganz zu dem, was Mutter vor kurzem zur Emma sagte, als sie sich Wurst mit Kartoffelsalat zum Mittagessen wünschte: – Wurst?

Die ohne Marken gibt es nur noch für die reichen Leute. So ein Zipfel reicht kaum für den hohlen Zahn und kostet mehr als ein halbes Pfund Suppenfleisch, von dem man zur Not zweimal essen kann. Und was es jetzt von Wurst auf Marken gibt, das schmeckt miserabel, wie wenn Sägemehl oder anderes Zeug beigemanscht wäre. Die Kränk' kann man davon kriegen – sagte sie zur Emma, die ein langes Gesieht machte – überhaupt von der Leberwurst!

Unwillkürlich musste ich an den Onkel Adolf denken, wie er mich, als Kind, wenn er gelegentlich am Sonntagnachmittag zu uns kam, auf den Schoß nahm. – Fritzel, wo wachsen die Leberwürst'? – war stets seine erste Frage. – Auf den Bäumen! – erwiderte ich flugs und mit einem begehrlichen Seitenblick auf das glänzende Nickelstück zwischen seinen hochgehaltenen Fingern. Der gute Onkel Adolf! Wie gern stellte ich mich ihm zuliebe kindisch. Er musste dann immer so herzlich lachen. Nun liegt er in Russland begraben, schon über zwei Jahre.

Wieder sah ich vor mir den sich vor Schmerz windenden Menschen. Wenn es schlimm geht, dachte ich, wird morgen, wie so oft in letzter Zeit, im Polizeibericht von einem an der und der Stelle, um die und die Zeit, «aus bisher noch nicht festgestellter Todesursache, in leblosem Zustand aufgefundenen Unbekannten» zu lesen sein.

So ein Hund von einem Metzger! fluchte ich innerlich. Was liegt dem daran, dass die armen Leute von seiner Wurst Bauchkrämpfe kriegen. Die können verrecken, wenn nur er seinen Profit macht. Ich war maßlos erbittert. Ja, dem Volk, dem hungrigen Hund, wirft man einen Knochen hin, wenn's sein muss, einen fauligen! Für die Reichen kommt das nicht in Frage. Die leiden keine Not. Für die gibt es gehamsterte Lebensmittel zu Schieberpreisen und Delikatessenhandlungen, Apotheken für das Volk. Die dicken Geldbeutel kriegen dort, was nur das Herz begehrt: Dr. Grahams Gesundheitsbrot, dänische Butter, Eier, Wurst, Schinken, ausländische Konserven. Und wenn alle Stricke reißen, haben sie ihren Hausarzt, der ihnen wegen Magenleidens Krankenkost verschreibt. Ist so ein Metzger wirklich ein Unmensch? Vielleicht hat er, wie viele andere, in Friedenszeiten treu zu dem Grundsatz gestanden, gute reine Ware zu verkaufen, sei es nur aus Furcht vor Strafe. Wo aber ist noch die Grenze für Betrug, wenn durch Verordnungen «den Beimischungszwang zwecks Streckung der Rohstoff- und Ernährungswirtschaft betreffend», wie sie fast täglich in den Zeitungen bekannt gemacht werden, das kleine Geschäftsgewissen seit Jahr und Tag regelrecht verdorben wird.

Natürlich haben sie sich bald und gern an's Fälschen gewöhnt, unsere braven Krämer. Besonders, seitdem sie amt-licherseits dazu gezwungen werden, und es eigens dafür geschaffene Stellen gibt, die streng darüber zu wachen haben, dass keine unverfälschte Ware auf den Markt kommt. Wer will dem Bäcker verübeln, dass er nun, zu dem vorgeschriebenen Kartoffel- und Maismehlzusatz, angefaulte Winterkartoffeln, kaum gut für Saufutter, mitverbackt? Und was kommt es auf ein paar Tropfen Schwenkwasser mehr oder weniger an, wenn der Milchhändler ohnehin nur blauwässrige Magermilch verkaufen darf? Wer soll noch nachprüfen, wieviel erlaubter, – wieviel unerlaubterweise hineingepantscht worden ist? Einmal gibt es schon einen Rattenschwanz von Erlassen, dass sich die Behörden selbst kaum noch auskennen. Und dann müsste die Lebensmittelpolizei über ein Heer von Beamten verfügen, ausgerechnet jetzt, da schon die Achtzehnjährigen einrücken müssen und die zehnmal Gesiebten zum elften Male gemustert werden. Freilich, den Erwin Gruber in seinem Schreibbüro, den werden sie nie kriegen. Eher noch müssen wir ganz Jungen und die Wackelgreise ins Feld, bevor sich der von seinem Druckposten losreißen lässt. Was ihn eigentlich zu dem Schwindel mit dem Benzin veranlasst haben mag? Er ist doch reich genug. Er hätte es am wenigsten nötig gehabt, sich strafbar zu machen und seinen Namen in den Zeitungen herumschmieren zu lassen. Dem alten Gruber hat es damals einen mächtigen Knacks gegeben. Schon vordem kam er wenig ins Geschäft. Nach der Sache ließ er sich nicht mehr blicken. Fräulein Schmitz behauptete sogar, die Blamage habe den Mann ins Grab gebracht. Der alte Gruber! –- das war noch einer von den ehrbaren Kaufleuten, die ihr Vermögen redlich erworben zu haben glauben, weil sie dazu dreißig oder vierzig Jahre gebraucht, und weil sie von morgens bis abends in ihrem Büro gesessen haben. Als ob nicht auch der

Vater von Lu tagaus, tagein, oft schon nach Mitternacht am Heizkessel gestanden hätte. Und was es mit der Verantwortung auf sich hat, die die Gruber ständig im Munde führen, das weiß man. Als ob nicht auch auf Lus Vater eine Verantwortung gelastet hätte. Er hat sie mit dem Leben bezahlt. Trotzdem lebte er elend, konnte kaum seine Familie ernähren. Und ganz gewiss muss die alte Frau Gruber nicht wie Lus Mutter mit dem Korb Brezeln vorm Schulhaus hocken. Ich sah ihn vor mir, den Senior im Lüsterkittel und mit dem Mützchen auf dem weißen Haar, mit dem goldenen Zwicker und den grauen Backenbärten um das faltige, scharf ausrasierte Kinn. Für ihn galt noch das altväterliche: «Alles mit Maß und Ziel». Er vertrug sich schlecht mit den Jungen. Wahrscheinlich konnte er nicht verstehen, dass die Söhne im Grunde nichts anderes tun, als das Verfahren, Geld zu machen, den heutigen Zeiten und Sitten anpassen, es auf zehn, fünf Jahre abkürzen. Zweifellos werden die Söhne seiner Söhne es noch mehr vereinfachen. Die Heinz Gruber werden selbst nicht mehr halbgefüllte Fässer Benzin für volle abliefern. Sie werden ihr Geld für sich arbeiten lassen, werden ausschließlich von der Arbeit der anderen leben. – Vielleicht ist selbst der Erwin Gruber keiner von denen, die nicht schnell genug reicher werden können. Wer weiß, ob nicht auch er in Friedenszeiten rechtschaffener Kaufmann gespielt hätte. Im Krieg freilich, der alles auf den Kopf stellt, und ganz besonders bei den Heereslieferungen, scheint die Versuchung groß gewesen zu sein. Wozu die vielen Benzinfässer bis an den Rand füllen, mag er sich gedacht haben, wenn der kostbare Brennstoff ohnedies nutzlos verbraucht wird. Die reine Sachverschwendung! Hat er sich zum Diebstahl berechtigt oder gar verpflichtet gefühlt? Nein, das ist unsinnig – aber ist es unrichtig? Kam nicht, was er wegschwindelte, den Verbrauchern zugute, an die er es ohne Bezugsscheine abgab? Dass er dabei doppelt, dreifach verdiente, das steht auf einem andern Blatt. Wer will bestreiten, ging es mir plötzlich durch den Kopf, ob nicht auch die Offiziere in der Etappe nur deswegen wie die Ratten stehlen, weil sie sich sagen: was wir nicht mitgehen heißen, nehmen die anderen mit, und was die nicht mitnehmen, wird durch Bomben und Feuer zerstört.

Man mag es drehen und wenden, wie man will, dachte ich zerquält, es muss der Krieg sein, der sie alle, die Metzger, die Bäcker, die Gruber in den Geschäften, die Berger in den Proviantämtern, die Offiziere im Kriegsgebiet und in der Etappe, zu Dieben macht. Aber kann jetzt noch von Diebstahl, von Mein und Dein die Rede sein? Darf man nach Gut und Böse, nach Recht und Unrecht fragen? Bedeutet nicht Krieg an sich die Aufhebung des Höchsten, des Rechtes auf Leben? Und hebt nicht dieser Bruch des Grundrechtes zwangsläufig alle Rechte auf?

So ist es. Wenn Krieg ein Naturereignis ist, ein Wirbelsturm, der über die Länder dahinbraust, das Unterste zuoberst kehrt, alles entwurzelt, alles verheert, dann hat das Wort Diebstahl seinen Sinn verloren. Außerdem: man kann nur stehlen, was jemandem gehört. Ist nicht das, was die Offiziere in den verlassenen, zerschossenen Orten im Feindesland mitgehen heißen, herrenloses Strandgut, von der Sturzflut des Krieges angeschwemmt, das nach altem Recht dem gehört, der zuerst die Hand darauf legt? Und die Geschäftemacher im Hinterland, im Schützengraben der Heimat? Ist der Diebstahl der Gruber, der Berger noch Diebstahl zu nennen? Gewiss, sie vergehen sich als Einzelne gegen den Staat. Aber frevelt dieser Staat nicht noch mehr am Menschen? Handelt er nicht, wenn er Kriege vorbereitet und sie durchführt, seinem Wesen und innersten Sinn zuwider: durch Recht den Schaffenden, durch Ordnung das Geschaffene zu schützen? Wenn dieser Staat vorsätzlich Unrecht tut, wenn er, entgegen allen geschriebenen und ungeschriebenen Gesetzen, eine ungeheuerliche, blindwütige, sinnwidrige Vernichtung von Menschen und Sachwerten durchführt, ist dann der Einzelne nicht notwendig zum Widerstand verpflichtet, ja, zum Stehlen berechtigt? Handelt er nicht, da er stiehlt, gewollt oder ungewollt, im Dienste eines höheren Gedankens, will sagen, eines Urrechts: Retten, was der fressenden Vernichtung verfallen ist.

Ist Krieg wirklich eine Naturkatastrophe? Nicht mehr, als Pest und Cholera! schrie es in mir. Mit Schauder denken wir an jene finstere Zeit, die dem Scheiterhaufen überlieferte, wer anzuzweifeln wagte, dass Pest eine Heimsuchung des Himmels, nicht die Folge von verdammt irdischem Dreck sei. Kommende Geschlechter werden mit gleichen Gefühlen über unsere Zeit sprechen, die noch an die menschenmörderische Notwendigkeit des Krieges glaubte, die nicht begreifen wollte, dass Kriege einzig durch jene verursacht wurden, und dass Millionen einzig für jene starben, die aus dem Menschenschlachthaus ihren Gewinn zogen.

Ja, dachte ich aufatmend, den Künftigen wird Krieg das bedeuten, was uns die Pest: einer der roten Marksteine auf dem opferreichen Weg der Entwicklung der Menschheit. Voller Grauen werden sie darauf zurückblicken.

Für uns Heutige ist unfasslich, weshalb nicht früher erdacht werden konnte, was uns eine Binsenweisheit ist: den Schmutz im Keim ausbrennen, heißt die Pest austilgen. Und in hundert Jahren wird man nicht verstehen, dass die Menschen von 1914 noch nicht wussten: die Geschäftemacher, die von ihr leben, vernichten, heißt die Menschheit von der Geissel Krieg befreien.

In hundert Jahren! Ein böser Trost. Mit uns die Sintflut.

Indessen sterben Menschen. Mit jedem Atemzug, den man tut, da man denkt und geht, da man isst und schläft, sterben Menschen, verbluten unschuldig, sterben stumm, schreiend, sterben unaufhörlich...

Und indessen mästen sich die großen und die kleinen Kriegsgewinnler.

Ich bemerkte, dass ich schon seit einer Weile vor der Haustür gestanden haben musste.

Ich schloss die Tür auf.

Genug! dachte ich erschöpft, entmutigt, von all dem Klügeln und Deuteln schmerzt einem der Kopf, und man verliert sich. Man muss die Dinge sehen, wie sie sind, und nicht hinter allem etwas Besonderes suchen. Sonst sieht man vor lauter Hinter-die-Dinge-schauen die Dinge nicht mehr. Wenn man will, findet man für alles eine Erklärung und eine Entschuldigung. Aber am Ende bleibt Mord Mord und Diebstahl bleibt Diebstahl. Und was Recht ist, muss Recht bleiben. –Muss Recht bleiben – schrie ich plötzlich wütend. Ich erschrak vor meiner Stimme und drehte heftig den Schlüssel um.

Als ich durch die Küche leise ins Schlafzimmer ging, war es kurz vor drei Uhr. Noch nie bin ich so spät heimgekommen. Zum Glück ist niemand wach geworden.

Den 29. September 1917

Warum wohl hier alle Frauen heisere, brüchige Stimmen haben; ob das vom Zigarettenrauchen herrührt? überlegte ich in meiner Ecke.

Die Carmen und die Sektlissel sind leidenschaftliche Raucherinnen, die Mia hat gelbe Finger vom vielen Rauchen, und Carla und Lu stehen ihnen nicht viel nach. Die Asta pafft gedankenlos aus ihrer langen, bernsteingelben Zigarettenspitze, streift mit ihren überlangen Fingernägeln die Asche ab und zündet gewöhnlich eine Zigarette an der andern an. Eine hässliche Geste. Es liegt etwas von unbeherrschter Gier darin, was mir Widerwille einflößt.

– Das ist eben eine Kettenraucherin! – sagte Lu, als ich davon zu sprechen anfing.

Ich wollte noch etwas erwidern, aber ich schwieg. Bald darauf ging ich fort, da ich fühlte, dass Lu verstimmt und nicht zum Reden aufgelegt war.

Den 30. September 1917

Ich habe Lu nicht zu sehen bekommen.

Während ich auf sie wartete, kam der Vize. Er war sehr aufgeräumt, frisch und rosig, atmete geradezu Wohlbefinden, gleich einem, der gut gegessen, reichlich getrunken und zuvor ein Dampfbad genommen hat.

Er machte sich über die Frauen lustig. Die Vera, die Gräfin, die ausnahmsweise da war, und die ihn mit einem hochmütigen Lächeln reizte, zog er mit dem Eingucker auf, der ihr von seiner Liebe schlagende Beweise gebe.

Er begann auf und ab zu gehen. Sobald er einen Augenblick stehen blieb, trat er ungeduldig von einem Fuß auf den andern und schnaubte wie ein Gaul, der lange auf einer Stelle gestanden hat. Dabei zog er seine Finger aus, einen nach dem andern, bis sie in den Gelenken knackten. Dann rieb er sich steifnackig die scharf rasierten Wangen und summte: «Ganz ohne Weiber geht die Schose nicht!»

Es stellte sich heraus, dass er Urlaub bekommen hat. Er sprach davon, einen Abstecher nach München auf's Oktoberfest zu machen. Als ihn die Carla, wohl mehr im Scherz, bestürmte, sie mitzunehmen, wehrte er ab:

– Du bist wohl jeck, mein lieber «Bauernschinken»! – rief er mit unangenehm heller Stimme. – Man nimmt doch kein Bier nach München mit. Ein rheinischer Junge schon gar nicht! Wir sind helle!

Er nickte sich mit sattem Grinsen zu, als wollte er sich für seine Gescheitheit Beifall klatschen.

Ein wahrer Brechreiz, dieser Berger! Alles in seinem runden Gesicht, die Delle in dem breiten Kinn, die glatte glänzende Haut, die großen Ohren – halt! nun weiß ich, was mich an ihm vom ersten Tag an abstieß: seine abstehenden, rötlich schimmernden Ohren. Jetzt, da ich plötzlich wieder den feisten Kerl, auf einem Fleck trippelnd, vor mir sehe, erinnert er mich an die auf zwei Beinen tanzenden Schweinchen, wie sie vor dem Krieg in Wirtschaften auf den Schildern «Heute Schlachtfest» zu sehen waren. Die Darstellung wollte mir damals nie recht gefallen. Dass der auf dem Plakat abgebildete kugelrunde Metzger, der zwei große Messer aneinander wetzte, vor eitel Vergnügen strahlte, war verständlich. Aber etwas in mir empörte sich über das widernatürliche Verhalten der Sau mit den rosigen Ohren und dem Ringelschwänzchen, die, obzwar ihr letztes Stündlein geschlagen hat, auf ihren dünnen Beinchen einen Freudentanz aufführen und so quietschvergnügt sein soll wie ihr Schlächter.

Den 1. Oktober 1917
4 Uhr morgens

Es ist aus! Ach, ich hätte es wissen müssen. Lu war in den letzten Tagen verändert. Jetzt begreife ich, weshalb sie schwieg, als vor einigen Tagen die Frauen über ihre Zukunftspläne sprachen. Auch die Carla machte vor kurzem eine Andeutung. Ich wagte nicht, darüber nachzudenken.

Wie ein Traum im Wachen war es: morgens aufstehen, ins Geschäft gehen und arbeiten, was man geheißen wird, nach Hause gehen und essen, was man hingestellt bekommt; alles gedankenlos und einsilbig tun, ohne Lust und ohne Widerspruch nachtwandlerisch und mit jedem Nerv dem Augenblick entgegenleben, da man den Fuß über die Schwelle des Hauses fünf setzen wird.

Ich bin nicht abergläubisch. Seit jenem Tage, da das Heftpflaster des Spieß auf meinem Mund brannte, habe ich aufgehört, an etwas Höheres zu glauben. Und doch berührt es mich, dass es gerade an einem Freitag geschehen muss.

Wie soll ich es beschreiben. Kaum finde ich Worte. Doch nein, ich will mich bezwingen. Vielleicht werde ich dann ruhiger...

Lu kam mir angekleidet entgegen. Zum ersten Male sah ich sie in Kleidern. Fast hätte ich sie nicht erkannt. Sie sah in ihrem schlichten grauen Kostüm verändert, damenhaft aus. Sie begrüßte mich mit einem fremden Blick! Ein ausweichendes Lächeln lag um ihren Mund. Sie führte mich auf ihr Zimmer ohne ein Wort zu sagen. Ich war so erstaunt, dass ich nicht zu fragen wagte.

Nie zuvor hatte ich ihr Zimmer betreten. Als sie auf den Schrank am Fenster zuging, um etwas herauszuholen, sah ich mich um. Es war ein kleiner, viereckiger Raum. Neben dem eintürigen Kleiderschrank stand eine Kommode mit runden Füßen und Holzgriffen an den geschweiften Schubfächern. Auf der Decke der Kommode lagen mehrere Frisiergegenstände, in Abständen nebeneinander und nach unten gelegt, wohl um den hell schimmernden Perlmuttbelag zu zeigen. Das weiße Eisenbett mit Messingknöpfen an den Kopfenden und dem Nachttisch daneben erinnerte mich in seiner kalten Sauberkeit an die einfachen, lieblos möblierten Zimmer bei uns im Hause.

Weder die helle Tapete mit dem durch Blattranken verbundenen Rosenmuster, noch die gemaserte Glasampel und die blassroten, geblümten Vorhänge vermochten den Raum freundlicher zu machen. Auf der schmalen Chaiselongue, die an der mit einem farbigen Schoner geschmückten Wand stand, lagen zwei Zierkissen: eines mit dem gleichen Muster bezogen wie die Vorhänge, das andere in schwarz, mit einem aufgestickten silbernen Lautenspieler in der Gondel. In der Ecke bei der Tür stand ein Tischchen; darauf eine langhalsige Vase mit blauen Feldblumen. Links und rechts war ein Stuhl mit zwischen die Tischbeine geschobenem Sitz. In der andern Ecke, neben dem kleinen Füllofen, befand sich ein eisernes Waschgestell auf drei Füßen, zwischen denen ein Wasserkrug aus Porzellan verstaut war. Daneben standen zwei braune Koffer, ein großer und ein kleiner. Auf einer grauen Tuchdecke, die zusammengefaltet darübergelegt war, lag ein Regenschirm mit großem braunen Horngriff, der in einer Seidenhülle stak. Ich machte einen Schritt gegen die Kommode. Ich entdeckte darauf, ziemlich hinten, eine schief aufgestellte Fotografie, eine Aufnahme von der Messe in einem dunklen Papprahmen: zwei große fröhliche Gesichter, ein Mann und eine Frau in einer Zeppelingondel, die wie eine ausgehöhlte Wurst aussah. An der Wand über der Kommode war, nahe dem runden fleckblinden Spiegel, ein mit Reißnägeln befestigter Fächer aus bunten Ansichtskarten zu sehen. Daneben hing ein silbergerahmtes Bild. Es zeigte einen bärtigen Feldgrauen mit gutmütigem Gesicht und starr blickenden Augen. Er stand in gezwungen lässiger Haltung, die Hände seitlich auf dem Koppel, die Daumen in den Gürtel gesteckt, mit vorgestelltem Fuß, als hätte er das: «Bitte, recht freundlich!» mit «Rührt euch!» verwechselt. Zwischen Rahmen und Glas geklemmt, war ein Lorbeerblatt mit einer kleinen schwarzen Schleife.

Ob das wohl ihr Freund ist? Dass sie nie ein Wort davon erwähnt hat.

– Mein Bruder! – sagte Lu leise; sie war eben hinter mich getreten.

Ich wendete mich um, blickte sie an.
– Er ist 1915 vor Ypern gefallen! Sie wich meinem Blick aus.
– Ach ja, ich wollte dir «Adieu!» sagen. Ich verreise!
– Sie verreisen?
– Ja, morgen Mittag!
– Wohin fahren Sie? Kommen Sie bald wieder?
Sie runzelte die Stirn. – Wie soll man das wissen. Ich fahre an die Ostfront.
– An die Ostfront? Aber das ist doch nicht möglich!
– Warum nicht! Eine Freundin hat mir geschrieben. Die ist schon seit Monaten in einem Haus in Polen. Erst vorgestern hat sie mich wissen lassen, dass ich kommen soll.
Sie nahm einen Brief aus der Tasche, entfaltete das lilafarbene Papier, überlas halblaut einige Stellen:
– ...bin sehr erstaunt, dass du dich immer noch nicht entschlossen hast. Bei uns gibt es gut und reichlich zu essen, und freie Wohnung. Und was den Verdienst anbelangt, so ist er wirklich anständig, jeden Tag durchschnittlich fünfzig bis siebzig Mark. Mit etwas Glück und Geschick kann man es, wie die Tine, die aus Hamburg ist, gut auf hundert Mark und darüber bringen. Liebe Anna, du musst unbedingt jetzt kommen. Zwei Mädchen sind die vorige Woche krank geworden, da kannst du gleich anfangen und...
Aus dem Umschlag fiel ein kleingefalteter, roter Zettel.
Ich bückte mich, wollte ihn ihr geben.
Sie schob meine Hand zurück. – Lies doch! Lies, was drauf steht!
Ich schüttelte den Kopf. Nein, jetzt nicht. Nicht um alles hätte ich in diesem Augenblick eine Zeile lesen können.
Wortlos steckte ich das Papier in die Tasche.
– Aber das ist doch heller Wahnsinn. Der reine Selbstmord! – rief ich aus.
– Das alles weiß ich. Lang genug hab' ich es mir hin und her überlegt.
Ihr Gesicht wurde hart.
– Ich seh' wohl ein, ich bin zu jung, um Ratschläge geben zu können, aber –
Sie unterbrach mich mit einer ungeduldigen Handbewegung.

– Sei vernünftig, Friedrich! Das verstehst du nicht. – Ich weiß, dass ich unerfahren bin und –

– Nein, das verstehst du nicht! Hier werden die Aussichten immer schlechter, und zu essen gibt es auch immer weniger. Die paar Kunden, die noch etwas in der Tasche haben, gehen zu den Jüngeren. Worauf noch warten? Auf die Neuen, die bald kommen – bis man zum alten Eisen geworfen wird und von den Brocken leben darf, wie die Ella.

Ich fühlte und wollte es nicht wahr haben, dass sie im Recht war. Nun, da ich so betrübt war, wagte ich die Frage, die mir schon von Anfang an auf der Zunge brannte:

– Können Sie nicht eine Stellung oder andere Arbeit finden? Überall mangelt es doch jetzt an Arbeitskräften.

– Du großes Kind! Sie verstummte.

Ich antwortete nichts. Mir war elend zumute. Ich setzte mich auf den Bettrand. Sie setzte sich neben mich.

– Das musst du doch verstehen, Friedrich! Bist doch schon erwachsen. Der Krieg kann noch wer weiß wie lange dauern. Und bis der Friede da ist, kann ich mir ein schönes Geld auf die Seit' gelegt haben. Dann bin ich frei! Für immer frei!

– Aber so nah' an der Front können Sie durch eine verirrte Kugel oder durch eine Krankheit elend umkommen.

– Dann ist auch nichts verloren!

Ich wollte noch einwenden, was mir ein paar Tage zuvor aus dem Gespräch von Urlaubern im Gedächtnis geblieben war: von den Läusen, die einen drüben im Osten bei lebendigem Leib auffressen, und von den Wanzen, von denen die kleinste die Tür aufmacht, wie einer berichtete. Von der fürchterlichen Kälte wollte ich sprechen, und dass dort im Winter das Trinkwasser im Glas vereist und die Federbetten an den Wänden anfrieren. Das hatte ich kürzlich in einem Feldpostbrief aus Polen gelesen. Nun kam es mir erfunden, dumm vor. Ich schämte mich, es auszusprechen.

Ich schwieg.

– Nein, es gibt keinen andern Ausweg! – sagte Lu plötzlich laut, wie ein Mensch spricht, der einen verzweifelten Entschluss gefasst hat.

Wenn ich sie freikaufen würde? Toller Gedanke für einen, der im Monat fünfzehn Mark verdient. Geld, Geld! Immer wieder das verfluchte Geld. Fieberhaft suchte ich nach Möglichkeiten. Die paar Mark, die ich mir vom Taschengeld und von den Trinkgeldern für Botengänge zusammengespart hatte, waren für Zigaretten draufgegangen und für Bier, wenn ich es auch nie angerührt hatte, und obwohl ich bei Mutter Wimmer nicht immer etwas zu bestellen brauchte.

Gerade gestern musste ich in der Elektrischen das letzte Dreimarkstück wechseln lassen. Die silberne Konfirmationsuhr verkaufen? Dafür würde man höchstens ein paar Mark bekommen.

Ich war wütend. In diesem Augenblick wäre ich fähig gewesen, für Geld jede Schandtat zu begehen.

– Und nun sag' mir schön: Adieu!

Wie von ferne drang ihre Stimme an mein Ohr.

– Adieu! und Kopf hoch, lieber Friedrich! Ich spürte ihre Hand unter meinem Kinn. Ich konnte sie nicht ansehen.

«Lieber Friedrich!» hatte sie gesagt. Wie diese Worte aufwühlten.

Ich bekam heiße Augen.

Sie erhob sich.

Ich hörte ein Schubfach gehen.

Sie setzte sich wieder neben mich. Auf ihrem Schoß lag ein schwarzes Holzkästchen. Behutsam, beinahe andächtig, hob sie den mit bläulich glänzenden Muscheln verzierten Deckel. Ein Bild, das obenauf lag, fiel zu Boden. Ich warf einen Blick darauf. Es war eine verblasste, an den Rändern vergilbte Fotografie: ein Säugling, nackt und mit Fausthändchen, bäuchlings auf einem weißen Fell, die Strampelbeinchen in die Luft streckend, und mit seinen hellen Augen verwundert in die Welt guckend.

Ich gab ihr das Bild, sah sie fragend an.

– Das ist mein kleiner Bub' gewesen... Friedrich hat er geheißen... genau so wie du... den hab' ich mit sechzehn bekommen, von einem Kaufmann, wo ich in Stellung gewesen bin... und ein Jahr darauf ist der Kleine gestorben...

Sie vermied es, mich anzusehen.

Ob das, was sie mir von der Frieda erzählt hat, ihr eigenes Schicksals ist? ging es mir durch den Kopf.

– Das könnt' heute so ein großer Mann sein wie du! Sie versuchte zu lächeln. Ihre Augen wurden dunkel. Sie senkte den Kopf.

Was für feine, seidige Haare sie hat! dachte ich.

Wie um meinem Blick zu entgehen, begann sie in dem Kästchen auf ihrem Schoß zu kramen. Sie nahm eine Fotografie heraus, drückte sie mir stumm in die Hand.

Etwas unsäglich Rührendes lag in dieser Geste. Es war wie der Abschied eines Menschen, der freiwillig sterben will.

Das bange Gefühl, einen Freund, kaum dass man ihn gefunden, verlieren zu müssen, ließ mich plötzlich wie ein Schuljunge aufheulen.

– Aber Friedrich! Schäm' dich, bist doch schon ein großer Mann...

Sie lehnte mich an ihre Brust, strich mir über das Haar.

Ich war todunglücklich. Bald würde ich wieder allein sein. Wie wohl es tat, von ihren Händen gestreichelt zu werden. Oh, jetzt einschlafen, nie wieder aufwachen.

Ein übermächtiges Verlangen nach Liebe, nach Zärtlichkeit überkam mich. Wie ein Ertrinkender klammerte ich mich an sie, schlang meine Arme um sie, stammelte, ich weiß nicht welche Worte, küsste sie, wild, besinnungslos, immer wieder, als könnte ich sie dadurch halten.

Sie wehrte stumm ab; fiel durch eine unerwartete, ungestüme Bewegung nach hinten, quer über das Bett.

– Friedrich! Friedrich! – rief sie erschrocken...Verwirrt erhob ich mich.

Mit geschlossenen Lidern und ausgebreiteten Armen lag sie auf dem zerwühlten Bett. Ihr Gesicht war verändert. Ihr Atem ging heftig.

Brennende Scham packte mich.

Mein Gott, was hatte ich getan. Es war mir, als hätte ich meine ältere Schwester überrumpelt, überwältigt.

Ich bekam Ekel vor mir selbst, wendete mich um.

Im Weggehen ergriff ich ihre Hand, die am Bettrand herabhing. Ich küsste sie wie am ersten Abend, nein, anders.

Als ich die Tür hinter mir zumachte, hörte ich sie leise «Friedrich! – Mein kleiner Friedel!» rufen.

Ich weiß nicht, wie ich nach Hause gekommen bin.

– Warum bist du so früh zurück? Ist der Lesesaal geschlossen? – fragte Mutter.

Ich nickte stumm.

Sie quälte mich mit anderen Fragen.

– Nein, mir ist nicht schlecht. Ich habe nur schrecklich Kopfweh... Nein, ich brauche keinen Umschlag... Ja, ich werde mich gleich schlafen legen...

Ist es nicht grausam, dass am wenigsten von den Kindern ihre Eltern wissen? Gewiss, man darf nicht viel von ihnen verlangen. Sie können sich nicht um einen kümmern. Sie haben den Kopf voller Sorgen. Und im Grunde können sie kaum helfen. Und doch, manchmal würde es eine Rettung sein, wenn, sie nur ein wenig guten Willen zeigten.

Ich sitze in meinem Zimmer vor dem kleinen Tisch.

Ich bin traurig und müde.

Mit aufgestützten Armen halte ich den Kopf zwischen den Händen. War nicht alles ein böser Traum? Wie gern möchte ich es glauben, lägen nicht ihre Fotografie und der rote Zettel vor meinen Augen. Ich hebe den Wisch an die Lampe. Ich lese ihn. Noch einmal und noch einmal. Endlich begreife ich, was ich gelesen habe:

Feld-Freudenhaus 20
Offz. Abt. Preis - Verzeichnis

A. – GETRÄNKE

Sekt, Henkel Trocken à Flasche		*18*	*Mark*
Bordeaux, Château Lafitte		*8*	*–*
Ungarwein		*8*	*–*
Bier, eine große Flasche		*1*	*50*
Kaffee,	*Tasse*	*1*	*50*
"	*ein kleiner Krug sechs Tassen*	*6*	*–*
"	*ein großer Krug zwölf Tassen*	*12*	*–*
Tee, ein Glas		*0*	*60*
Selter, eine kl. Flasche		*0*	*30*

B. – BEISCHLAF

für die ganze Nacht	*30* –
für zwei bis drei Stunden zur Abend- und Nachtzeit	*20* –
für eine Stunde	*10* –
für jede beliebige Zeit von 9 Uhr vorm. bis 6 Uhr nachm.	*10* –

Lodz, im März 1917

Die Sittenpolizei

O, diese Kopfschmerzen. Es ist kaum zum Aushalten. Als ob es einem den Schädel auseinanderreißen wollte.

Ich nehme den Zettel in die eine Hand, die Fotografie in die andere.

Das Papier brennt mir plötzlich zwischen den Fingern, als sei die rote Farbe getrocknetes Blut.

Entsetzt knülle ich es zusammen und schleudere es in die Ecke.

Das Bild liegt vor mir auf dem Tisch. Ich lehnte es an den Fuß der Lampe.

Lange betrachte ich es.

Lu! – Kaum will ich es glauben, dass ich sie nie wieder sehen soll...

Jede Trennung gibt einen Vorgeschmack des Todes. Habe ich das nicht irgendwo gelesen? Gleichviel. Wie wahr das ist. Und wie ich es an mir selbst verspüre...

Wie tief Konrad, der Jüngste schläft. Ich höre seine Atemzüge. Ich beneide ihn um seinen Schlaf, um seine Kindheit.

Er weiß nichts vom Leben.

Ich habe einen Blick ins Leben getan. Es ist schrecklich.

Du hast recht, Lu, alles in unserer heutigen Welt ist käuflich: Ehre und Gesundheit, Freisein und Glücklichsein, alles, das Leben selbst hat seinen Preis. Weh denen, die ihn nicht bezahlen können.

Mir fällt der Vers ein, den ich vor kurzem gelesen habe: «Denn Armut ist ein großer Glanz aus Innen».

Ein großer Glanz aus Innen? Man muss wohl ein Dichter sein, um Glanz im Elend zu sehen, so, wie nur Heilige Engel zu sehen bekommen.
Ich bin kein Dichter.

Ich kann auf die Rückseite ihres Bildes nur schreiben, wie ich es gesehen und erlebt habe, hässlich und erbarmungswürdig.

Armut ist eine Schande
Arm sein
heißt dulden und leiden,
heißt, elend sein.
Armut ist eine Schande.
Die einzige Schande.
Ein Laster.
Und du bist der Armut Tochter.
Ein Schandmädchen.
Ein Lastermädchen.
Ein armes Mädchen.

ENDE DES ERSTEN BUCHES
DER GESCHICHTE EINER GENERATION

Nachwort

Was für ein Eigensinn! Fast mein ganzes Leben hindurch meinte ich, der Name Alexan wäre mir durch ihn gleichsam angeboren. Dabei entstand das dauerhafte väterliche Pseudonym im ersten, dem Pariser Exil. Dort erschienen im Selbstverlag ÉDITIONS MÉTÉORE PARIS, den er und ein Vetter schufen, auch die eigenen Bücher. Bei „Mit uns die Sintflut“ (1935) nennt er sich als Verfasser Alexan, ohne Vornamen, für „Im Schützengraben der Heimat“ (1937) kommt Friedrich hinzu. Nachdem - oder kurz bevor das Buch auf dem Markt war, emigrierte er mit meiner künftigen Mutter Maria, geb. Krotz, nach New York. Dem Vetter gelang die Flucht nach Montevideo. Doch dieser Friedrich Alexan wurde als Alexander Kupfermann, als drittes von vier Kindern einer armen jüdischen Kaufmannsfamilie geboren, die sich aus dem Südosten der k.u.k-Monarchie aus der Bukowina kommend, um 1900 in Mannheim beheimatet hatte. Die heute 99-jährige Schwester meines Vaters meint, die erste Frau von Baruch Kupfermann, dem Vater meines Vaters, wäre Jahre davor verstorben. Über Nachwuchs scheint so gut wie nichts bekannt. Ohne seine zweite Frau Sarah, meine Großmutter, wäre Baruch nach Mannheim gereist, um das Terrain zu erkunden. Sie folgte mit den gemeinsamen Kindern Jacob David (Jaques), geboren 1890, Olga, geboren 1892 und Georg Leo(n), geboren 1897. Ein nach Georg geborenes zweites Mädchen soll nach der Geburt verstorben sein. Am 12. Juli 1901 kam in Mannheim mein Vater zur Welt. Der Historiker Peter Koppenhöfer, der seit Jahren die Mannheimer Geschichte der Familie Kupfermann recherchiert, hat in alten Meldeunterlagen aber andere Namen und Geburtsdaten gefunden. Demnach kamen Baruch Kupfermann und Ehefrau Sarah (oder Sali, wie sie in den Papieren heißt) mit vier Kindern in Mannheim an, und zwar mit „Riffke, dessen Tochter, am 14. Januar 1891 zu Ober-Stanestie geboren, Jacob David, dessen Sohn, am 12. Sept 1895 zu Molodia geboren, Geida, dessen Tochter, am 1. Febr 1897 zu Pidykoutz geboren und Chaim Leib, dessen Sohn, am 1. Februar 1900 zu Pidykoutz geboren“. Die Anmeldung datiert auf den 8.7.1900. Bedeutet die Nichtübereinstimmung von Namen und Geburtsdaten, dass diese Angaben nach Hörensagen falsch notiert und die Namen „eingedeutscht“ wurden? Andererseits ist eine Riffka oder Rifke auch meinem noch in Mannheim geborenen Cousin nicht erinnerlich. Meine mit mir gleichaltrige Cousine meint gehört zu haben, Baruchs ältester Sohn aus erster Ehe sei frühzeitig in die USA ausgewandert und habe später für Jacob und Familie das Affidavit besorgt. In den amerikanischen Einwanderungsunterlagen meiner Eltern wird ein Cousin A. Merdinger aus New York, 20. Straße, angegeben. Beim Einbürgerungsverfahren selbst wohnte Abraham Merdinger in der Bennet Avenue, war Autohändler und bürgte gemeinsam mit einer Clara Weiner für den Vater. Die Kupermans, lese ich, kenne er seit 1938. Für meine Mutter zeugten Clara Weiner und Ida Merdinger. Ist Abraham ein Sohn eines Bruders von Großmutter Sarah? Hatte nicht die älteste Schwester meines Vaters, Olga Giniger, noch 1984 in der Bennet Avenue gewohnt?

Im Jahr 1901 erhielt mein Vater wahrscheinlich dem Brauche gemäß am achten Tag nach seiner Geburt bei der Brit Mila, der rituellen Beschneidung eines jüdischen Knaben, den Vornamen Alexander, der als jüdischer Name gilt. Drei Jahre später starb sein Vater. Die erste und letzte religiöse Unterweisung des Knaben, der Besuch des Cheder, endete, als Mutter Sarah sich mit Joseph Brody verheiratete. Mein Vater erzählte kurz vor seinem Tod, dieses Ende habe mit Geldmangel zu tun gehabt. 1909 wurde Tochter Ernestine geboren, genannt Tina, die heute in einem Seniorenheim in Frankreich lebt. Die zweite Ehe der Großmutter war nicht von Dauer. Es heißt, sie, deren spätere Briefe mit ungelenken lateinischen Buchstaben in deutlich jiddisch gefärbtem Deutsch verfasst sind, hätte sich von diesem untüchtigen Mann getrennt und energisch mit Hilfe von Jacob und Alex, den zwei kaufmännisch begabten Söhnen, Leben und das Geschäft erfolgreich in die eigene Hand genommen. Warum aber hat mein Vater den Namen Kupfermann verschmäht? Klang er ihm zu jüdisch? Wollte er unauffindbar werden? Hoffte er, sich der familiären Wurzeln und des kaufmännischen Rufs zu entledigen? Oder ging es darum, sich als ein Künstler neu zu erschaffen? Seine Herkunft nannte er kleinbürgerlich, sein Lebensziel war von frühester Jugend, „als sozialistischer Schriftsteller den Kampf und die Not der arbeitenden Menschen zu gestalten“. Zumindest steht das in seinem Lebenslauf für den Schriftstellerverband der DDR vom Januar 1955. Fragen nach seiner Vergangenheit wehrte er ab, oft mit Shakespeare: Die Rose bleibt eine Rose, gleich wie sie heißt.

Als mein Vater Alexander und Maria Krotz am 1. September 1937 im damaligen Palästina, in Ramat Gan bei Tel Aviv heirateten, unterzeichnete er die auf aramäisch vorliegende Ketuba, die jüdische Heiratsurkunde, mit lateinischen Buchstaben und de facto russifiziert als Aleksander Kuperman. Beide emigrierten am 24. November von Le Havre aus mit dem Schiff „Lafayette“ in die USA und erreichten am 2. Dezember 1937 New York. Es gab offenbar kleinere Unstimmigkeiten. In den Unterlagen der Einwanderungsbehörde veränderte jemand das Alexandre der französischen Schreibweise in Aleksander, unter „Rasse“ ist für beide „Hebrew“ eingefügt und „Polish“ gestrichen, die Staatsbürgerschaft wird mit Polnisch und Deutsch angegeben. Den deutschen Unterlagen wiederum hat Peter Koppenhöfer entnommen, dass mein Vater niemals deutscher Staatsangehöriger war. Die Herkunft seiner Eltern spricht aber nicht für Polen, zudem ich weiß, dass mein Vater bei der Frage Nationalität in früher DDR-Zeit Österreich angab. Um 1937 war es leichter, ein polnisches Affidavit zu erhalten als ein deutsches, also wurden polnische Pässe angeschafft. Zumindest bin ich mit dieser Erklärung aufgewachsen. Am 31. Mai 1938 reichten die Eltern ihre „Declaration of Intention“ ein als den Beginn der mindestens fünf Jahre laufenden Antragsstellung zur Aufnahme in die Staatsbürgerschaft der USA. Laut Formular ist ihr aktueller Wohnort Santa Monica, Kalifornien. Die Eltern wollten demnach offiziell so schnell wie möglich eingebürgert werden. Der „writer“ Aleksander (Alexander) Kuperman, so steht es in der am 1. November 1943 nachfolgenden „Petition for Naturalization“, sei auch als Friedrich George Alexan bekannt. Bei der Einreise war sein Beruf mit „merchant“ angegeben, bei der Mutter stand „housewife“. Die „Naturalization“, also der Abschluss des wegen des Krieges verlängerten Einbürgerungsprozesses, erfolgte am 31. März 1947. Man lebte wieder in Manhattan, und der auf Gott zu leistende Eid zur unbedingten Loyalität gegenüber der neuen Heimat wurde öffentlich abgelegt. Auch ich, das inzwischen in New York geborene und mit den Eltern in 183, Pinehurst Avenue lebende Kind, bin in den Unterlagen genannt. Wollte der Vater schon damals ein Rückkehrer werden? Warum hätte er dann die Antragsmühen auf sich genommen? Senator McCarthys hysterische Kommunistenverfolgung und die Einladungen aus der sowjetisch besetzten Zone dürften den Entschluss beschleunigt haben, die USA im Mai 1949 zu verlassen. Am 18. Juni 1952 stellten die Behörden fest, dass beide seit Jahren jenseits der USA-Grenzen lebten (meine Mutter war zu diesem Zeitpunkt bereits verstorben), noch dazu im sozialistischen Teil ihres Geburtslandes. Darin wurde eine mutwillige Abkehr vom angestrebten Lebenszweck in den USA erkannt, ein betrügerisches Erschleichen der Staatsangehörigkeit unter falschen Angaben. Weil es natürlich keine Reaktion auf entsprechende Gesprächsvorladungen gab, wurde mit Wirkung vom 6. Mai 1957 die Aberkennung bzw. Annullierung der „Naturalization“ festgestellt. Ein Schreiben vom 19. März 1958 macht dies aktenkundig. Von meinem Vater weiß ich aber, dass für ihn der Koreakrieg die Ursache war. Er hatte die Pässe postalisch mit der Bemerkung zurückgeschickt, kein Bürger eines derart kriegsführenden Landes sein zu wollen. Im Ausbürgerungsbeschluss wird das nicht erwähnt. Bei der Einbürgerung war auch seine Namensänderung von Kupfer- oder Kupermann in Friedrich George Alexan legalisiert worden, in den Unterlagen der Mutter findet sich nichts. Vielleicht wurde der Name der Ehefrau automatisch dem des Ehemanns angepasst? Auf meiner New Yorker Geburtsurkunde vom November 1942 heiße ich Irene Susanna Kuperman, der Vorname des Vaters lautet Alexander. Die Kopie der Geburtsurkunde (das Original habe ich nicht) fand ich nach seinem Ableben. Sie stammt merkwürdigerweise vom 16. Dezember 1960. Ihm selbst fehlte in der späteren DDR offenbar auch seine eigene

Geburtsurkunde. Bei der Rückkehr 1949, als glaubwürdige Zeugen für Partei und Staat wichtiger waren als alte Papiere, war sie ihm vermutlich nicht abverlangt worden. So stellte ihm am 24. April 1968 das Standesamt I von Groß-Berlin auf „*Alexander Kupfermann, männlichen Geschlechts, geboren am 12. Juli 1901 in Mannheim, Eltern Baruch Kupfermann und Sara Kupfermann, geb. Merdinger*“, eine Ersatz-Geburtsurkunde mit dem Vermerk aus: „*Der Vor- und Familienname des Kindes ist mit Wirkung vom 24. April 1968 in Friedrich Georg Alexan geändert.*“

Damit hatte nun alles eine Ordnung, die das bestätigte, was ohnehin längst geregelt war. Dass er, der jeden Behördengang für blanke Zeitverschwendung hielt, sich um derlei Unterlagen kümmern musste, hing vermutlich damit zusammen, dass er, und zwar von uns allen unbemerkt, am 6. Juni 1968 nach über 15 Jahren gemeinsamen Lebens seine ehemalige Sekretärin Carla Schlichting, geboren am 25. November 1919 in Hamburg, geheiratet hatte. Aus westlicher Sicht wären angesichts des Altersunterschieds kommende Pensions- oder Rentenansprüche zu vermuten, aus östlicher Sicht dürfte stattdessen eine Rolle gespielt haben, dass es für sie als Ehefrau leichter war, ihn bei Reisen ins westliche Ausland zu begleiten. Ihr hatte er übrigens sein letztes Pseudonym Alex C. Schlichting zu verdanken, das er halb konspirativ für den Briefverkehr mit den USA nutzte, was im Leo-Baeck-Archiv zu entdecken ist. Das Literaturarchiv Marbach hat andererseits rund 50 an Alexan gerichtete Briefe aus der Nachkriegszeit unter Alexander Kuppermann registriert.

Alexan war also zunächst ein *pen-name*, ein *nom de guerre*, ein schriftstellerisches Pseudonym. Die Rücksiedlung nach Deutschland 1949 erfolgte unter diesem Namen, unter dem er in Emigranten- und Heimkehrerkreisen bekannt war. In einem der ersten Fragebögen erwähnt er Kupfermann als seinen Tarnnamen in Paris. Der von ihm hier falsch dargestellte Namenswechsel, den Bernd-Rainer Barth bei Recherchen zur politischen Zeitgeschichte entdeckte, hätte angesichts der damals paranoiden stalinistischen Jagd auf angebliche US-amerikanische Agenten und zionistische Spione in den eigenen Reihen unangenehme Folgen haben können. Immerhin war in New York dem aktiven Antifaschisten und kulturellen Organisator F. G. Alexan vom Roten Kreuz und vom amerikanischen Finanzministerium zwischen 1944 und 1945 gleich mehrmals für seine großzügige patriotische Teilnahme am Finanzierungsprogramm des Zweiten Weltkriegs mit Ehrenurkunden gedankt worden. Barth fand auch heraus, dass Alexan in verschiedenen Fragebögen zwar seine in New York lebenden zwei Geschwister und die 1957 dort verstorbene Mutter Sarah benannte, aber den in der Sowjetunion verschollenen und nach 1937 vermutlich vom NKWD ermordeten Bruder Georg verschwieg. Dieser, wohl hochbegabt, arbeitete bei und mit Erwin Piscator und an dessen Theater, emigrierte wie jener in die Sowjetunion und schrieb aus Moskau der Mutter nach Palästina begeisterte Briefe über sein aktives künstlerisches Arbeitsleben und den ihn anregenden Alltag. Kommt her! Auch in Moskau lässt es sich jüdisch leben. In Alexans vermutlich erstem Personal-Fragebogen 1949 fehlte auch Schwester Tina noch, die in Südfrankreich mit meinen Cousinen Olga und Lucienne überlebt hatte und Ehemann Lucien, der aus dem Konzentrationslager zurückgekehrt war. In dem mir vorliegenden Fragebogen des DDR-Schriftstellerverbands von 1955 sind alle noch lebenden Geschwister und die Mutter aufgeführt, der verschwundene Bruder nicht. Mir gegenüber wurde Bruder Georg niemals erwähnt. In den Kaderlisten der aus der Partei ausgeschlossenen Mitglieder gibt es einen „*Kupfermann, Leon, geb. 1900 in Mähringen/ Württemberg. In Massenorganisationen tätig. Kam als Sowjetbürger in die UdSSR. Im Oktober 1937 verhaftet.*" Ob dieser identisch mit Bruder Georg ist, war bisher nicht herauszufinden. Die Daten stimmen nicht mit denen überein, die wir zu kennen meinen. Als mein in den USA lebender Cousin in den 90er Jahren über ihn sprach, wunderte er sich, dass ich nie von ihm gehört hatte. Immerhin übernahm mein Vater den Vornamen des von ihm bewunderten Georg in sein Pseudonym. Ob der Vorname Friedrich mit dem Schauspieler und Autor Friedrich Maurer, dem Mannheimer Jugendfreund zusammenhing, ist unklar. Mein Vater bezeichnete übrigens seine damals noch lebenden Geschwister und die Mutter in allen Fragebögen als „unpolitisch", was heute mit „parteilos" übersetzt werden könnte.

Im Mai 1949 schifften wir auf dem polnischen Schiff „Batory“ ein, um nach Deutschland zurückzukehren. Ich wusste weder, wohin es gehen sollte, noch, dass es ein Abschied für immer sein sollte. Wegen der Verhaftung von Gerhart Eisler ging dieses Schiff in die Exilgeschichte ein. Der kommunistische Agitator, gesucht als „Atomagent“, verließ die USA illegal. Mein Vater hatte seine heimliche Überfahrt arrangiert und finanziert, der Kapitän informierte die Behörden, doch Eisler wurde kurz nach der ungesetzlichen Entführung vom Schiff in die SBZ, nach Ostberlin, entlassen. Wir kamen fast zu gleicher Zeit, aber in Leipzig an, wo Alexan eine für ihn reservierte Arbeitsstelle am neuen Franz-Mehring-Institut vorfand. Am 7. Oktober wurde die DDR gegründet. Wir zogen nach Ostberlin, um dort beim Aufbau des neuen, besseren, sozialistischen Deutschland in vorderster Reihe zu stehen. Alexans Platz war nunmehr der eines Abteilungsleiters im Amt für Information. In Briefen von Freunden, die bereits früher zurückgekehrt waren, ist zu lesen, wie dringend man auf kraftvolle und ideenreiche Menschen wie ihn wartete. Max Schroeder, damaliger Cheflektor des Aufbau-Verlags, schrieb – leider ohne Datum - vermutlich Anfang1947 aus Berlin: „*Ich kann dir versichern, dass fuer einen aktiven Menschen wie dich viele befriedigende Arbeit vorhanden ist, in Theater, Film, Radio, Presse, Verlag oder anderswo.*“ Am 12. Februar 1948 wiederholte Albert Schreiner, der später relegierte und anschließend rehabilitierte KPD-Parteifunktionär, Spanienkämpfer, USA-Emigrant und Historiker, wie gut die Möglichkeiten seien, und zwar zunächst in Leipzig, beispielsweise beim „Kulturbund zur demokratischen Erneuerung Deutschlands“: „So *eine Arbeit würde deinen organisatorischen Fähigkeiten, deiner Beschlagenheit auf vielen Gebieten des kulturellen Lebens und deiner weltanschaulichen Orientierung entsprechen...*“ Doch er warnt: „*Schreiben allein, ohne ein ‚Amt‘, ist nicht ohne weiteres zu machen. Wenn Du schon eine fertige Sache mitbringen könntest, lässt sich natürlich eher etwas machen. Zum Beispiel ließe sich dann vielleicht eine Kombination finden, dass, wenn Du etwas auf dem von Dir genannten Gebiet – etwa Soziologie der bürgerlichen Kunst – veröffentlicht hast, im übrigen Dir viel-*

leicht durch eine Tätigkeit im Kulturbund eine Basis geschaffen hast, auch eine Vorlesungstätigkeit in Frage käme. Aber das muss man dann hier sehen."

Ich kenne keine Antwortbriefe meines Vaters. Vermutlich hat er nicht geschrieben, wie er sich sein neues Leben konkret vorstellte. Dass zum Aufbau der neuen Gesellschaft Menschen wie er als Ersatz für die alten Kader nötig waren, dass er ein sinnerfülltes, wenngleich materiell karges, dafür hartes Arbeitsleben zu erwarten hatte, muss ihn gelockt haben. Doch kaum angekommen, wendete sich die politische Lage zum Kalten Krieg, und ehemalige Westemigranten, viele davon Juden, werden im Vollzug scharfer politischer Säuberungen an und über den Rand des gesellschaftlichen Geschehens gedrängt. Alexan wird sich vermutlich wie viele andere um eine Hoffnung ärmer und grundlos ausgestoßen gefühlt haben. Ich weiß nicht, wie es damals in ihm aussah, was man einander zuraunte, mit Kindern jedenfalls wurde nicht über derart Existenzielles gesprochen. Manche flohen in die Westsektoren, das kam für ihn nicht in Frage, andere wurden in die Produktion und aus der Hauptstadt Berlin verbannt oder von der Partei verstoßen oder verhaftet. G. F., so nannte er sich nun immer – also Georg Friedrich, manchmal weiterhin George geschrieben –, hatte wohl mindestens einen starken Schutzengel. Er verlor „nur" seine publizistische und die Rundfunkarbeit, für die er vom 1. Januar 1950 bis zum 31. Januar 1953 im Berliner Amt für Information Tag und Nacht bereitstand. Als deren Chefredakteur wurde er mit seiner bemerkenswerten, leider vergessenen Monatsschrift „USA in Wort und Bild", für die er überwiegend allein arbeitete, nach der plötzlichen Auflösung des Amtes in den Kongressverlag übernommen, doch mit der Dezemberausgabe 1954 musste sein antiimperialistisches Propagandablatt endgültig das Erscheinen einstellen. Gemunkelt wird seither, dass dies ein sowjetischer Wunsch gewesen sei. Ab 1. Januar 1955 fungierte Alexan als Herausgeber und Übersetzer beim Verlag Rütten & Loening. Der umtriebige Journalist, der in Windeseile Sprachen lernte und Zusammenhänge ahnte, der politische Aktivist, der Comics anprangerte, in Berlin Massenkundgebungen gegen die Hinrichtung von Ethel und Julius

Rosenberg wegen angeblicher Atomspionage und für die Reisefreiheit von Paul Robeson organisieren konnte, der wegen seiner außergewöhnlichen Hilfsbereitschaft und nicht zuletzt um seiner immensen Arbeitslust und des spritzigen Charmes willen geliebt und geschätzt wurde, verschrieb sich nunmehr der modernen amerikanischen, vor allem politischen Literatur und nannte sich wie bereits im Exil ein freier Schriftsteller und Journalist. Der hochgebildete Volksschüler genoss es, von aller Welt als Professor Alexan tituliert zu werden. Doch schien er sich, wie in einer Beurteilung aus den 50er Jahren anklingt, nur ungern in Parteilehrgänge mit linientreu gewendetem marxistischem Grundlagenwissen einzufügen. Letzteres hat Bernd-Rainer Barth ebenfalls herausgefunden.

In den nachfolgenden Jahrzehnten nahm Alexan den spürbar erstarrenden, ihm immer unvollkommener erscheinenden Sozialismus zunehmend als für ihn unerträglich wahr. An der marxistischen Theorie und an seiner antiamerikanischen Imperialismuskritik hielt er allerdings fest. Seine neue Hoffnung waren die jungen Nationalstaaten. Andere publizierten Bücher, er hingegen sprach seit New York bis zu seinem Ableben davon, ein großes welthistorisches Werk über die Sozialgeschichte bürgerlicher Ideologie, Kultur und Politik zu erarbeiten. Doch der allwissende Selfmademan ohne formale Qualifikation konnte trotz seiner Berge von Ausrissen und Ausschnitten aus Zeitungen und Zeitschriften aus aller Welt, trotz aller diszipliniert bis in die Nacht durchgearbeiteter Bücher und langer Gespräche, trotz Randbemerkungen und langer Notizen kein druckfertiges Werk der Zeit-, Ideen- und politischen Geschichte mit Rück- und Ausblicken in ein großes Ganzes fügen. Das wiederum wollte er nicht akzeptieren, und so zwang ihn dieser Lebenszweck mehr und mehr, dem gewöhnlichen Alltag zu entsagen, selbst dem intellektuellen Vergnügen der Begegnungen, dem Genuss an Theater, Kino und Konzerten. Klassische Musik war nur noch Konserve. Er brach mit den alten Freunden und mit uns, seiner winzigen Familie. Er genügte sich zunehmend selbst, vergrub sich in Bücher, in westliche Zeitungen und Journale, die ihm Freunde aus den USA und seine Schwester aus Frankreich regelmäßig schickten, lebte zurückgezogen mit seiner Frau Carla in der Pankower Villa, in der ich als Kind zu Hause war. Seine Frau war ihm treu ergeben, so dass er neben ihr fast nur noch seine eigene Gedankenwelt brauchte. Was ihm blieb, war die Lust auf Köstlichkeiten der chinesischen, französischen und italienischen Küche – aber dabei müsste er sich doch das Fehlen der einst zum Essen gehörenden endlosen Streitgespräche mit Freunden irgendwie umgedeutet haben! Er war vom Wunsch besessen, dieser Welt – koste es, was es wolle – ein großes Werk zu hinterlassen. Wer vor einem Irrweg warnte, war für ihn gleichsam gestorben. Ich habe das hinterbliebene Material der Deutschen Akademie der Künste übergeben. In dem Maß, in dem er die Gegenwart der aus seiner Sicht kleinbürgerlichen DDR verachtete, begeisterte er sich für die politischen Umbrüche in China, Afrika, Lateinamerika und Nahost. Sie waren für ihn das Vorspiel für die hart umkämpfte Zukunft, die dennoch ungewiss blieb. War nicht das seit dem „Schützengraben" sein eigentliches Thema? Doch über dieses Buch hat er nicht viel gesprochen. Ja, ich kannte den Titel, aber es war nicht der Stil eines 1901 geborenen Vaters, mit seiner Tochter über Geschehnisse in einem Mannheimer Bordell zu reden. Gegenüber dem Schriftstellerverband hatte er 1955 in besagtem Lebenslauf immerhin erklärt, diese Geschichte sei teilweise autobiographisch. Erstaunlich, denn Details aus seinem früheren Leben wie aus dem der im Dezember 1951 durch Freitod aus dem Leben gegangenen Mutter, das der Eltern, Geschwister, anderer Verwandter oder Jugendfreunde, gab er nicht preis. Warum er das bis auf einige sich wiederholende Anekdoten stets vermieden hat, weiß ich nicht. Mit äußerster Strenge setzte er sich Tag um Tag bis in die Nacht mit Büchern, Zeitschriften und einem angespitzten Stift an die verschiedenen Tische in der Villenwohnung, auf die Terrasse oder in den Garten. Gegen den angeblich zugigen Luftstrom trug er lange sein kleines braunes Käppi. Er befragte die Texte wie in einer Talmud-Tora-Schule. Nach dem Mauerbau 1961 reisten Carla und er in den Wintermonaten mit DDR-Frachtschiffen in die weite Welt. Er wollte sein eigenes Bild von deren Wandel und entzog sich damit der wachsenden Ödnis des realen Sozialismus der DDR. Manche seiner Reiseberichte wurden in Tages- und Wochenzeitungen gedruckt. Ein Buch ist auch daraus nie geworden.

Sein Leben wäre sicher anders verlaufen, hätte er 1949 angesichts der Kommunistenhatz eines McCarthy die USA nicht verlassen, wäre er 1937 nicht wegen der für ihn absehbaren deutschen Gefahr aus Paris fortgegangen. Zweifellos wurde seine spätere Zukunft bereits vor der Machtübergabe an die Nazis durch deren spürbare und bedrohliche antisemitische und antisozialistische Präsenz bestimmt. Sein politischer Verstand riet ihm, Mannheim 1931 zu verlassen. Wie wir heute wissen, hat diese Weitsicht ihm und der Familie das Leben gerettet. Von Jugend an gehörte Alexan, meist Alex, Sander oder auch Schorsch genannt, zu denen, die sich vehement und eigenwillig auch dem Unausweichlichen widersetzen müssen. Deshalb entstand auch der „Schützengraben". Vor, während und nach dem Exil war er für zuverlässige Solidarität und finanzielle Großzügigkeit bekannt. Sein Scharfsinn und seine politische Voraussicht haben ihn auch isoliert. Wo und wie hätte sich ein solcher Mensch, ein frankophoner Kosmopolit, ein intellektueller Einzelgänger, nahtlos in der DDR einfügen können? Vielleicht ist auch er deshalb bis ans Ende seines Lebens eine Art Emigrant geblieben.

Irene Runge

Friedrich Alexan, um 1936

Porträt, undatiert

Maria (Mascha) und Alexander Kupfermann

Im Arbeitszimmer, Pinehurst Abenus, Washington Heights, Manhattan

Mai 1949; das letzte Foto vor dem Ablegen des Schiffs „Batory" – Rückkehr aus Manhattan nach Deutschland. v.l.: Jacob (Jaques) Kupfermann, Alexander Kupfermann (Alexan), Maria (Mascha) Alexan, Olga Giniger (Kupfermann); vorne: Irene Kupfermann

Friedrich Alexan in Berlin, 1951

Carla Schlichting, verh. Alexan, Irene Runge, Friedrich Alexan;
Parkstraße in Berlin-Pankow, 70er Jahre

Friedrich Alexan,
70er Jahre

Dornum 1993; eines der letzten
Bilder von Friedrich Alexan, der
ein Jahr später verstarb

Peter Koppenhöfer

Der Schriftsteller Alexander Kupfermann und Mannheim

Einwanderung aus der Bukowina

Alexander Kupfermann wurde am 12. Juli 1901 in Mannheim geboren. Sein Geburtshaus war aller Wahrscheinlichkeit nach das Hinterhaus in der Langstraße 16 in der Neckarstadt. Seine Familie war ein Jahr zuvor aus der Bukowina eingewandert. Nach dem erhaltenen Mannheimer Anmeldezettel haben sich die Eltern Baruch Kupfermann und Sali (Sara), geb. Merdinger mit vier Kindern am 8. Juli 1900 angemeldet. Der vorherige Wohnort war das Dorf Nepolokoutz bei Czernowitz. Der Vater stammte aus dem ostgalizischen Städtchen Kuty an der Grenze zur Bukowina, wo er 1864 geboren wurde. Die Mutter kam aus dem Schtetl Sadagóra (geboren 1874). Das ist heute ein nördlicher Vorort von Czernowitz und war damals der Sitz einer berühmten Rabbinerdynastie, die dort ein merkwürdiges Schloss erbaut hat.

Die Berufsangabe Baruch Kupfermanns „Reisender" passte zur Mobilität der Familie. Alle Kinder waren in einem Dorf oder Städtchen in der Umgebung von Czernowitz geboren. Die Vornamen deuten auf die Zugehörigkeit zum traditionellen Judentum: Rifka, Jacob David, Geida und Chaim Leib. Angesichts ihrer Zugehörigkeit zu einem ländlichen Milieu ist der Sprung in die deutsche Großstadt Mannheim umso verwunderlicher. Da die Kupfermanns gleich die Kinder mitnahmen, darunter das gerade halbjährige Baby Chaim Leib (später Georg) mussten sie bei diesem Schritt Hilfe gehabt haben. Vermutlich waren Verwandte schon vorher nach Mannheim eingewandert. Nach einer Familienüberlieferung hatte Vater Baruch selber vorher die Lage erkundet. Ein Geschäftspartner der Kupfermanns, der später in die Familie einheiratete, Max Giniger, kam ebenfalls aus der Bukowina. Es gab also wohl eine kleine Kolonie von Bukowina-Auswanderern in Mannheim.

Mannheimer Kindheit

Kupfermanns zogen zuerst in die 2. Querstraße 24 (Laurentiusstraße) in einen Neubau. Es ist möglich, dass sie „Trockenwohner“ waren, d.h. dass sie verbilligt eine noch feuchte Wohnung bezogen. Aber schon einen Monat später meldeten sie sich in die Waldhofstraße 41 um. Nach dem Mannheimer Adressbuch wechselte die Familie in der nächsten Zeit fast jährlich die Bleibe. Man wohnte in der Langstraße, in der Lortzingstraße, der Riedstraße und wieder in der Laurentiusstraße, auf jeden Fall in der Neckarstadt. Solche Umzüge waren typisch für Leute der Unterschicht mit geringer Habe, die dauernd auf der Suche nach billigen Bleiben waren.

In dieser Umgebung ist Alexander Kupfermann aufgewachsen und wohl 1907 in der Neckarschule eingeschult worden. Inzwischen hatte Baruch Kupfermann ein Geschäft gegründet, das mit Haushaltsgegenständen und Möbeln handelte. In der Nachkriegszeit datierte das dann schon sehr erfolgreiche Möbelgeschäft Kupfermann seine Entstehung auf das Jahr 1903. Schon drei Jahre nach dieser Gründung starb Alexanders Vater. Die Witwe verließ mit den Kindern die Neckarstadt. Von nun an waren die Kupfermanns mit ihrem Geschäft an verschiedenen Stellen in den G-, S- und U-Quadraten gemeldet. Im Jahr 1914 ist der Adressbucheintrag besonders ausführlich:

„Bernhard Kupfermann Nachf. Inhaber Sara Brody, Möbelhaus z. guten Quelle, Handel in Möbel, Spiegel, Bilder, Uhren, Teppiche D 3,13.“

Der Eintrag zeigt, dass Sara Kupfermann wieder geheiratet hatte, nämlich den Kaufmann Joseph Brody. Aber sie war weiterhin die Inhaberin des Geschäfts. Der Name Baruch war in Bernhard verdeutscht worden und blieb zu Ehren des Firmengründers erhalten.

Wenn Alexander – wie der Ich-Erzähler in „Im Schützengraben der Heimat“ – erst 1916 aus der Schule entlassen wurde, dann spricht einiges dafür, dass er nach der Volksschule noch ein Jahr oder länger die Fortbildungsschule besuchte. Diese weiterführenden Klassen für besonders erfolgreiche Volksschüler gehörten zu dem vom Stadtschulrat Franz Anton Sickinger eingeführten „Mannheimer Schulsystem“. Weil damit der Weg in weiterführende Schulen geöffnet werden sollte, gab es hier auch Fremdsprachenunterricht. Diese Klassen waren großenteils in der K5-Schule untergebracht, die jedoch während des 1.Weltkriegs zum Lazarett umgewandelt wurde. Die Klassen wurden ausgelagert, den ältesten Schülern hat man den weiten Weg in die Neckarstadt zur Neckarschule oder Hildaschule zugemutet. Dass Alexander Kupfermann dazu gehörte, zeigt eine Stelle seines Buches an, wo von einem einstündigen Schulweg die Rede ist. So lange konnte man bei etwas Trödeln schon brauchen von der damaligen Wohnung in D 3 über eine der beiden Brücken zur Neckarstadt-Schule. Man kann annehmen, dass das Kapitel „Der Spieß“ dort spielt.

Nach der Schule absolvierte Alexander eine kaufmännische Lehre - nicht wie der Ich-Erzähler im Buch bei einem Grossisten für Treiböle und Schmiermittel - sondern beim „Hamburger Engros-Lager M. Hirschland“, Inhaber Otto Braunschweig in P 3,1. Hirschland war ein gut eingeführtes, großes Warenhaus an den Planken mit vielen Schaufenstern. Man verkaufte dort „Putz-, Kurz-, Wollwaren, Besatz-Artikel, Handarbeiten“. Nach der Lehre arbeitete der Achtzehnjährige zunächst nicht im Geschäft der eigenen Familie, sondern weiter im gleichen Haus P 3,1 bei der Firma: „Behrend & Comp., Geschirrhandlung“ (Adressbuch des Jahres 1919).

Aufstieg von Möbel-Kupfermann

Erst 1925 taucht Alexander Kupfermann neben seinem Bruder Jacob und seiner Mutter als Mitinhaber des Möbelgeschäfts Kupfermann & Co damals in H 3,1 auf. Und nun scheint der wirtschaftliche Aufschwung sehr schnell gegangen zu sein. 1927 war Alexander Kupfermann schon Miteigentümer des Doppelhauses F 4,1-2, in dessen Erdgeschoss sich das Möbelgeschäft befand. Trotz Wirtschaftskrise expandierte das Unternehmens weiter, so dass 1929, möglicherweise auf dem Höhepunkt der Entwicklung, im Adressbuch mit folgendem Slogan annonciert wurde: „Das große Möbelkaufhaus Süddeutschlands“. Dabei wurden neben dem Hauptgeschäft drei Filialen genannt, eine davon in Ludwigshafen.

Mit Sicherheit war das auch ein Verdienst von Alexander Kupfermann. Zusammen mit seinem Bruder führte er den Ratenkauf ein und erschloss sich dadurch Kunden in der Unterschicht. Das könnte schon mit seiner sozialistischen Orientierung zu erklären sein, da sich auf diese Weise auch Arbeiter Möbel leisten konnten. So verschwand ein früheres Logo „Haus für Mittelstandsmöbel" gleich wieder. Wie sich Mannheimer Zeitzeugen erinnern, war die Firma sehr entgegenkommend bei der Rückzahlung. Die Ratenzahlungen durften sich über 20 Monate und länger hinziehen.

Alexander kümmerte sich auch besonders um die Werbung. Ein Werbespruch blieb einigen Mannheimer Zeitzeugen im Gedächtnis: „Möbel kauft jedermann / billig bei Möbel-Kupfermann." Das stand in Zeitungsanzeigen (z.B. Mannheimer Tageblatt vom 31.3.1929, S. 4), aber auch auf dem kleinen roten LKW, der die Möbel transportierte und den Alexander Kupfermann selber fuhr. Nach Familienerinnerungen wurde auch Werbung mit dem Flugzeug gemacht. Die Möbel wurden nicht nur in Mannheim verkauft, sondern Lieferungen gingen bis nach Berlin.

Dieser wirtschaftliche Aufstieg wurde dann durch die andauernde Wirtschaftskrise abgebrochen. Jedenfalls ist festzuhalten, dass es die Familie in der kurzen Zeit von zwanzig Jahren von besitzlosen Einwanderern zu Inhabern eines der führenden Mannheimer Möbelgeschäfte mit mehrfachem Hausbesitz geschafft hatte.

Mannheimer kulturelle Avantgarde 1919

Doch es wäre zu einseitig, in den Kupfermanns nur eine agile, geschickte Kaufmannsfamilie zu sehen. Bei den Söhnen, – von den Töchtern wissen wir weniger – zeigt sich ein deutliches Interesse für Kunst und Literatur. Besonders kulturell engagiert war Georg, so umbenannt aus Chaim, der ein Jahr ältere Bruder Alexanders. Er spielte eine bestimmende Rolle in der antimilitaristischen expressionistischen Avantgardegruppe „Der grüne Schrey", die auch einen Verlag gegründet hat. Diese Gruppe trat von Anfang 1919 an mit Flugblattzeitungen und kulturellen Veranstaltungen wie Lesungen an die Öffentlichkeit. Zwei dieser kleinen Zeitungen sind erhalten. Der Inhalt besteht fast ausschließlich aus Gedichten und literarischen Zitaten, dazu wurden expressionistische Holzschnitte abgedruckt. Der ehemalige Mannheimer Journalist Udo Leuschner hat diese Gruppe in seiner Internetpräsentation über Mannheimer Zeitungen erstmals gewürdigt. Seine Informationen hat er überwiegend durch Interviews erhalten, die er in den 1980er Jahren mit dem Journalisten Franz Gustav Richter führte, einem Mitglied dieses Kreises. Außerdem soll Georg Kupfermann Geschäftsführer des Mannheimer Apollotheaters gewesen sein, was angesichts seiner Jugend (geb. 1900), doch sehr erstaunlich wäre. Kurz darauf muss Georg als Georg Kupfer nach Berlin gegangen sein. Er hat dort in Erwin Piscators „Proletarischem Theater" mitgearbeitet. Später ging er in die Sowjetunion. Wahrscheinlich ist er identisch mit Leon (statt Leib?) Kupfer, mit dem Piscator Briefe wechselte. Dieser Leon Kupfer war in den 30er Jahren Chef des deutschen Theaters in der Stadt Engels an der Wolga. Die Familie Kupfermann hat noch Briefe von ihm aus Russland erhalten. Kurz darauf muss er Stalins Säuberungen zum Opfer gefallen sein.

Georg muss einen großen Einfluss auf Alexander gehabt haben, vor allem bei seinem Weg zum Sozialismus. Sicher hat ihn Georg in seinen literarischen Interessen bestärkt. In Erinnerung an den Bruder hat Alexander sich später Friedrich Georg Alexan genannt.

Noch einem weiteren Mitglied dieses Kreises, mit dem Alexander befreundet war, ist später eine Schauspielerkarriere gelungen: das war Friedrich Maurer, gleich alt wie Alexander und auch in der Neckarstadt geboren. Er hat ebenfalls eine kaufmännische Lehre gemacht, ging dann in eine Schauspiellehre und wurde ein bedeutender Film- und Theaterschauspieler.

Auch Jacob Kupfermann, der nach der Erinnerung seines Sohnes Bernard Cooperman die Mannheimer Handelshochschule besucht hatte, begann nach den Adressbüchern seine Unternehmertätigkeit 1920 mit einem „Kunstverlag". War das vielleicht der Verlag „Der grüne Schrey"? 1921/1922 führte er zusammen mit einem Teilhaber ein „Verlagsgeschäft für photogr. Vergrößerungen“, um erst danach in das väterliche Möbelgeschäft einzusteigen.

Alexander besuchte in den zwanziger Jahren in seiner Freizeit die Handelshochschule und die Freie Volkshochschule. Vielleicht hat er sich da mit Fremdsprachen beschäftigt. In dieser Zeit, etwa 1926, muss er seine spätere Frau Maria (Mascha) Krotz kennengelernt haben, Tochter einer Arbeiterfamilie aus der Schwetzinger Vorstadt. Die Mitglieder der Familie Krotz waren sozialistisch und kommunistisch orientiert. Marias Vater und der Bruder Heinrich sind in der Nazizeit wegen Widerstandsaktionen für die KPD ins Gefängnis gekommen. Jacques Krotz, der älteste Bruder führte ein außergewöhnliches Leben. Er war homosexuell, reiste oft und war literarisch sehr interessiert. Ein Freund von dessen jüngstem Bruder, der ebenfalls später im Mannheimer Widerstand aktive Adolf Schröder, meinte, dass Jacques mitunter eine Art Flaneurexistenz führte.

Abschied von Mannheim

Trotz dieser vielfältigen wirtschaftlichen, kulturellen und wahrscheinlich auch politischen Aktivitäten in Mannheim verließ Alexander mit 30 Jahren seine Geburtsstadt, um sie wahrscheinlich nie mehr wiederzusehen. Angesichts der sonst nur spärlichen schriftlichen Quellen ermöglichen drei Zeitungsartikel aus dem Jahr 1932 einen gewissen Einblick in seine damalige Situation. Diese Artikel berichten über einen Prozess wegen Devisenvergehen vor dem Amtsgericht Mannheim. Angeklagt waren dabei der Vater Marias, Adolf Krotz, und die beiden Brüder Jacques und Heinrich sowie der schon erwähnte Journalist Franz Gustav Richter. Alle vier wurden zu Gefängnis- und Geldstrafen verurteilt, weil sie Geld von Kupfermanns Konten illegal ins Ausland geschickt oder gebracht hatten. Dazu benutzten sie in der Zeit von Herbst 1931 bis Anfang 1932 vor allem Einschreibebriefe. Die drei Mitglieder der Familie Krotz waren arbeitslos, die Familie war seit längerem von Alexander Kupfermann unterstützt worden. Franz Gustav Richter, ehemals Mitglied des „Grünen Schrey“-Zirkels und dann Freund von Alexander, war auch eine Zeitlang der Freund Marias gewesen und hatte ihr nun beim Geldtransfer zu helfen versucht.

Dieser Prozess fand am 2. März 1932 am Amtsgericht (Schöffengericht) statt mit dem Staatsanwalt Dr. Kurt Weinreich und dem Amtsrichter Schmitt. Alexander Kupfermann und Mascha waren da schon ein halbes Jahr im Ausland. Aus der Prozessberichterstattung ergibt sich folgender Hinweis zu seinem Weggang:

Die ganze Familie Kupfermann hatte mit dem Untergang des österreichisch-ungarischen Kaiserreichs ihre Staatsangehörigkeit verloren. Die Bukowina wurde 1919 rumänisch, deshalb waren sie seitdem staatenlos. So ist es plausibel, dass - wie vom Gericht behauptet - Alexander Kupfermann auch aus dem Grund auswanderte, weil er die deutsche Staatsangehörigkeit nicht bekommen konnte. Mit großer Wahrscheinlichkeit kam dazu eine pessimistische Einschätzung der politischen Entwicklung in Deutschland und der Versuch, ein neues Leben anzufangen. Denn zweifelsohne war er zu diesem Zeitpunkt Sozialist und musste wohl auch zunehmend Unbehagen am Geschäftsmodell mit den Ratenkäufen empfinden.

Er stieg also 1931 aus dem Möbelgeschäft aus und ließ sich seinen Anteil unter anderem mit Ansprüchen auf Ratenzahlungen auszahlen. Angesichts der Wirtschaftskrise war das eine risikoreiche Angelegenheit, keine gute Wette auf die Zukunft. Im Grunde war die Sache schon am 1. August 1931 gescheitert, weil an diesem Tag per Notverordnung des Reichspräsidenten eine Devisenbewirtschaftung begann. Damit wurde jede Ausfuhr von Reichsmark streng reglementiert.

Wenn die Angabe des „Hakenkreuzbanners“ stimmt, verließ Kupfermann zusammen mit Mascha Krotz Deutschland Mitte August 1931. Das hätte er nicht gemacht, wenn die Übersiedelung nach Frankreich nicht schon vor dem 1. August finanziell vorbereitet gewesen wäre. Außerdem muss klar gewesen sein, dass man zur Kontrolle der Ratenzahlungen hin und wieder nach Mannheim zurückkommen musste. Nach Beginn der Devisenbewirtschaftung wäre es eher vernünftig gewesen, in Mannheim zu bleiben. Das hat Alexander Kupfermann dennoch nicht getan, der Wunsch nach Befreiung vom bisherigen Leben und nach einem Neuanfang außerhalb von Deutschland war zu übermächtig. Deshalb hat er als erstes zusammen mit seiner Freundin eine Reise durch Frankreich und Italien unternommen.

Es scheint beinahe, als ob er das Raten-Geld schon fast abgeschrieben hätte. Seine Distanz zu diesen Vorgängen ergibt sich aus Briefen von Maria Krotz, die beim Prozess verlesen wurden. Nach einer Version (Mannheimer Volksblatt) waren sie von der Staatsanwaltschaft abgefangen worden, nach der anderen Version (Neue Mannheimer Zeitung) hatte Maria sie an die Verteidiger und ihre Familien geschickt. Maria behauptete in ihren Briefen, sich nach heftigem Streit über diese Geldsache von K. getrennt zu haben und 30 000 RM Abfindung verlangt zu haben, die ihr der „immer gute und großherzige Herr K." gewährt habe. Das ist nicht unplausibel. Auch Alexander Kupfermann hat offenbar selber an die Staatsanwaltschaft geschrieben, wovon nur ein Zitat überliefert wird: „Selten hat eine böse Tat so schnell so reiche Früchte getragen." Welche Tat meinte er? Jedenfalls schien er sich damit von dem Devisenschmuggel zu distanzieren.

Es half nichts: Der Prozess wurde so geführt, dass er einen wichtigen Schritt antikommunistischer und vor allem antisemitischer Indoktrination in Mannheim bildete, ein Jahr vor Hitlers Machtantritt. Die antikommunistische Stimmungsmache zeigte sich u.a. darin, dass der Staatsanwalt Weinreich einen bei dem Journalisten Franz Gustav Richter beschlagnahmten Brief verlas, offenbar um ihn beruflich zu erledigen: ein Bewerbungsschreiben, das Richter im Januar 1931 an die „Verlagsgesellschaft ausländischer Arbeiter" in Moskau geschrieben und „mit kommunistischem Gruß" unterzeichnet hatte.

Noch deutlicher schlug der Antisemitismus im Prozess durch: Vom Gericht und bei allen drei Artikelschreibern wurde das Vorurteil vom „Wucherjuden" aktiviert, am stärksten natürlich vom „Hakenkreuzbanner", da auch mit voller Namensnennung. Aber es ging in Wirklichkeit ja nicht um unbilligen Zins, sondern um nur teilweise bezahlte Ware. Kein Unternehmen hätte das auf sich beruhen lassen können und jedes wäre konsequent eingeschritten. Aber in diesem Fall wurde einhellig das angebliche Luxusleben des Auswanderers und seiner Freundin moralisch aufgerechnet mit der vermuteten Armut der Ratenzahler. Implizit forderte man also eine Enteignung des jüdischen Unternehmers, eine Arisierung schon vor der Diktatur. Der so argumentierende Staatsanwalt Dr. Kurt Weinreich machte jedenfalls in den nächsten Jahren Karriere, 1938 war er Erster Staatsanwalt in Mannheim.

Mit Genugtuung notierten die drei Zeitungen am Schluss, dass der Schaden, der dem Reich entstanden war, durch Beschlagnahme noch vorhandenen Vermögens ausgeglichen worden sei. Also da galt das Bürgerliche Gesetzbuch auf einmal wieder: Dass diese übernommenen Werte großenteils weitere Ansprüche auf Ratenzahlungen waren, welche die Möbelkäufer nun an den Staat zahlen mussten, wurde nicht weiter thematisiert. Wären sonst die antisemitischen Vorurteile zu deutlich geworden? Oder hat die Staatsanwaltschaft, nachdem sie die Ratenansprüche beschlagnahmt hatte, die Möbel einfach verschenkt, wie man es von Alexander Kupfermann erwartet hatte?

Die Botschaft dürfte nicht ohne Wirkung geblieben sein und wurde vom Naziblatt im Wahlkampf bei der Reichspräsidentenwahl 1932 eingesetzt, bei der Hitler gegen Hindenburg antrat. Der Artikel des „Hakenkreuzbanner“ endete folgendermaßen: „Hoffen wir, dass das Dritte Reich bald zur Wirklichkeit wird und dieser talmudischen Seuche endlich ein Ende bereitet wird. Darum wählt am 13. März Adolf Hitler!“ Damit nicht genug: Am 9. September 1932 erschien in der NS-Zeitung nochmals ein Hetz-Artikel, in dem der Selbstmord eines Mannheimers damit erklärt wurde, dass er Raten für das Möbelgeschäft eingetrieben habe und daran verzweifelt sei.

Exil in Paris

Wie seine weitere Lebensgeschichte zeigt, hat Alexander Kupfermann durch diesen Abschied zwar finanziell viel verloren, aber er war nicht mittellos geworden. Allein sein Anteil an den Ratenzahlungen dürfte über 100 000 RM betragen haben. Vor Gericht gaben die Angeklagten zu, etwa 56 000 RM aus Deutschland herausgeschmuggelt zu haben. Dieser Betrag wurde dem Reich durch Beschlagnahme des Restvermögens ersetzt. Die Firma Kupfermann, also der Anteil von Jacob und von Mutter Sara Brody, ist dabei nicht angetastet worden. Auch davon gelang es der Familie, einen großen Teil vor dem Zugriff der Nazis zu retten. Das Anwesen F 4,1-2 zum Beispiel war nach dem Adressbuch noch 1934 noch im Besitz von „Kupfermann J. u. Alex. Paris". Erst 1936 ist als neuer Besitzer ein saarländischer Bürger eingetragen. Die Familie hatte also den Umstand benutzt, dass das Saarland noch nicht zum Deutschen Reich gehörte und hat so die Devisenprobleme umgangen.

Jedenfalls verfügte Alexander Kup(p)ermann oder Friedrich Alexan, wie er sich von nun an nannte, über genügend Mittel, um in Paris einen Verlag zu gründen, in dem er offenbar als erstes ein äußerst wichtiges historisches Buch veröffentlicht hat. Das war die bis dahin bedeutendste wissenschaftliche Untersuchung zum europäischen Imperialismus: Wolfgang Hallgartens „Vorkriegsimperialismus. Die soziologischen Grundlagen der Außenpolitik europäischer Großmächte bis 1914". Damit hat Kupfermann diese Arbeit vermutlich gerettet, denn der Autor hatte sein Werk erst kurz vor 1933 abschließen können, und dann gab es keinen Verleger mehr für so etwas. Es scheint, dass Alexander Kupfermann aus Hilfsbereitschaft und auch aus politischen Gründen dieses Buch Hallgarten mehr oder weniger geschenkt hat.

In seiner Autobiografie schildert der Historiker seinen Gönner folgendermaßen: „Es war Alexander Kuppermann, der unter dem Namen Friedrich Alexan schrieb, und dessen Buch ‚Mit uns die Sintflut' – eine bissige Satire auf unsere Zeit – bereits im Druck ziemlich weit fortgeschritten war; mein Tagebuch nennt ihn einen ‚wilden Anarchisten mit der kindhaften, untadeligen Natur eines Stirner, Mühsam [...] und Kisch'. Da er es irgendwie fertiggebracht hatte, Geld mit herauszubringen oder hier zu verdienen, so war er Herr der Lage."

Das erwähnte erste Buch Kupfermanns „Mit uns die Sintflut"

war die zweite Veröffentlichung seines Pariser Verlages. Es hat damals unter den Emigranten viel Anerkennung gefunden und wurde auch zweimal in der Bundesrepublik Deutschland nachgedruckt. Kupfermanns zweites Buch, höchstwahrscheinlich das dritte und letzte dieses eigenen kleinen Verlages, ist das hier im Nachdruck vorliegende.

Ein Buch über die „Generation Heimatfront". Einige Anmerkungen

Nicht Roman, nicht Autobiografie

Das Buch „Im Schützengraben der Heimat" war geplant als erster Teil einer Trilogie. Es schließt mit dem Hinweis: „Ende des ersten Buches der Geschichte einer Generation." Die Fortsetzung wird dann auf der übernächsten Seite bereits angekündigt:

" Demnächst erscheint:

Friedrich Alexan
Zwischen Gestern und Morgen.
Der Geschichte einer Generation
Zweiter Teil".

Der Autor muss also bereits an einer Darstellung der Zeit nach 1917 gearbeitet haben. Umso enttäuschender ist, dass er seine Absicht nicht verwirklicht hat und dass auch im Nachlass anscheinend nichts davon überliefert ist.

Jedenfalls legt die Existenz eines solchen Plans dar, dass der Untertitel für dieses Schreibprojekt ernstzunehmen ist. Zwar nannte der Autor sein Werk im Rückblick einen Roman, aber die Bezeichnung erscheint nicht auf dem Titelblatt. Mit „Geschichte einer Generation" vermeidet Alexan eine klare Gattungsbezeichnung, Der Untertitel „Geschichte" wurde gewählt als doppeldeutiger Begriff, der zwischen einer geschichtswissenschaftlichen und einer literarischen Bedeutung spielt. Es ist weder ein Roman, noch eine Autobiografie, meist vermischen sich Fiktionales und Faktisches.

So dürften die meisten Namen und Ortsangaben fiktionalisiert worden sein. Vermutlich steht „Hansa-Motorenfabrik“ für Mannheimer Motorenwerke und die „Hafenstraße“ für den Jungbusch. Die Neckarstadt heißt „Rheinheim“, das Prostituiertenquartier dort erscheint für Mannheimer leicht entschlüsselbar als „Dreizehnergraben“. Damals wurden die „Querstraßen“ in der Neckarstadt durchnummeriert; die „Neunzehnte“, später in Gutemannstraße und dann Lupinenstraße umbenannt, wurde nach 1900 die Bordellstraße. Doch nicht überall verschwinden die Originalbezeichnungen: wörtlich kommen vor „die Fressgass“, die Richard-Wagner-Straße mit ihren Villen, die „Augusta-Promenade“. Eindeutig ist der Lokalbezug bei verschiedenen stadtgeschichtlichen Ereignissen, z.B. der groß gefeierte 70.Geburtstag von Karl Reiß 1913 (im Buch heißt er Meissinger) oder der „Eiserne Roland“, eine Holzfigur, in die man für eine Kriegsspende Nägel schlagen durfte.

Der Autor möchte offenbar einen allzu konkreten Bezug auf Mannheim unterlaufen, was die Fokussierung auf das typische Unterschichtsmilieu schwächen könnte. Aus dem Grund fehlt auch fast jeder Dialektgebrauch. Das gleiche Ziel verfolgt Alexan, wenn er persönliche Erinnerungen sorgfältig auswählt. Die Figur des Ich-Erzählers ist nicht identisch mit Alexander Kupfermann, wird aber mit vielen seiner Merkmale ausgestattet. Doch die für die Kupfermanns doch sicher bestimmende Außenseitersituation als Einwandererfamilie schlägt sich überhaupt nicht nieder. Auch der jüdische Hintergrund der Familie wird nicht einmal in einer Randbemerkung berührt, wie übrigens Religionsthemen überhaupt nicht vorkommen.

Nur eine Stelle könnte sich darauf beziehen: Die Mutter des Ich-Erzählers weigert sich, die Frikadellen vom Pferdemetzger mitzuessen. Alexans Mutter Sara wird das wegen der jüdischen Speisevorschriften abgelehnt haben, dem Leser wird hier nahegelegt, dass sie sich eben vor dem Pferdefleisch ekelt.

Der Autor versucht ein durchschnittliches kleinbürgerliches Herkunftsmilieu darzustellen mit Überschneidungen zum proletarischen Milieu. Deshalb betont er eher das Milieutypische und nimmt das individuell Hervorstechende zurück. Es geht ihm weniger um eine Autobiografie als um eine Biografie dieser Generation im Schützengraben der Heimat.

Eine Generations-Geschichte

Was Alexan vor über 70 Jahren für so wichtig erachtet hat, dass er darüber drei Bücher geplant und eines fertiggestellt hat, war in den zwanziger Jahren der Weimarer Republik ein häufig diskutiertes Thema: Zwischen den Kriegsteilnehmern des Ersten Weltkriegs und der folgenden Alterskohorte klaffte ein Erfahrungsbruch. Der bekannteste Text, der das auch zum Titel machte, war der Roman „Jahrgang 1902" des damals noch linken Autors Ernst Glaeser, einer der Erfolgsromane der Zeit. Die 1902 Geborenen waren der erste Jahrgang, der nicht mehr zum Wehrdienst eingezogen wurde. Dass Glaesers Buch Alexan inhaltlich, vielleicht auch ein wenig stilistisch beeinflusste, halte ich für wahrscheinlich. Doch gab es meines Wissens damals kein anderes Projekt wie das von Alexan, eine „Geschichte" dieser Generation zu schreiben.

Durch die Geschichtswissenschaft der letzten Jahre ist dieser Generationsansatz bestätigt worden. Für die Durchsetzung und Unterstützung des Nationalsozialismus in Deutschland hat die „Generation Heimatfront" eine entscheidende Rolle gespielt. Das waren die Männer, die nicht mehr durch große nationale Gefühle und das hochemotionale Fronterlebnis geprägt wurden. Ihr generationeller Lebensstil gilt als durch „Kühle, Härte, und Sachlichkeit" gekennzeichnet, nachdem man sich durch die Erwachsenen gewissermaßen betrogen fühlte, „durch die Übernahme des Frontkämpferideals im Innern, durch die Stilisierung des kalten, entschlossenen Kämpfers" (Ulrich Herbert). Diese „Kriegsjugendgeneration" lieferte den Kern der Funktionäre des NS-Regimes und seiner verbrecherischen Organisationen.

Die beiden Erlebniswelten der Frontgeneration und der nachfolgenden können auch anschaulich in der Familie Kupfermann repräsentiert gewesen sein, weil Jacob Soldat war, wie auch der Ich-Erzähler im vorliegenden Buch ja zwei Brüder an der Front hat. So könnte Alexan diesen Generations- und Erfahrungsbruch direkt in der Familie miterlebt haben.

Alexan wollte mit diesem Buch zur Erklärung des Nazi-Erfolges in Deutschland beitragen. Das ergibt sich aus dem Einleitungskapitel sehr deutlich. Dass er damit auch die Sozialisationsbedingungen der späteren Nazi-Eliten darstellte, war ihm vielleicht noch nicht so klar. Auch in Mannheim entstammten der „Generation Heimatfront" einige unheilvolle NS-Verbrecher und Stützen des Mordregimes. Aus vergleichbaren sozialen Verhältnissen kam Rudolf Höß, der spätere Auschwitz-Kommandant. Er war gerade einmal vier Monate jünger als Alexander Kupfermann. Auch seine Mutter führte einen Laden, einen Kolonialwarenladen, nachdem der Vater gestorben war. Dass sie sich begegnet sind, ist möglich, wenn auch nicht sehr wahrscheinlich. Denn Höß wuchs im Lindenhof auf und ging ab dem zehnten Lebensjahr ins Karl-Friedrich-Gymnasium, war also ein, wenn auch erfolgloser, „Käppler". Später wurde er ebenfalls Lehrling. Allerdings hat er sich mit seinem streng katholischen Familienhintergrund wohl in anderen sozialen Kreisen bewegt. Aus dem Kleinbürgertum kamen die etwas jüngeren späteren Mitglieder der NS-Elite Friedrich Karl Vialon (geboren 1905) und Ludwig Losacker (geboren 1906). Beide hatten Kaufleute als Väter und wuchsen in der Innenstadt auf, beide gingen ins Karl-Friedrich-Gymnasium. Vialon war später Finanzbeamter im besetzten Baltikum, der für die Erfassung der Habe ermordeter Juden zuständig war. In der BRD brachte er es zum Staatssekretär und hat sich unter anderem durch einen Meineid, dass er nichts vom Schicksal der Juden gewusst habe, von Strafverfolgung befreien können. Losacker war stellvertretender Gouverneur in Lemberg und damit an führender Stelle am Völkermord in Galizien beteiligt. 1944 leitete er als SS-Obersturmbannführer einen mörderischen Tunnelausbau mit Häftlingen des KZ Markirch im Elsass. Auch er kam nach 1945 ohne Strafe davon und war dann leitender Manager im Deutschen Industrieinstitut Köln.

Sie gehörten damals in Mannheim zu dieser Alterskohorte und Herkunftsgruppe, die Alexan interessierte. Und wahrscheinlich gehörten dazu viele andere, die nicht genannt werden können, weil hier zur Lokalgeschichte der NSDAP noch nicht geforscht worden ist: die meisten Ortsgruppenleiter und lokalen SA-Führer und sicher viele weitere Mannheimer, die außerhalb ihrer Vaterstadt nach 1933 Karriere gemacht haben.

Eigentlich klassenbewusste Arbeiter, also SPD-Mitglieder, fehlen im Buch, überhaupt werden wenige Fabrikarbeiter erwähnt. Sozialistische oder pazifistische Ideen spielen unter den Jugendlichen keine Rolle, überhaupt kommt Politik nicht vor. Das war in der Familie Kupfermann sicher anders, auch davon abstrahiert der Autor.

Drei einzigartige Milieuschilderungen: Volksschul-Erinnerungen

Mit dem ersten Kapitel „Der Spieß“ hat Alexan etwas Außerordentliches geschrieben: eine Innenansicht der wilhelminischen Volksschule. Es gibt ziemlich viele Darstellungen des damaligen Gymnasiums. Zu den berühmtesten gehört Thomas Manns Schilderung von Hannos Leidensweg in den Buddenbrooks oder, um ein badisches Beispiel zu nennen, „Freund Hein“ von Emil Strauß. Aber kaum ein Schriftsteller hat wie Alexan die ganze Volksschule und nur sie durchgemacht und das danach beschrieben. Die Opfer dieser Schulart blieben meist stumm. Neben der brutalen autoritären Erziehung, die viele Schüler ungerecht diskriminiert und zu Duckmäusern und Verrätern ausbilden will, beschreibt der Autor an vielen Einzelfällen die militaristische, nationalistische, auch antisemitische Indoktrinierung. Das Erziehungsziel Untertan, das an dieser Generation exekutiert wird, weist auf die NS-Diktatur voraus. Das Kapitel ist parallel zum Fortgang des Krieges steigernd aufgebaut und endet mit der Schilderung eines Ausflugs nach Bad Dürkheim, wo dem Ich-Erzähler als Strafe der Mund zugeklebt wird, eine alles übertreffende Demütigung.

Übrigens gibt es dafür, dass das in einer Fortbildungsklasse passierte, einen schlagenden Beweis: Laut Adressbuch hieß der

Oberlehrer der „Fortbildungsschule (Jungenabteilung)“ nach 1914 tatsächlich Karl Spieß. Er wohnte in der Stamitzstraße und blieb offenbar während der Kriegszeit in dieser Funktion. Hier und möglicherweise nur hier hat Alexan mit dem Prinzip gebrochen, Namen zu verändern, obwohl dieser Name wie gut erfunden wirkt. Dieser Prügelpädagoge war ihm so verhasst, dass er ihn namentlich brandmarken wollte.

„Spiel statt Brot“: Eine Mannemer Kipp

Während die erste Milieustudie über die Volksschule etwa zwei Jahre zusammenfasst, konzentriert sich die zweite im Wesentlichen auf einen Frühlingsabend. Nach der einleitenden Schilderung der Hungersituation folgt eine Art Momentaufnahme, die wenige Freizeitstunden einer Jungengruppe in den Quadraten schildert: sehr dicht und motivreich, mit gruppensprachlichen Ausdrücken, Geschichten, Schlagern, alterstypischen Sprüchen und Angebereien. Das Ergebnis ist „eine dichte Beschreibung“, außerordentlich intensiv und reizvoll, die zu den besten Passagen des Buches gehören dürfte. Alexan gibt so die einmalige Innenansicht einer „Kipp“, wie solche Stadtquartiergruppen in Mannheim traditionell heißen. Auch hier wird man lange suchen müssen, bis man aus einer anderen Stadt jener Zeit etwas Ähnliches findet.

Die Mitglieder der Gruppe sind Lehrlinge, viele kaufmännische wie er selber. Erstaunlich ist bei einem Autor, der sich selber sozialistisch nennt, dass Politik kaum eine Rolle spielt. Es geht Alexan eben nicht darum eine Lehre zu verkündigen, sondern die Verhältnisse dieser Generation authentisch darzustellen. Darin liegt eine Stärke von ihm. Wo sich sein eigener politischer Standpunkt in den Vordergrund drängt, wie im ersten Abschnitt „Statt eines Vorwortes“, wirkt der Text flacher.

Der Straßentreff von 1917 bestand nur aus männlichen Jugendlichen und jungen Männern. Die Geschlechtertrennung war wie in der Schule noch voll in Kraft. So ist es nicht verwunderlich, dass die Jungengespräche immer mehr auf das Thema Sexualität zulaufen und es umkreisen. Es ist im zweiten Teil des Buches ein dominantes Thema.

Im folgenden Kapitel „Hunger nach Liebe“, das im Sommer 1917 angesiedelt ist, steht die jugendliche Sexualität dann im Mittelpunkt. Alexan wollte, dass dieses Thema in der Geschichte seiner Generation einen hohen Rang bekam: der Ausschluss vom sexuellen Wissen, der Zwang zur sexuellen Unmündigkeit und die rigiden Tabus. An der sexuellen Unterdrückung war die Gesamtunterdrückung abzulesen. In der gleichzeitig in den 1930er Jahren entstehenden Theorie des autoritären Charakters war das ja auch ein konstituierender Teilbereich. Alexan kann davon kaum gewusst haben, aber er stellt implizit den gleichen Zusammenhang her.

„Bürger, Huren und Soldaten“: In einem Mannheimer Puff

Nachdem im ersten Teil des Buches die beiden eher abgeschlossenen Milieus der Volksschule und der Jungenclique und dann erstaunlich offen die Pubertätsprobleme damaliger Jungen dargestellt wurden, weitet sich in der zweiten Hälfte des Buches der Blick. Nicht mehr die „Generation Heimatfront“ mit dem prototypischen Ich-Erzähler steht im Zentrum, sondern der gesellschaftliche Hintergrund, auf dem diese Generation herangewachsen ist. Dies wagt Alexan auf eine außerordentliche Weise in einem kühnen und provokativen Arrangement: Er lässt die Akteure der städtischen Gesellschaft im Bordell auftreten und gibt dem Ich-Erzähler eine Rolle als Beobachter und Protokollant. In der Weimarer Zeit hätten die bildungsbürgerlichen Kreise es als Frechheit und Skandal empfunden, Literatur aus der Perspektive des Puffs zu schreiben. Hätte Alexan diesen Teil zehn Jahre früher in Deutschland veröffentlichen wollen, wäre wohl kaum ein Verlag dazu bereit gewesen. In Mannheim wäre vermutlich wegen dieses Tabubruchs die Hölle los gewesen. Doch nun in der Emigration im eigenen Verlag musste er keine Rücksichten nehmen. Allerdings könnte das siebzigjährige Vergessen des Buches sehr wohl mit diesem unangenehmen Blick auf die Schmuddelecken der Zeit zusammenhängen. Aber für die korrupte, vom Schwarzmarkt zerfressene und moralisch kollabierende Gesellschaft der Kriegszeit war das eine sehr passende Folie.

Für diesen zweiten Teil des Buches wählte Alexan eine andere Textsorte: das Tagebuch. Ein Tagebuch hat unter autobiografischen Schreibweisen mit den stärksten Anspruch auf Authentizität. Das gilt auch hier, obwohl der Autor vorausschickt: „Diese Tagebuchblätter wurden im Jahre 1936 überarbeitet." Damit bleibt der Anspruch auf einen originalen Kerntext erhalten. Diese Vorbemerkung musste er einfügen, denn die Einträge sind mitunter unwahrscheinlich lang für einen Jugendlichen, der am Tag arbeiten musste und den Abend im Salon jenseits der Neckarbrücke verbrachte. Die Gespräche wirken teilweise protokollgenau wiedergegeben, nicht gerade typisch für ein Tagebuch. Außerdem passt die Abgeklärtheit und Distanz mancher Betrachtungen nicht zu einem Siebzehnjährigen. Übrigens wurde der Ich-Erzähler vielleicht deshalb ein Jahr älter gemacht, als es Alexander Kupfermann war.

Trotz des Anspruchs auf große Authentizität hat der Tagebuchteil also einen stärkeren literarisch-fiktionalen Charakter. Selbst wenn ein Kern von Notizen aus der Kriegszeit vorhanden war, so musste der Autor doch sehr viel hinzufügen, um das vorliegende Ergebnis zu erreichen. Schon der Rahmen der Tagesdaten ist nicht in sich stimmig, die Wochentage passen nicht zum Datum. Ein Vergleich mit den tatsächlichen Tagen ergibt ganz andere Wochentage. Zum Beispiel notiert der Tagebuchschreiber unter dem 3. September: „Gestern am Samstag Abend..." Der 3.September 1917 war jedoch ein Montag.

Es wird also so sein, dass der Autor eigene frühe Notizen ausgewertet und erweitert hat. Da er nach eigenen Worten schon früh ein Schriftsteller werden wollte, hat er wohl bereits als Jugendlicher zu schreiben begonnen. Wahrscheinlich hat Alexan an schon vorliegende Texte, auch an Personenbeschreibungen, andere Geschichten und Episoden angehängt. An einer Stelle glaube ich das belegen zu können: Bei Zeitzeugengesprächen erzählten sowohl Adolf Schröder, Freund des jüngsten Bruders von Maria Krotz, als auch Erna Krotz, Witwe des zweitältesten Bruders Heinrich, folgende Geschichte: Die Schwester von Maria ist als junges Mädchen aus Angst vor ihrem Vater aus dem Fenster gesprungen, nachdem sie sich trotz eines Verbots vom Friseur einen Bubikopf hatte schneiden lassen. Dabei hat sie sich aber kaum verletzt, weil sie auf ein Dach im Hinterhof fiel. Diese Geschichte hat Alexan nach Karlsruhe verlegt und in die Biografie der Prostituierten Frieda eingefügt. Auf diese Weise kann der Reichtum an Erlebnissen, Erzählungen und Figuren erklärt werden.

So zeigt der Tagebuch-Teil ein hohes Maß kunstvoller literarischer Bearbeitung und bietet im Vergleich zum Vorangehenden mehr romanhafte Züge. Die Grenzen zwischen Fiktion und Fakten sind jedenfalls besonders schwer zu ziehen.

Züge von fiktionaler „Geschichte“, Züge einer Romankonstruktion, sind unter anderem folgende: Von den anfangs nur umrisshaft gezeichneten Frauen werden einige allmählich charakterisiert und erhalten eine biografische Tiefe. Das Gleiche geschieht mit einigen männlichen Besuchern und Stammkunden, auch mit einigen negativ gezeichneten. Der Text gewinnt dadurch an Kohärenz. Es wird eine Art narratives Gerüst eingezogen und auch Spannung erzeugt. Das ist sehr ausgeprägt an der Figur des „Vizefeldwebels Berger“, einem Kriegsgewinnler und Schieber, der sich zusammen mit den Bordellbesitzern allmählich als Drahtzieher im Mannheimer Schwarzmarkt entpuppt. Ihn kann man sich sehr gut als den typischen Karrieristen der Nazizeit fünfzehn Jahre später vorstellen.

Ein weiteres Spannungsmoment liefert das merkwürdige Verhalten der mütterlichen Freundin Lu, das erst im letzten Tagebucheintrag aufgeklärt wird. Ihre Figur ist denn auch die menschlichste unter den Prostituierten. Sie ist die weise Frau und geleitet den Ich-Erzähler gewissermaßen heil durch diese Unterwelt. Gegen Ende werden die Tagebuch-Einträge länger und auch reflektierter, was den Lernprozess im Haus Nr. 5 widerspiegelt: „Das Haus fünf scheint mir nachgerade eine Schule des Lebens zu sein“ (10. September).

Aber auch für die faktische „Geschichte“, die Sozialgeschichte Mannheims, ist das Rotlichtkapitel hochinteressant. Viele Passagen liefern bewundernswerte Milieustudien, die dieses Mal einen besonders weißen Fleck der Stadtgeschichte füllen. Realistisch mit vielen Details wird der Bordellalltag geschildert.

Wohl zum ersten Mal kann man lesen, wie diese Straße damals aussah und wie es im Innern eines solchen Hauses aussah. Man erfährt, wie der Betrieb organisiert war. Mit dem Rotlichtmilieu als Handlungsort wird das Buch erheblich welthaltiger. Es bezieht über die Soldaten-Kunden die Katastrophe des Krieges noch stärker mit ein. Soldaten spielen eine große Rolle, das heißt Männer von auswärts. Sie bringen auch einige wenige der damals häufig erzählten Frontgeschichten ein.

Der Autor steht auf der Seite der Prostituierten, die mit größerer Sympathie gezeichnet werden als die meisten Männer. Doch beide, die Frauen und fast alle Männer sind Verunglückte und aus der Bahn geworfene Menschen.

Wie vorher schon zeigt Alexan auch in diesem Teil seines Buchs offenbar bewusst nur einen bestimmten sozialen Ausschnitt: in erster Linie das Kleinbürgertum. Angehörige höherer Schichten, „die besseren Stammgäste, meist Ehemänner und bekannte Geschäftsleute sind vorsichtig genug, sich nicht im Salon sehen zu lassen“ (7. September). Wie im Buch auch sonst werden Arbeiter eher selten erwähnt. Einmal gibt es einen Konflikt zwischen Arbeitern der „Armaturenfabrik mit Landsturmmännern. Aber sonst kommen sie vor allem über die Woche selten ins Haus, wie „Vizefeldwebel Berger“ sagt: Samstags u. Sonntags: „... nichts als Arbeiter“(7. September), und da bleibt auch der Ich-Erzähler eher weg.

Das erweckt den Anschein, als ob sich Alexan bewusst auf Stoffe eigener Anschauung konzentrieren wollte. Dass er aus dem Kleinbürgertum stammt, hat er in späteren Lebensläufen betont. Weitere soziale Milieus wollte er nicht nachempfinden, er berührte sie nur am Rande. Aber glücklicherweise hat Alexan auch im „Tagebuch“ noch mehrere persönliche Erlebnisse untergebracht. Davon ist besonders eindrücklich, wie er den Reiß-Geburtstag 1913 und die Feier des Kriegsausbruchs am Moltkedenkmal schildert.

Das Buch ist ein Glücksfall für die Mannheimer Geschichtsschreibung. Und es ist eine Bereicherung für die Leser deutscher Literatur, die dieses verschollene Stück Emigrationsliteratur der Vergessenheit entreißen sollten.

Weitere Quellen:

Verwendete Zeitzeugen-Gespräche:
Hans Tritsch (20.10.88)
Oskar Althausen (13.6.1989)
Adolf Schröder (mehrere Interviews 1989-1998). Schröder war ein guter Freund von Adolf Krotz, dem jüngsten Bruder von Maria und in der Nazizeit mit ihm bis 1938 (!) in einer Untergrundzelle der Sozialistischen Arbeiterpartei aktiv. Adolf Krotz fiel in Russland.
Erna Krotz, Witwe von Heinrich Krotz, Schwägerin von Maria Kupfermann (4.9.1992)

E-mails von Udo Leuschner und Bernard Cooperman durch Vermittlung von Irene Runge

Zeitungsartikel über den Devisen-Prozess:
Neue Mannheimer Zeitung, 3. März 1932: „Ab vom geraden Wege"
Neues Mannheimer Volksblatt, 5. März 1932: mnn „Eine dunkle Geschichte"
Hakenkreuzbanner, 7. März 1932: „Möbeljude Kupfermann als Devisenschieber"
Hakenkreuzbanner, 8.September 1932: „Opfer des Möbeljuden Kupfermann"

Kommentar von Jacob Kupfermanns Sohn:

Einige familiäre Anmerkungen für die geschätzte Leserschaft

Peter Koppenhöfer hat durch sein Forschungsanliegen viele Einzelheiten über unsere Familie aufgedeckt, die nicht nur mir bisher unbekannt waren. Trotzdem gibt es einige Deutungen, die ich unbedingt erweitern möchte. Es geht vor allem um Ursachen und Folgen von Ereignissen, die die Familie Kupfermann betreffen. Es geht um die tatsächlichen Gründe, die zu einer frühzeitigen Ausreise der Familie aus Deutschland führten und die bereits in den Jahren 1931/32 beginnen. Es mag im Rückblick verwunderlich scheinen, dass ein so gut laufendes Unternehmen Schritte zur Geschäftsauflösung einleitete. Doch der eigentliche Anlass wird übersehen, wenn vor allem die Devisengeschichte betont wird. Es gab damals deshalb keine allgemeinen Ressentiments gegen die Familie Kupfermann oder antisemitische Ausfälle. Wenn der Familie fehlender Patriotismus unterstellt würde, bleibt zu sagen, dass mein Vater Jacob Kupfermann, der als einziger das entsprechende Alter hatte, mit Ehren im 1. Weltkrieg gedient hat.

Die Kundschaft der Kupfermanns war überaus zufrieden mit den Dienstleistungen, die ihnen das Unternehmen anbot. Man war daher interessiert, dies aufrecht zu erhalten. Doch ein wachsender Einfluss von Nazigruppen war schon Jahre vor der Machtübergabe an Hitler bemerkbar, auf der Tagesordnung standen zunehmend deren bösartige verbale und körperliche antisemitische Übergriffe auf jüdische Familien und Geschäfte.

Mein Vater Jacob und Onkel Alex waren in politischen Dingen ebenso scharfsinnig und vorausschauend wie in geschäftlichen. Ich erinnere mich, wie während mehrerer Familientreffen an aufeinanderfolgenden Sonntagnachmittagen schließlich beschlossen wurde, dass wir das Land verlassen müssten falls es politisch so weitergehen würde wie bisher, weil ein Verbleib in Deutschland zu gefährlich sei. Rückblickend hat uns diese

Entscheidung das Leben gerettet. Heute kann wohl niemand mehr argumentieren, dass ein solcher Schritt falsch war. Wer damals so dachte, kam in den Gaskammern um. Jacob und Alex jedenfalls haben dafür gesorgt, dass die nahen und fernen Familienmitglieder aus Mannheim, Stuttgart, Frankfurt und Berlin fliehen konnten, was diese ohne die späteren Verluste auch getan haben. Alle Familienmitglieder waren daher bereits 1935 im Ausland. Dass ein derart immenser Umbruch für alle weiteren Lebensgeschichten einen Eingriff darstellte, muss man bei der Betrachtung unbedingt herausstellen.

Nachdem also der Beschluss gefasst war, Deutschland über kurz oder lang zu verlassen, galt es, auch die Firma zu liquidieren. Das geschah in korrekter Weise und zwar dank Unterstützung einiger loyaler, unser Vertrauen genießender Angestellter, die als Nazigegner bekannt waren. Mit der Firmenauflösung wurde schon begonnen, als die Ausfuhr von Devisen noch nicht eingeschränkt war. Deshalb konnte der größte Teil des Kupfermann'schen Vermögens auf ausländische Banken übertragen werden, denn die Transferbeschränkungen wurden erst kurz danach wirksam. Nachdem einige ausstehende Zahlungen aus dem Kreditgeschäft noch tröpfchenweise eingingen, wurde dieses Geld – sofern möglich – heimlich aus dem Land geschmuggelt.

Wir haben also dank Intelligenz überlebt. Die Nazis legten genügend Hindernisse in den Weg, sie wollten unseren Besitz. Wir konnten uns nicht darauf verlassen, dass uns die Behörden schützen würden. Das oblag uns selbst. Erst wenn man diese außergewöhnlichen Umstände zur Kenntnis nimmt, ahnt man die katastrophalen Ursachen und die verheerenden Folgen, denen auch die Kupfermanns ausgesetzt waren. Eines muss der Leserschaft klar sein: Die Kupfermanns haben wie viele andere keine Gesetze brechen wollen, sondern waren durch den Antisemitismus jener Tage gezwungen, sich so zu verhalten, wie sie es getan haben.

Was Alex angeht, so darf ich hinzufügen, dass dieser seit frühester Jugend ein Schriftsteller sein wollte. Gleichzeitig gab es auch für ihn die verpflichtende Verantwortung, das Familienunternehmen durch seine harte Arbeit zum Erfolg zu führen. Er verfügte über enorme Energie und eine kreative Phantasie. Beides hat er genutzt, um die Firma mit vorweggenommenen modernen Methoden zu promoten. Immer hat er gesagt, er werde, sobald ausreichend Kapital für das Unternehmen akkumuliert sei, dieses verlassen und sich nur noch dem Schreiben widmen. Mein Vater Jacob hingegen war der Firma in einer Weise verbunden, die er gern bis an das Ende seiner Tage fortgesetzt hätte. Aber die Umstände haben es ihm nicht erlaubt. So wurde das Ende der Firma zugleich zum Abschluss seines Arbeitslebens in Mannheim.

Bernard Cooperman,
in Mannheim geboren als Bernhard Kupfermann

Long Beach, California, August 2008